更好的学习系列图书

局道

棋经原解

王子居◎著

民主与建设出版社
·北京·

© 民主与建设出版社，2018

图书在版编目(CIP)数据

局道：《棋经》原解 / 王子居著. -- 北京：民主与建设出版社，2018.8
　ISBN 978-7-5139-2235-7

Ⅰ.①局… Ⅱ.①王… Ⅲ.①围棋 – 对局(棋类运动) Ⅳ.①B992.2

中国版本图书馆CIP数据核字(2018)第169003号

局道：《棋经》原解
JUDAO　QIJINGYUANJIE

出 版 人	李声笑
著　　者	王子居
责任编辑	郭长岭
封面设计	天行健
出版发行	民主与建设出版社有限责任公司
电　　话	（010）59417747　59419778
社　　址	北京市海淀区西三环中路10号望海楼E座7层
邮　　编	100142
印　　刷	北京中振源印务有限公司
版　　次	2019年1月第1版
印　　次	2019年1月第1次印刷
开　　本	710mm×1000mm　1/16
印　　张	13.75
字　　数	210千字
书　　号	ISBN 978-7-5139-2235-7
定　　价	35.00元

注：如有印、装质量问题，请与出版社联系。

本书的读法

世事如局

在古代，围棋的纵横线合成的图形称为局，到现在，所有的棋类游戏，我们都泛称为棋局了，比如在比赛时讲的五局三胜制，就是沿用了古人局的概念。

棋局博弈是古代中国文化中颇为重要的一个领域，人们从棋局而喻政局、大局、全局、战局、时局、结局、局面、局势等观念，到今日，酒局饭局也运用了围棋中局的概念，而又有所谓设局、做局、骗局等术语的流行。"棋局谓之弈。"——《小尔雅》。从这句话中我们可知，局的概念很早就有了。

为什么棋局会演化出政局、大局这样的词汇呢？这是因为围棋的创制，其目的本就是演化天地万象，供人学习揣摩的。春秋时纵横家以围棋推演众多国家（包括外族国家）间的局势，而军事家以围棋推演战争态势，所以事实上，围棋在本质上是一种政治演习或者军事演习，只不过这种演习的工具是一盘棋，围棋推演要远远早于沙盘演练，并具有沙盘推演无法具有的哲学高度。

现在讲的五局三胜，其实并不是古意，五局三胜的局类似于盘，一盘棋两盘棋，讲的是数量，是完成一场比赛的整个过程。那什么是古代所谓的局呢？棋盘就是局，亦即经线和纬线所构画出的图称为局，要点就在这里，局虽可说是棋盘，但指的不是物质，而是抽象的图形，因为这图形不只是可以刻在石上、木上，还可以画在地上，铸在陶器上的。因为一局棋不是在物质的棋盘上演化的，而是在经线和纬线交织出的图形上进行演化的。基本的图形与其他的各种盘面上的东西都会组成一个局，局也就成了各种势力互相较量所组成的一种态势，这样的话，局演这一个词在现实层面上就是非常具有实用性的一种手段了，虽然局演的本义并不仅仅限于现实局面，它还包括对华夏文明中的象、比喻、喻的学习和总结（象类是近当代学者公认的华夏文明的基础，而所有的象类都可以成为比喻，象类和比喻是一个互为其反的关系，而象类和比喻都属于喻的范畴，具体请参看拙作《平衡健康学》）。

围棋作为政治外交和军事的抽象的哲学的推演作用，不仅是历史有诸多记载，还表现在各种围棋著作中，如《适情录》的整体结构，都是军事思想的运用。这本著作是明嘉靖年间永嘉人林应龙著，全谱由两部分组成：（1）正篇（一至九卷）、外篇与补遗（十至十八卷）；（2）图说（十九至二十卷）。前十八卷，则是按内容分类分别以正兵、奇兵、野战、鏖战、挑战、守城、封关、斩关、伏兵、游击、开疆、受降、解围、得隽、会盟、舞剑、演武、要遮、背击等军事名词为标题。如下图：

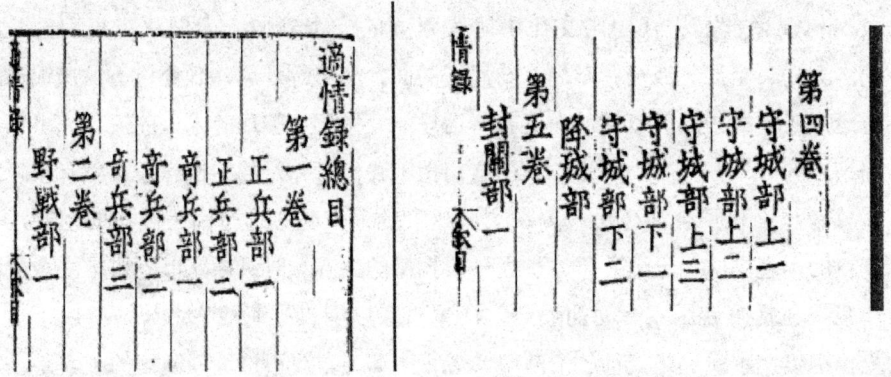

如果不是事先知道这是一部记载围棋棋谱的著作，任何人只看目录，都会把它当成是一部兵书。

本书的读法

有的人认为局演不如沙盘推演科学，因为沙盘推演是完全与现实情况相一致的，这是不了解中国文化也不懂喻学的原因，在远古华夏文明中，所有能够广泛适应的认知手段，都是抽象的、哲学的，都是喻，抽象的概念必然要脱离实体的形象。事实上到现在为止，西方那些军事上的沙盘推演只是就事论事，局限在军事运用之中，完全达不到围棋的喻义总结的目的，更谈不上贯通运用到各个知识领域了，至于远未成熟的所谓企业沙盘推演，就更加谈不上了。局演中尤其是围棋的局演中，人们所收获的哲学非常丰富，汉语言的本质是喻文字，象则是喻文字的基础，人们在表达政治概念或军事概念时，也需要象来比喻，而对于现实中比较博大的事物，人们选取的本喻也是很讲究的，而棋局就成了最好的本喻。政局就是以棋局喻政治形势，而中国人在文字上的喜好和习惯就是追求极简化，像政局、时局还看得出比喻的痕迹，但像"这局棋"这个词汇，就直接将整个博弈都代替了，不需要说出这局棋是政局还是商局。也就是说，汉语言有很多都是隐喻，而隐喻的本喻就是象，棋局作为一个象，是被广泛应用于作为我们隐喻的诸多词汇的。而用围棋直接比喻政事、军事，就有了大局、大局观这样的概念，而从局演中得出的喻义，其内涵是极为丰富的，在此就以棋局中形成的大局观为例稍作讲解：

大局观：围棋形成了人们对大局观的认识，陈澹然谓："不谋万世者，不足谋一时；不谋全局者，不足谋一域。"弈者对整个大局的把握，决定了其境界之高下，桓谭所说的"远棋疏张"就是布局要远的意思，看起来棋势很稀疏，但由于把握了大局，所以随着局势的发展，这些疏散的棋局就会连成片，围住敌人，从而占据更多的位置。而中等境界则是"务相绝遮"，紧紧围着对手打转，眼睛里只看到一块地方的战势，下等境界则是稳稳地守住一隅之地，不知进取，从而被对手夺得整个局势的先机。

大局观不是简单的整体论，更是联系论、关系论，想要把握大局，就要从布局开始，伏笔、呼应、连接、一体，这些早就要做好，才能在最终决胜负时掌控大局。这一点，可以从《棋经》的论述中看出来。

明太祖第一子一定下在天元位，因为这就是一个面向全局的伏笔，可以说明太祖对天元位的重要性有着正确的认知，因为这个位子是面向全局的，所以这种布局是占尽先机的布局。但对于一个不太高明的棋手来说，即便占据天元位，而其他的棋如果不能和天元位相呼应，那天元位的棋一样是一手废棋，只有你的布局能够互相呼应,大局才能被掌控,同样的,不同星位的棋连接起来之后,布局的巨大作用就显现出来了,先期布局好的人会占据更大优势,也就是说,基本上谁执黑先下第一子,谁就是稳赢的,当然,执白者可以在每一个局部战场的绞杀中利用战术优势打断对手布局时各重要棋位的呼应和连接,从而夺得整体优势。如果棋手早期的布局被分割包围,那就面临被迫困缩局部,失去全盘优势的境地,甚至有些局部都可能守不住。应该说围棋的这些喻义与现实的政治军事是相通的,是可以互相印证和互相参考的。

大局观一般是领导层级需要考虑的事,当大局观被上级往下面要求时,往往意味着下级的言行出于私利,或者是个人目的或者是部门利益损害了大局,所以上级领导才会强调大局观。

而事实上,无论上级的大局观有多么好,如果下级在不断地破坏,那么这个大局终究也会被破坏,所以大局观并不仅仅是组织中最高领导层的事,更是组织中所有人的事。

大局观和得利观:当棋势于我不利时,我应看大局,从大局中寻求机会,而当棋势于我有利时,我应盯紧局部,迅速将局部的优势落实。这也是阴阳辩证中的相对论。

智慧《棋经》

凡讲局就一定要讲围棋,凡讲围棋就一定要讲《棋经》,《棋经》受《孙子兵法》的影响较为明显,但因为它讲述的是一个特殊的东西,所以依然具有鲜明的特色。兵法讲的是场,战场商场都是场,《棋经》讲的则是局,人生如棋局,事业如棋局,甚至国家争雄,战场争雄,都离不了局。

《棋经》一书,是集中国历代围棋博弈理论之大成,深具中国博弈特色的一本著作。如果说现代围棋是博弈之术,那么,《棋经》所讲述的就是博弈之道。它伴随着儒、释、道思想和其他文化艺术,融贯于绵绵几千年的中华文明史。不仅具有其他艺术门类的许多共性,诸如抒发意境、陶冶情操、修身养性、生慧增智等,而且还与天象易理、兵法策略、治国安邦等相关联。它的博大精深,玄妙无穷,似乎非凡人的智慧所能参透。近千年以来,

本书的读法

多少帝王将相、文人雅士、市井百姓对其乐而不疲，也演绎出不少传奇佳话、美文诗赋乃至兵书算法、治国方略，可以说，《棋经》是中华文明史上一朵绚丽的奇葩。

《棋经》中闪烁着很多辩证思想，对人生很有启迪意义，如"棋有不走之走，不下之下""有先而后，有后而先""有始少而终多者，有始近而终远者""胜不言，败不语""安而不泰，存而不骄"等等，都是妙绝千古的真知灼见。对于围棋棋手来说，它自然是一部非常有用的参考书；对于不会下棋的人，它所提供的"胜败之要"也是富于启迪意义的。所以，我们可以说，《棋经》不仅是一部围棋参考书，更是一部人生参考书。如果说《适情录》是纯以兵法讲围棋，以围棋为军演的话，那么《棋经》中不只有兵法，还有纵横之术，有政治、军事、外交、商业的智慧凝结。

《棋经》这本书，篇幅虽小，却最经典，我们现在经常使用的许多策略，都从《棋经》中来，如布局、先手后手、舍子求势等，因为它来源于棋局，棋局比之于战场，更容易分析，更容易被普通人所把握，所以，从棋局上得来的智慧，更贴近，更简明，它具有战场无法比拟的优越性。因而，从棋局得来的智慧之道《棋经》，是我们不可不读的谋略源泉。

《棋经》更加注重个人的素质修养，因为棋盘上黑白分明，所以《棋经》对形势的判断更加准确明晰，其总结的经验和规律也更富哲学意味。《棋经》展现了我国古代军事谋略学、博弈学的精髓，是计谋的经验总结。今天的人研读，可以将其活学活用在政治、外交、经济、为人处世的各个方面，以提高自己运筹帷幄的能力。

本书分为两部分，第一部分《棋经原解》，其中的事例部分由我的助理协助完成，内容相对来说比较浅，有术有道，术和道结合的在原文注释部分，讲术的《智慧解读与运用》部分，内容较通俗易懂，读者可有所选择。第二部分《局道》则内容比较深，主要讲道，读者可循序渐进。

本书的读法 ·· 1

第一部分 《棋经》原解

《棋经》与围棋 ·· 2
棋局篇——万流归宗,以一为始以一为终 ······························· 11
得算篇——深谋远虑,纵横局中此心不迷 ······························· 19
权舆篇——开局布阵,善用章法占地成势 ······························· 29
合战篇——大局为重,善战者以造势取胜 ······························· 37
虚实篇——集中力量,有所为而有所不为 ······························· 51
自知篇——自知者明,做到自知而后知他人 ···························· 55
审局篇——审时度势,以万变应万变 ····································· 63
度情篇——看棋知人,于棋于人相得益彰 ······························· 69
斜正篇——深思熟虑,因形用权意在子先 ······························· 79
洞微篇——察微知著,因时而动进退自如 ······························· 87
名数篇——名正则顺,天下大事必做于细 ······························· 95
品格篇——人棋合一,随心所欲而不逾矩 ······························ 103
杂说篇——防患未然,君子安而不忘危 ································ 111

第二部分 局 道

游戏的本质是推演学习 ··120

围棋的历史和变化 ··124

局喻 ··126

局·演·数·象·理·喻 ···131

数理之合 ···139

从数理中见喻 ··152

修身·悟道 ···154

演喻1——围棋的精髓在于其深刻的辩证法 ························161

演喻2——五赋三论之喻 ··173

演喻3：局演胜于《孙子》之处 ·······································179

从围棋看喻的概念群、哲学对（喻义对）及其相互关系 ·······189

内涵丰富无比的麻将 ··195

遗失的六博之道 ··203

数形理独到的放牛棋 ··204

第一部分 《棋经》原解

《棋经》与围棋

《棋经》简介

《棋经》是在宋仁宗皇祐年间（1049~1054年）问世的一部著作，它在我国围棋发展史上占有特殊的地位。关于它的作者，有人认为是张拟，也有人认为是张靖，至今尚未有定论。《棋经》依仿《孙子兵法》，参照兵法来阐述棋理的"胜败之要"。全书涉及规格等级、品德作用、术语、战略战术等多个问题，理论很全面，论述也颇为深刻。除此之外，书中还记载了一些善博弈者的名字，也常引经传中的句子，来说明博弈之道由来已久，并且用经典语句作为每篇的结尾，虽短小，却精悍，且隐藏绝大智慧。

《棋经》的《序》，对整个围棋的形势进行了分类，谈论了围棋着法与战术；《论局篇》对棋盘进行了解释，指出了围棋和自然界遵循一致的运动规律，即"阴阳造化"四个字；《得算篇》则强调计算关系到棋局的胜败，要做到心中有数；《权舆篇》谈的是布局，指出了布局的重要性，道破了布局的原则；《合战篇》则全面周密地讲解了实战中的各种问题，这是全书最重要的篇章之一；《虚实篇》主要探讨战术进攻的原则；《自知篇》把有无自知之明提到了胜败的高度加以阐述；《审局篇》告诉人们要特别重视棋局形势的变化，做到胸有成竹；《度情篇》从各个方面讨论了下棋时的态度问题；《斜正篇》谈的是棋风问题；《洞微篇》用变化的观点探讨了围棋战术，列举了战术上的一系列原则；《名数篇》里总结归纳了下子的32种术语；《品格篇》将棋力的高低分为九品；《杂说篇》则比较芜杂，但值得注意的是，它讲到了棋手的品质作风问题。

《棋经》的价值，首先在于它的系统性。我国的古典围棋理论，从尹文子和太叔文子算起，中经班固的《弈旨》、马融的《围棋赋》等，直到敦煌的《棋经》和王积薪的《十诀》，才逐渐开始系统化。但真正意义上建立起一个体系的，还得算《棋经》。《棋经》的完成标志着我国古典围棋理论发展到了一个新的高度。

《棋经》和以往的围棋理论相比，在一些重要问题上，有着更加深刻、更加全面的论述。特别是涉及围棋战略、战术的篇章，充满了辩证法的观点。如"棋有不走之走，不下之下"，"有先而后，有后而先"，"有始少而终多者，有始近而终远者"，等等，都是妙绝的真知灼见，这也是该书的另一个重大价值所在。

此外，《棋经》还花费笔墨阐述了棋手的品质作风等问题，认为这关系到一局棋的输赢，关系到棋手水平的提高，如提出了"胜不言，败不语""安而不泰，存而不骄"等评价棋手品质作风的标准，这些观点至今还为棋手们所称道。

总而言之，《棋经》运用朴素的唯物主义观点，全面总结了历代棋手下围棋的宝贵经验，继承和发展了我国古典的围棋理论，是围棋史上最为重要的理论著作。其面世九百年来，影响了一代又一代的棋手。据《棋经·跋》的记载，此书一经问世，就受到包括刘仲甫在内的宋代棋手的高度重视，刘仲甫以后更有许多棋手为之作注，至元代，晏天章、严德甫"会诸家之要"，撰成集解，《忘忧清乐集》《玄玄集》等书都将其全文收录。在那时甚至形成了"人人皆能诵此十三篇"的局面。时至今日，对于棋手们来说，它仍能发挥极大的借鉴、指导作用。除此之外，《棋经》中的道理在为人处世上也得到了广泛的应用。因此，我们可以说，《棋经》不仅是一部围棋参考书，更是一部人生参考书。

【原序通读】

传曰："饱食终日，无所用心，不有博弈者乎？"桓谭《新论》曰："世有围棋之戏，或言是兵法之类。上者远其疏张，置以会围，因而成得道之胜。中者则务相绝遮，要以争便求利，故胜负狐疑，须计数以定。下者则守边隅，趋作罫，以自生于小地。"春秋而下，代有其人，则弈棋之道，从来尚矣。今取胜败之要，分十三篇，有与兵法合者，亦附于中云尔。

【古文今译】

《论语》中说:"整天吃饱饭没事干,什么事也不关心,不是有六博和围棋的游戏吗?"桓谭《新论》中说:"世间有围棋这种游戏,有的人说它和兵法属于同一类。一流棋手大模大样展开棋局,布置棋子,形成合围的态势,所以能以占路多而取胜。二流棋手则致力于阻拦或隔断对手的棋子,争取得到方便和好处,所以对能否取胜,没有多大的把握,必须计算数子才能断定。三流棋手则把守边角,急于形成方格,旨在盘活一小片棋。"自春秋时代以来,每个朝代都出现过杰出的下棋高手,如此看来,下棋的技艺向来是被人们所看重的。如今收集有关胜败的要点,共分十三篇加以陈述,有与兵法相合的内容,也附存在其中。

围棋的奥妙

说围棋既费时又费事的人必定是不懂得围棋奥妙的人,在他们看来,围棋这一古老的艺术是不宜提倡的。然而奇怪的是,古往今来,帝王将相、文人雅士却大都喜欢下围棋。中国的帝王将相中没有几个不喜欢下围棋的,从汉高祖刘邦到三国曹操、诸葛亮、孙权、孙坚、孙策等,基本上都是围棋爱好者。其中曹操更是一个一流的围棋高手,他的25个孩子也大多会下围棋。

历史上还流传着这样一个很有名的故事,说的是曹操的儿子曹丕为了夺取王位继承权,通过下棋杀掉了自己的兄弟曹彰。曹彰是个特别英明神武、骁勇善战的人才,曹操很欣赏他,曾夸他是栋梁之材。在曹操死后,曹丕便对这个弟弟心存芥蒂,为了消除后患,有一天,曹丕特地邀曹彰到卞太后宫中下围棋,两人边下棋边吃着枣,兄弟情义融融。其实,曹丕早已在一些枣里下了毒,自己拣好的吃,有毒的留着。而曹彰却辨识不出好坏。不多会儿,曹彰就理所当然地中毒了。卞太后看见此状惊恐万分,赶紧喊人弄一罐水来。但曹丕早已事先命人将所有水罐打碎。一时太后宫中乱成一团,太后心急如焚,不知如何保住爱子性命,赤足跑到井边,然而还是无法汲水,曹彰终于暴死在卞太后怀中。

还有关公刮骨疗伤、东晋淝水之战等故事,都与围棋有关。唐朝的唐太宗、唐玄宗和杨贵妃也都喜欢下围棋，明朝的朱元璋更是围棋的爱好者。虽然他禁止全国人民下围棋，怕玩物丧志，自己却喜爱下围棋，南京玄武湖的胜棋楼就是朱元璋跟徐达下过棋的地方。另外，像杜甫、白居易、韩愈、李商隐、陆游、苏东坡这些文人雅士也都喜欢下围棋。在杜甫的很多诗中都提到了围棋，例如："楚江巫峡半云雨，清覃疏帘看围棋"写的是诗人在观棋。"对棋陪谢傅，把剑觅徐君"写的是诗人在亲手下棋。"闻道长安似弈棋，百年世事不胜悲"，这里诗人是用围棋的变化莫测来比喻纷乱复杂的世事。"且将棋度日，应用酒为年"，可见，此时下棋已成了诗人晚年的乐趣了。

毛泽东主席在他的很多著作里都用了围棋的战术，如《论持久战》《中国革命战争的战略问题》等。美国耶鲁大学斯格特·鲍尔曼教授就有一篇文章是从围棋角度来解释毛泽东的战略的。陈毅同志喜爱并大力倡导围棋，这是尽人皆知的，因为他对围棋的热爱，新四军的高级将领也几乎都成了围棋爱好者。

为什么围棋有这么大的魅力呢？对于唐宗宋祖们来说，下棋一来可以提高思维运筹能力，二来能够"聊避后宫之惑"，达到清心养身的目的。不仅如此，对于身处围棋之中的人来说，他们可以从中感悟到很多的人生教益。韩国围棋九段李昌镐在一次接受采访时就这样说道："围棋的妙味非常多，通过下围棋，我学到了忍耐和等待。围棋的每盘棋里都包含了人生的种种曲折和经历。"号称"昭和棋圣"的吴清源在他的自传《中的精神》中也说道："悟透棋道，也可悟出人生之道。"

正因为围棋奥妙无穷，变化多样，才能够使越来越多的人对它产生兴趣，并不厌其烦地研究它。会下围棋的人想必都有这样的体会，一旦学会了围棋，就会爱不释手，可能把其他爱好撇在一边，让围棋这一爱好伴随终生。在人生的各个阶段，对围棋的理解不同，追求也会有所不同。这些都足以证明围棋奥妙无穷了吧。说"书中自有黄金屋，书中自有颜如玉"，对围棋来说，又何尝不是呢？

围棋与兵法

桓谭在《新论》中说：围棋要旨及意图与兵法相通。兵家水平，可以根据其艺术境界，分为三等。第一等长于战略谋划，娴于结构效应，力争不战而胜，即便战斗，也多在运动中陷敌人于窘境，而不是肉搏制胜；第二等则两军对垒，各据险要，破城拔寨，刺刀见红，正面克敌，以勇以技见长；第三等则防守甚于进攻，所凭借的唯有天然地势险峻的地方而已，其目的不过相安。围棋亦是如此，亦可据棋手水平，分为上者、中者、下者。

上者远其疏张，置以会围，因而成得道之胜。

孙子说："上兵伐谋。"战国时的"围魏救赵"可以说是上兵伐谋的最佳注脚。赵魏两国交兵，赵国向齐国求援。齐国军师孙膑奉命出征。但孙膑不是直接参与赵魏之间的战斗，而是乘魏的精锐战斗力被赵牵制的机会，突袭魏都大梁。趁魏军派兵回援的疲惫之机，于桂陵痛击魏军，瓦解了魏对赵的攻势，这就是历史上著名的"围魏救赵"。在这个过程中，孙膑不是通过力战、攻城直接去支援赵军，而是通过运筹帷幄，先创造了"避实击虚""以逸待劳"等对自己有利的战斗条件，从而赢得了这场战争。同样，在围棋中，胜于运筹，巧妙设局，也是棋手们追求的高明境界。

中者则务相绝遮，要以争便求利。故胜负狐疑，需计数以定。

关羽千里走单骑，过五关斩六将，不可不谓勇。但他在蜀国的地位却不在诸葛亮之上。这是为什么呢？原因是局部战斗的利益，是绝对比不上"三足鼎立"的战略谋划的。从兵家的角度看，关羽是中者。从棋家的角度看，虽然力战作为一种风格无可厚非，但从境界上看，却比不上运筹制胜者。因为后者思维缜密，胸怀全局，制胜方式不是特定的技巧而是整盘棋的配置。当然，并不是说力战家就不运筹，只是力战家的运筹常常都是以局部为目标，运筹手段也多非结构而在于计算。而局部得失往往有限，战斗必须不断展开，不到终局难以断定胜负。

下者则守边隅，趋作罫，以自生于小地。

围棋的进行一般要分布局、中盘、官子这三个阶段，为什么一开始要先布局而不是马上就展开激烈的短兵相接呢？这就要涉及战略与战术的关系了。一场战争的进行首先要有战略部署，以方便从整体上规划战争，从全局上统领战争，而后在具体的作战中再注重战术的运用和安排了。对于一盘棋来说也要有这样的布置，布局好比战略，中盘好比战术。棋盘上的星位是我们最先要抢占的战略要地，之后再挂角拆边，这样棋局的初步走势和双方割据的轮廓基本形成，也就是战略格局基本形成；进入中盘之后下棋双方就开始激烈的对决和搏杀了，飞跳长扳断各种手筋的较量在围剿与反围剿中不断地施展发挥，胜败就取决于各自对战术的掌握与运用了。

在战争中，消极防御是最没有前途的。假如敌人比你强大，而你又不积极设法保护自己，并最终将对方消灭，那么你就会被敌人所消灭掉。而如果敌人比你弱小，你没有及时抓住消灭对方的良机，让对方有了休养生息的机会，这样当对方恢复元气后，你惨败的日子也就到了。历史上这样的例子不胜枚举。譬如，夫差不灭勾践，而勾践卧薪尝胆十年，则灭夫差于姑苏台。楚霸王鸿门宴不灭刘邦，终于被刘邦灭于垓下。

下棋也是如此，偏重于边角实利，无异于消极防御，这个道理是不言而喻的。真正会下棋的人谁都不会有意偏安，除非优势定型。但是，在势与地的关系上，往往有人重地不重势，以致失去均衡而输棋。当然，边角易守难攻，建立根据地不能不先抢边角。但是，边角与全局的关联较小，不易形成要挟呼应之势，发展的可能性很小。所以棋手要注意这两者的相互配合，否则必输而沦为弈中下者。

谢安是东晋著名的围棋爱好者。苻坚率军侵犯晋国，打到淮泗时，曾经震动京师。晋帝当下便提升谢安为征讨大都督。前方战局吃紧，谢安的侄子谢玄将军前来请示退敌的办法。谢安则不以为然，面无惧色，说自有办法，让谢玄随他与友人们一道去山中别墅游玩。到了山中，谢安摆开棋盘邀侄儿对局。谢玄原本比谢安棋高一筹，但因为紧张，糊里糊涂败给了谢安。谢安很得意，晚上回家后，便开始指示对敌作战的方案。结果这一仗把入侵的苻坚打得丢盔卸甲。捷报传来时，恰巧又碰上谢安在下棋。谢安扫了一眼捷报，顺手放在床边，不动声色，继续下棋。客人们忍不住纷纷问他仗打得如何了。他这才缓缓地说："这仗打胜了。"谢安这种临危不乱，坚定沉着的风度，可谓令人叹服。或许，这也解释了"学习围棋可以促进兵法，反之亦然"这句话吧。

《棋经》比照《孙子兵法》的体裁，将影响围棋胜负的若干要领，加以归纳，并把与兵法相关的部分附于其中，这对于学习围棋的人来说，不无益处。同时，如果有人把围棋作为战斗沙盘，视为"居安思危"之策，通过下棋，学习兵法，也是不亦乐乎。

围棋与性格

我们总在研究人的性格，迄今为止，恐怕也没有人能说得清楚人究竟是什么性格，或者说，人究竟有多少种性格。说到围棋，竟是与人一样，永远不可捉摸。

在看电视与看小说相比，爱下围棋的人，当然是更喜欢后者了。原因是，电视的形象一经出现，即成永远的遗憾；而书中的世界，可以任由我们永久的遨游与想象。这就如围棋，里面包含了我们全部的才情、幽思、悲愤以及成就功名的理想。

从围棋中我们大概能够看出人的性格来。注重实地，可以认为是活在当下；注重外势，可以认为是乐意追求理想；棋风厚重，可以认为是做人脚踏实地；棋风飘逸，可以认为是做人讲究变通；试应手，可以理解为是投石问路；悍然对杀，可以理解为是勇者胜于狭路相逢；互不理会而各自围空，可以理解为隐忍养性修身；空投打入，则可以理解为是大丈夫笑傲苍天而论英雄。

一个铁公鸡性格的人，常常为围棋盘上几颗孤子而留恋，而发展到一条龙又一条龙被杀掉，这种人，贪小利，少社交，不知深交为何物。这与他所受教育影响和苦难的过去是分不开的。

一个在围棋盘上行棋小心谨慎的人，可能是中低工薪阶层，安温饱，少创意。

一个在围棋盘上常走出盲点的人，行商易见商机，技术上易有发明，行政上易有独到见解，但易遭人妒忌，常有怀才不遇的感慨。

一个追求棋型美的人，是热爱生活，喜欢享受生命的人。

……

可以说，通过围棋历练出来的人，会对自身、对社会有着正确的观点与精神，会形成良好的性格。比如：淡定从容的性格：围棋者会觉得劣势并不可怕，只要有勇气和胆略，通过认真的计算会逆转时局，爆冷门在围棋比赛中是非常常见的，高手之间水平非常接近，被逆转的更是比比皆是。

敏锐警觉的性格：高水平的对弈中，可能一局三百多手也不会出现差错，但只要一方抓住对手一个错误就可以让胜利的天平发生倾斜，甚至于改天换地，当然这种机会只有具备非常好的敏锐性的棋手才能够抓得住。

越挫越勇的性格：围棋有规则，没有和棋，最终必然要决出胜负。因此，围棋比赛相当残酷，每一盘比赛都要分胜负，哪怕是最微小的胜负，于是每个棋手都要面临失败的打击和巨大的痛苦，这种痛苦，非亲身经历过的人是不会感受到的。同时，他们在失败后也会有一种自我的适当心理调节。学会击败对方，就要找出他的软肋，所以，冠军不会永远属于某一个人。

聂卫平那样的大局观，李昌镐那样的勤奋与天才，李世石那样的灵性与创造，通过围棋已经众所周知了。本是一介普通棋手的吴清源，当年东渡扶桑后，因其前无古人的霸气称雄日本二十余年，引来日本右派对他极端仇视；曹燕子与大李，因力镇围棋大国中国与日本，从此引发韩国人如潮水般地涌向尺盈的纹枰前……试问，还有哪一种棋类运动能够受到如此高度的关注或崇高的礼遇呢？我想，一切皆因了围棋的性格，因了围棋那不可捉摸的性格。

棋局篇——万流归宗，以一为始以一为终

此篇推本棋局之数，以与天合，故以棋局名篇。

【原文通读】

夫万物之数[1]，从一[2]而起[3]。局[4]之路[5]，三百六十有一。一者，生数[6]之主，据其极[7]而运四方[8]也。三百六十，以象[9]周天[10]之数。分而为四，以象四时[11]。隔各九十路，以象其日[12]。外周七二路，以象其候[13]。枯棋三百六十，白黑相半，以法阴阳[14]。局之线道[15]，谓之枰[16]。线道之间，谓之罫[17]。局方而静[18]，棋圆而动[19]。自古及今，弈者[20]无同局[21]。《传》[22]曰："日日新。"故宜用意深[23]而存虑精[24]，以求其胜负之由[25]，则至[26]其所未至矣。

【注释】

[1]万物：宇宙万物，数：天下万物和万象都是以数为归依，数是衡量万事万物的尺度。[2]一：华夏文明中从一开始计数，到九为终极，十则等于是西方的零。[3]起：生起、发起，此处为初生、初发、初起义。[4]局：围棋由经线和纬线合成的图形称为局，后来的棋盘也称为局。[5]路：经线和纬线的交叉点、着围棋子的地方。[6]生：指所有的数都从一而生。[7]据：占据某个位置，极：极致、极点、终极。[8]运：运转，四方：围棋的四个方位四个角。[9]象：古代华夏文明中的认知世界方法，即取象比类，这里是说围棋的制作原理，其三百六十个棋位是取法天象的三百六十度周天之数。[10]周天：天形圆，所以为360度，360度为一周天。[11]四时：指春夏秋冬，又称四象。[12]其日：每一时共三月九十日。[13]候：时令名，五天为一候，一年共七十二候，《素问·六节脏象论》："五日谓之候，三候谓之气，六气谓之时，四时谓之岁。"[14]这一句是说围棋的制作原理是以阴阳为本喻，用黑白两色分别表象阴阳。[15]线道：即横线和竖线，也即古代的经线和纬线。[16]枰：字从木，从平，平亦声。"平"意为"扁形的"。"木"指木具，"木"与"平"联合起来表示"扁平的木器具"。本义：板床或棋盘之类的木器具。[17]罫，音guǎi：方的网眼，如："属刚罫以潜拟。"此处是喻字，以方的网眼喻指围棋上的方格子："所志不出

一枰之上，所务不过方罫之间。"[18]方：古以大地之形为方，又以大地之态为静。由经线和纬线构成的棋局是方形的。棋局的图形是不动的。[19]圆：华夏文明中以天为圆，天道以圆为轨而动，棋子是圆形的，每一落子都是动。[20]弈：博弈，弈者指参与博弈的人。[21]局：此处的局，其意义如同我们现在讲的"下一盘""下一局"的局。[22]传：《棋经》对于其引文的标注方法不正确，这里的《传》有的出于《论语》，有的出于《礼记》，统用《传》表达，是古人的习惯，并不是严谨的文法。此处的"日日新"出自《大学》。[23]宜：适合、应当。用意：用心、下功夫，深：与浅相对，表程度。[24]存：在。虑：思虑。精：专精、精诚，近代语境中类似的有专心。[25]由：由来、所从来。近代语境下的词语有原因。[26]至：达到，动词，所未至：所未达到的境地，三字组成为名词。

【古文今译】

万事万物所归入的数，总是从一开始。而围棋的路数，总共有三百六十一条。所谓一（围棋局的中心点，即天元位），是其他所有数产生的依托（无论多少数都要从一开始），把握了这个根本才能达到控制四方的局面。所谓三百六十，这是用来象类周天的数目。分成四个角，这是用来象类四季。每角各分九十路，这是用来象类每一季的天数。周围七十二路，这是用来模拟时令的变化。棋子有三百六十枚，白子和黑子分别占一半，目的在于效法阴阳。棋局的线、路叫作棋盘，线、路交错所构成的方格称为罫。棋局是方形的、静态的，棋子则是圆形的、动态的。从古到今，对弈中从来没有出现过完全相同的棋局。正如《大学》中所说："每日都有新的变化。"所以，棋手应该用意深微，考虑周密，以探求胜利和失败的缘由所在，只要这样做了，就能达到前人未曾达到的水平。

【哲学思辨】

围棋的棋局为什么能演化出那么多喻文字，并产生那么多意义，产生那么多阴阳哲学对？关键就在于它的制作，它的制作运用的是华夏文明中的基础方法象类。而象类之法中所运用最广泛也最基本的本喻就是天地之象。华夏文明中的阴阳哲学、五行哲学，都从象类而来。除了局演化出很多喻义外，就连我们平常讲的思圆行方，也是一个比喻，而这个比喻的本体就是天地之象——天圆地方。所以《棋经》的首篇，看似无关紧要，实则至关重要，因为它讲明了围棋的本质。

【智慧解读与运用】

1.先从围棋的本质说起

　　围棋的本质就像人生的本质一样，是说不清也道不明的，更没有一个定论，每个人都持有各自不同的看法，而且在不同的时期人们的看法也会有所不同。不过，既然它是以"一"为始，仿效阴阳，那我们就可以认为"棋道"一定是存在的。老子有言"道可道，非常道。"在中国的哲学里向来强调先天存在的"道"。所谓"道生一，一生二，二生三，三生万物。"虽然程朱理学称其为"理"，陆王心学把它叫作"心"，而在佛教里或许就是所谓的"佛性"了。但是，这些称呼无不强调先天存在性，也就是万物的源泉。在现代哲学里，有个概念叫"绝对真理"。与以往概念不同的是，所谓的绝对真理本身并不存在，而是由无数相对真理的真理性所组合而成的。从某种意义上说，这个绝对真理也可以理解为我们所说的"道"。

　　道，正因为它广阔无比的包容性，所以才如此抽象，难以捉摸，就连老子也不能给它下一个确切的定义。我们可以说它什么都是，却又难以说明它具体是什么。既然弄不清楚，我们为何还要对它穷根究底呢？从人类自身的角度而言，探讨大道可以帮助人们理解自己，参悟宇宙万物，进而帮助人们建立科学的人生观和宇宙观。最终让人们生活得更悠悠惬意、舒心幸福。还有什么比这更有意义呢？只有真正领悟道的人，才会有顺其自然的处世观，对任何事都不强求，也只有这样的人才能真正接近大道，甚至于与大道合二为一。进而言之，如果全人类都达到了这一境界，那么我们生活的这个地球，不就变成我们一直向往的那个桃花源了吗？

　　然而，我们似乎永远也不可能明白终结意义上的"道"，我们只能通过自己的思考力和探索力试图去接近它，理解它，就像我们只能接近真实而不能得到真实一样。一如我们对人生的理解会随着阅历的增长和时间的流逝而改变，我们对围棋的理解也会随着自己的深入程度而不断改变，而且追求的境界也会有所不同，这一点从围棋的众多派别中就可以看出来。其实，这才是最重要的。从某种角度来说，这大概就是围棋的本质之所在了。问题在于我们要去"求道"，要去"求索"，在经历中成长，成熟起来，走向更高级别、更加美好的人生境界。

关于围棋，以前有过两种讲法。一种是说："中国是围棋的生母，日本是围棋的养母。"另一种是吴清源先生所说："围棋是被日本搞坏了的。"两者之所以相互矛盾是因为讲话者的出发点是不一样的。

前一种提法是想说明一下日本在近代围棋史上的重大贡献。因为日本取消了座子，大大丰富了围棋的手段内容，而现代的新闻棋战则走出了世代相袭的古老模式，扩大了围棋的受众面，也提高了围棋选手的社会（经济）地位，其意义显而易见。

吴清源先生的说法，旨在强调现代棋战引发的弊病。那就是观赏性逐步减弱，"棋谱变脏了"，棋手们如今更多地注重于胜负的结果。而在中国古代，棋手们比较淡于胜负，所以棋谱大都不记录最后的结果。

来分析一下这两种提法的出发点，前者是在围棋的"技"——也就是胜负性（竞技性）的基础上来说的。而吴清源先生的讲话则在强调围棋的"道"——说的是围棋的艺术性。可以说围棋是艺术和竞技的矛盾统一体。何出此言呢？

艺术是模糊（甚至于抽象）的，而胜负是明确的。蒙娜丽莎的微笑就是模糊艺术的最好代表。可谓说不清，道不明。围棋也有这种抽象的艺术感。吴清源先生的名著《黑白布局》里有一篇文章题目就叫"朦胧的妙手"，颇有"静观待变，含笼四方"的意蕴，但我们依然难以说出它的直接用意。胜负就不同了，胜负拥有直接的结果，特别是实行贴目以后，围棋里绝少见到和棋的现象。一盘棋下来，刀刀见血，必有结果，这很明确。可见，从意境上围棋更接近艺术，当然，最终的结果也逃不出胜负的牵制。

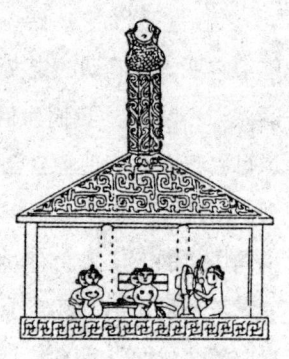

艺术注重于创造或"超前"，但胜负却只注重于结果与现实。

艺术的成就更经得起时间的检验且可能成为永恒。王羲之的字，吴道子的画，即便在千余年之后的今天，依旧能得到人们的赞美，这就是经历了时间考验的艺术的魅力。这种魅力几乎是永恒的，是不能被超越的。吴清源先生的棋局犹如"吴带当风"的诗人漫步在竹海，一阵风吹过后，青竹落翠，对手在感叹这如梦的美景时却已迷失在了棋局之中。这就是围棋的艺术。但在胜负的世界里优劣立判，一局棋的胜负，不会也不需要留给一千年以后的人去评判。这就是胜负世界的残酷。

其实，围棋中的"道"与"技"的矛盾统一远不止表现在以上几个方面。又如，艺术里，和谐可以创造美，但这种"和谐"却无法解决胜负的残酷结果，所以，这样高远的思想有可能一直只是梦想。

言而总之，我们可以说，围棋与其他艺术的共同点在于他们拥有同样的气质，即"理想性"；而又同所有竞技体育一样，围棋也在追求最终的胜负，也就是它不可避免具有"现实性"。当我们在对围棋进行哲学般的思考、唯美主义的构思时，就是围棋艺术性的体现。

在吴清源先生对21世纪围棋观的构想中，提出了"调和""和谐"的大同。他认为围棋是一种艺术，又是一种生命的哲学。对弈的终极目的，是从中领略圆满调和，追求棋艺和人生的共同完美。

他说，20世纪的围棋是一种"部分"的围棋，棋手们过于重视局部的得失。21世纪的围棋将是一种"全部"的围棋，是朝着整体、全面的方向发展，而不再拘泥于局部纠缠，是全部好而不是一部分好。只有重视全部、整体，才能更接近围棋的"棋道"，从而进入棋艺的最高境界。

他还说，其实围棋之道就像中国的阴阳五行，做得不好就会相克，做得好就相生相容，21世纪的围棋就是要相生相容。中国的《易经》讲究阴阳调和，围棋也是这个道路。20世纪的围棋以争胜为主，21世纪的围棋的核心是调和、均衡、和谐。

从这个角度来看，在中国的大文化圈里，围棋和哲学，诗歌等一起，找到了中国人"天人合一，天下大同"的文化情怀的基点。尽管这个"道"对我们来说，只是一个梦想。

【智慧点睛】

拥有美好的理想，不一定会有美好的结局；对"胜负"的追求也在很多时候迫使我们放弃自己的理想，老老实实地走"正常的路"。现实的胜负要求可能扼杀我们的艺术创造。这就是围棋的矛盾，换言之，这就是围棋里的"求道"与"务实"的矛盾。这和我们生活里的"理想"与"现实"的矛盾一样，既让我们痛苦，也促进了我们的发展。所以说，围棋就是这么一个矛盾统一体。

2.人生如棋，棋如人生

严肃而确切地说围棋不是一种游戏，而是一种智慧，一种把思想表达在棋盘上的智慧；它也是一种较量，一种博弈双方的思想较量。围棋的魅力就在于当你深处其中时会发现，行棋谋略和人生谋略惊人相似，而且行棋的思维方式、态度和技巧与人们做事的思维方式、态度和技巧也非常雷同！在棋盘的方寸之间与人们生活的天地之间你会找到它们的很多相似之处。

所以，围棋也被称作"手谈"，一种深层次精神的"手谈"。两个人面对一个棋盘，在天圆（棋子之圆）地方（棋盘之方）、阴阳两界（黑与白）中完成一种对立与和谐。在每一次落子时漫不经心地对对方的一瞥中，在对对方的一步高棋的轻微赞叹中，博弈者的智慧、人格、勇气、都纤毫毕现地展示出来，甚至连博弈者对生死的体味，都在莫测的棋局变化、瞬息的生死存亡和无穷的空间拓展中显示无遗。因此，棋道通于宇宙大道，通于人生之道。

中国向来有"棋味人生""世事如棋，人生如子""棋局如人生，千古无同局"之说。正是这种虚实相间的棋道，显示了一种人与心灵间的对话，以及人类在竞争中求和谐、在和谐中有竞争的独特神韵。

围棋吸引众多沉迷者的关键所在，大概就是因为它能让下棋者在短短的几小时内，徜徉于无边的宇宙空间中，徜徉于无始无终的漫长的时间长河里，将其所有智慧、招数和领悟到的天地大道，尽付于这纵横交错的棋盘之中，好比一名元帅在指挥千军万马。同时，围棋的对垒又不是一味好勇斗狠，而是智慧与品格的比拼。下棋如水行泉涌，顺着山势，时而急时而缓，时而低吟时而高歌，行乎其当行，止乎其当止。顺其自然，这才是围棋之道。所以，围棋之美并不在于占领广阔的领地，而是在含蓄隐蔽的恬淡中，折射出精神的领悟和宇宙的哲思。

在下棋的过程中，人们生存所需要的策略、态度和技巧得到启迪和回响，小小的棋盘演绎着变幻莫测的人生谋略，我们无法解释这种古老的游戏为何与生命活动有着如此相似的内容和蕴意，或许前人创造围棋就是为了以小见大，通过小棋盘来展现广阔天地的万物，棋盘虽小却有包容天地的伟大气魄！人们给围棋以生命，而围棋也给人们以生命的浓缩，让人们在棋盘上体会着棋盘所折射的理念与内涵，领悟着人生的真谛与沧桑，人与棋交融合一相互辉映，造就了成功的围棋人生！

我们几乎可以说，爱好下棋的人都是"醉翁之意不在酒"，因为在下棋的过程中，所谓的经商之道、从政之道、做人之道，其实都已暗藏其中，所以人生如棋，棋如人生，常走常新。

【智慧点睛】

漫漫人生，变幻莫测，难有定数，往往令人举棋不定。而棋局万变，棋势无定。不论多高的棋手都控制不了棋局的最终结果，犹如无论多深的智者都预知不了人生。也许，正因为有棋落无悔的规则，所以才有棋如人生的说法。是啊，人生如棋，棋如人生，是一种竞争，也是一种调和。落子无悔，常走常新。

3.要以发展的眼光看问题

所谓"局方而静"，就是说下棋的规矩如棋盘一样，是静止不动的。而"棋圆而动"，则强调在遵守规矩的前提下，由于博弈双方都想克制对方，争强斗胜，使棋势出现了丰富的变化。如果说"白黑相半，以法阴阳"是在说明发展的原因在于黑白对立的话，那么，"局方而静，棋圆而动"就是在揭示发展的无限多样性。

任何一盘棋，由于博弈双方是不同主体，黑白都有挫败对方的意图，再加以局部明确的优劣态势，在全局中不时发生变化，围棋的变化是极其繁复的。可以说，每下一个子棋势都在发生着巨大的变化。因此有人云："古人重蹈今人爱，万局都无一局同""天下无同局"。《棋经》则说"日日新"。

"人不能两次踏入同一条河流"，这是古希腊的哲学家赫拉克利特的名言。意思是说河在不停地流动，当人第二次踏入这条河流时，接触到的已经不是之前的那些水流，而是变化了的新的水流了。这也在告诉人们：世界上的事物，永远处在不停的运动之中，"一切皆变，无物常往"。对于这一思想，恩格斯给予了高度肯定："这个原始的、朴素的，但实际上正确的世界观是古希腊哲学的世界观，是由赫拉克利特第一次明白地表述出来的。确实，一切都存在，同时又不存在，因为一切都在运动，都在不断地变化，不断地产生和消失。"

"高岸为谷，深谷为陵"，"芳林新叶催陈叶"，这些诗句都在告诉人们，世间一切事物都处于变化发展、推陈出新之中，新事物总是层出不穷，这也就给人们提出了更高的要求:要用发展的眼光看问题,要像认识每片不相同的树叶一样,去认识每一事物,研究其特点,掌握其规律。唯有如此,才能更好地完成认识世界、改造世界的任务。

【智慧点睛】

以发展的眼光看问题,不要只拘泥于眼下的情况,要有一个整体的全局观念,要把一切事物都看成变化发展的,坚定发展信念,不断提高自己解决实际问题的能力。另外,要根据实际情况的变化不断调整自己的尺度和标准,这样才能保持自己分析和判断的准确性。

得算篇——深谋远虑，纵横局中此心不迷

算，犹兵家之计也。《孙子兵法》十三篇，以计为首。此篇言合势制敌之法，胜败之理，皆由于算，故以得算为诸篇之首。

【原文通读】

棋者，以正[1]合[2]其势[3]，以权[4]制其敌[5]。故计[6]定[7]于内[8]，而势成于外[9]。战未合[10]而算胜[11]者，得算多[12]也。算不胜者，得算少也。战已合而不知胜负者，无算也。兵法曰："多算胜，少算不胜，而况于无算乎？由此观[13]之，胜负见矣。"

【注释】

[1]正：阴阳之喻的运用，正和奇是一个阴阳哲学对，兵法中有奇兵、正兵之分，此处的正指常规战法、稳妥战术，尤指中规中矩的战术。[2]合：与之相合。本指两半事物合在一起就完美无缺，此处用做动词。[3]势：古代哲学术语，表事物运动的趋势、变化的方向和可能性，亦表强大的力量。现代语境中的类似词有形势、情势、趋势等。[4]权：亦为秤，古时测定物体重量的器具，又为秤砣，由于重量每不相同，所以它的意义就发展为比较，又喻为权衡、度量等义。如《孟子·梁惠王上》"权，然后知轻重；度，然后知长短。"但此处不是做动词用，而是权宜、权术、权变的意思。以权变义最合适。正与奇为兵法术语，正与权则为政治术语，都是阴阳哲学的发展。[5]制：制服、牵制，敌：对手棋。[6]计：计谋、计算，此处偏重于计算。[7]定：确立、确定。[8]内：心中。[9]：成：运作成功。外：棋盘上。[10]合：此处以事物的交合喻棋子的交合。指双方棋势相接。[11]算胜：在棋路和博弈形势变化等方面的计算胜过对手。[12]得：获得，算：胜算、胜的概率。[13]观：观察、考察。

【古文今译】

围棋，就是要用常规的方式形成态势，并以随机应变的手段来制服敌手。所以对一局棋的下法必须先计算好，胸有成竹并在布局阶段将棋势营造出来。如果双方还未交手而计算就已占据上风的，他得胜的可能性就大；相反，预先的计算不占优势的，得胜的可能性就小。双方已经交手而都不能判断棋局的胜负，只能

说他们没有计算。兵法上说:"多谋算的能取胜,少谋算的不能胜,何况没有计算的呢?从这个角度来看,胜负是可以做到一目了然的。"

【哲学思辨】

正与权、内与外、计与势,是三个阴阳哲学对,正与权是主与辅的关系,内与外、计与势是因与果的关系。而在本小节中,所算的对象就是这三对阴阳关系,这三对阴阳关系处理得比对手好,就是"得算多"。

【智慧解读与运用】

1.善战者以造势求胜

下围棋要用精确分析的方法,不能只靠直觉、天赋,更靠领悟、靠"思维"。比如,围棋讲究"形"和"势",敌方的阵地本来不可能打入,一旦自己这方在附近的子多,形成"厚势",就可以因外势变化而"占势欺人,乘势打入"。所以说"棋者,以正合其势,以权制其敌。故计定于内,而势成于外"。

可是"势"究竟是什么?谁也说不清楚,因为它不是一个具体的东西,它看不见,听不到,摸不着,但它的的确确是存在的,是能让人感受到的,用《孙子兵法》中的话来形容就是"转圆石于千仞之山"。所以真正的围棋高手,落子时都会先考虑"势"。

一般来说"势"在布局的初始是看不出来的,作用也不明显,让人觉得它似乎也没有什么力量,但是越到中盘和决战的时候,它在整个棋局中的力量就越加清晰地显现出来,让人感到它"无在无不在,无争无不争"。在胜负的艺术中,围棋的这点可以说是彰显得最为淋漓尽致的,没有任何一个胜负艺术可以与这种利用"造势"取胜的特点相媲美。

这就要求弈者要有意从布局上,形成可以给对方实施重拳的态势,"以权制其敌"。用兵家的话说,就是要善于制造对自己有利的形势,这样就能大大地增加自己的胜算。

那么,形势的"有利"与"不利"之分在于哪呢?有利的形势等于顺水行舟,而不利的形势则如逆风而上。善于用兵作战的人,往往会下功夫改变形势，适时的化"不利"为"有利"，通过巧妙改善形势，来达到顺利获胜的目的。

汉献帝时，由于朝中权臣作乱，他虽身为皇帝，却根本就没有皇帝的威严，还要受制于臣子。为了免遭臣子算计，十五岁的汉献帝带着一帮皇亲国戚及忠于汉室的老臣们，在乱兵的纷扰下，从长安去往弘农避难。一路上，他们走走停停，停停走走，经过半年时间，才从长安到达弘农。谁知还没等安顿好，作乱的臣子就追了上来，汉献帝在情急之下丢下了所有的财宝、书籍及宫女，仓皇向旧都洛阳逃去。

一路上辗转流离，大约又过半年的时间汉献帝一帮人才到达洛阳，汉献帝借居在中常侍赵忠的家里"办公"，唯一赶来"勤王"的外官只有河内太守张杨。

曹操的谋士荀彧得知汉朝天子几经辗转，初定洛阳，正是需要人扶持的时候。于是极力劝曹操西进洛阳"护驾"。因为他觉得尽管汉朝天子当时已无能行令天下，但"天子"这张王牌确有它特殊的作用，尤其是对曹操这样想成大事而眼下又处在群雄割据的时局下势力还不够雄厚的人。

荀彧对曹操说："春秋时期，晋文公迎奉周襄王，当上了霸主；秦朝末年，汉高祖为义帝发丧佩孝，争得了天下人心。现在皇上已经到达洛阳，忠义之士心向汉朝，黎民百姓也怀念过去的日子。将军此时若能去保驾，不但能顺从民众的愿望，而且还可以宾服四方豪杰。如果失去了这个机会，让别人抢先把皇上接走，那时再后悔就来不及了！"

曹操采纳了谋士荀彧的建议，带领着一群人马来洛阳"护驾"。果然，曹操的到来，令汉献帝十分高兴，并大加封赏。不久，曹操看到了旧皇都洛阳城内，官场上盘根错节，关系网密密麻麻，对己不利。于是，他决定迁都到许昌。尽管汉献帝初回洛阳，惊魂未定，不想再动，但慑于曹操重兵在握，便也匆匆迁都至曹操的大本营许昌。

曹操成功地挟天子到许昌，喜出望外。他开始在许昌大兴土木，盖起宫殿，请汉献帝入住。又修建宗庙，让天子祭祀先皇，大有匡扶汉室之势。汉献帝得到如此厚待自然是感激不尽，于是封曹操为大将军，地位在三公之上。

不久，曹操的用意就明显地表露出来了。他开始借汉献帝发令诸侯了。在被封为大将军之前，曹操还是袁绍的属下，在当时各地的军阀中，属袁绍的实力最强。曹操担心他日后给自己造成威胁，就让汉献帝下一道诏书，责备袁绍地大兵多，却不思朝廷，一心树立私党，扩充势力，意欲何为？袁绍接到汉献帝的诏书，不敢怠慢，赶忙上书申辩，表示愿意效忠朝廷。这让曹操初次尝到了汉献帝这张王牌的威力，非常得意。

此后，曹操利用汉献帝这张王牌得到的好处越来越多。可以说，挟天子以令诸侯，比曹操去东拼西杀省力得多，得到的实惠也更多。在当时群雄逐鹿的情况下，实力并不强大的曹操却能够很快发展壮大起来，通过把持着汉献帝这张"王牌"，为自己造就了十分有利的形势。并最终成就了霸业，这很好地说明了"善战者以造势求胜"的道理。

不仅战场上需要造势，商战同样也需要造势。一个新成立的企业，一种刚上市的产品，知名度低，此时就需要造势以提高知名度，以势为其鸣锣开道；一个实力雄厚的知名企业，一个受人青睐的名牌产品，虽然已有了一股势力，但仍需继续造势，才能巩固市场，提高形象。有人认为，实力本身就是一股强势，人为地再造势无非是花拳绣腿，这种观点其实有失偏颇。有实力自然好，但实力还应当被消费者认识到，并得到他们的认同感和信任感。不造势，路人视而不见，造了势，就可能引起冲击心理的强大轰动效应。因此造势与不造势结果大不一样。

日本的SB公司曾扬言要把富士山的白色染成咖喱粉色，这绝对是一个令人吃惊的消息，这一举动使得这家濒临破产的公司走向了成功和强盛。SB公司专业生产咖喱粉。起初，这家公司的产品滞销，成堆的咖喱粉堆在仓库里面卖不出去。公司员工都非常清楚，产品卖不出去的主要原因是顾客对SB公司的牌子很陌生，不容易注意到有这种产品。

在连续换了三任经理后，第四任经理田中于危难之际接手工作，由于没有足够的资金，大量做广告是不现实的，但是如果不拼死一搏去做广告，那也无异于束手就擒。

有一天，田中在办公室翻阅报纸时被一条新闻吸引住了。这条新闻说：有家酒店的工人罢工，媒体进行了跟踪报道，罢工的问题最终圆满解决，酒店恢复营业，原先不景气的生意现在变得异常兴旺。因为在日本，劳资双方的关系一般都比较融洽，一出现罢工的事情，就会成为人们关注的焦点。田中看着看着，突然有所感悟：这家酒店之所以生意火爆，就是因为新闻媒体无意之中给它造了势。那么，自己的公司为什么不利用这种虚招进行自我宣传呢？由此，一个奇妙的想法在他的大脑里形成了。几天之后,日本的几家大报都刊登出了这样一条广告:专门生产优质咖喱粉的SB公司,决定雇数架飞机飞到白雪皑皑的富士山顶将咖喱粉撒在山上。从此以后,大家看到的富士山将不是白色的,而是咖喱粉的颜色。广告一出,国内舆论一片哗然。不能不说,这是一条令全日本都感到震惊的消息。要知道富士山是日本的一大名胜,在全世界人民的心目中,富士山就是日本的象征。在这样神圣的地方,居然有公司扬言将其撒上咖喱粉使其变成咖喱粉色,真是岂有此理!

在一片舆论的声讨中,SB公司名声大振。本来名不见经传的SB公司,连续好多天在报纸、电视等各种新闻媒体上大受人们的指责!到了SB公司广告中所说的要在富士山撒咖喱粉的前几天,原先发表过SB公司广告的报纸又纷纷刊登出了SB公司的郑重声明:鉴于社会各界的强烈反对,本公司决定取消原来在富士山顶撒咖喱粉的计划。

反对的人们欢庆自己的胜利,田中和SB公司员工们也在欢庆他们的胜利。经过这样一个闹局,全日本的人都知道了有一家专业生产咖喱粉的SB公司,并且都认为这是一家实力超群、财大气粗的公司。而且此后有很多小商小贩主动投到SB公司的门下,大力推销SB公司的咖喱粉。不久,SB公司的咖喱粉真的成了相当畅销的产品。

可以说田中经理用奇招救活了SB公司,目前这家公司在日本国内市场占有率高达50%。

尘埃落定,SB公司所扬言的要在富士山顶撒咖喱粉将其涂成咖喱粉色,不过是虚晃一招、危言耸听罢了。不过它却成功地制造了利己的态势,达到了想要的效果——公司名气大增、起死回生。

【智慧点睛】

《孙子兵法》曰:"激水之疾,至于漂石者,势也。"湍急的流水,飞快地奔流,以至能冲走巨石,这就是势的力量。同理,对所有企业来说,只有在市场竞争的商战中占有优势,才可先声夺人。所以,无势的企业需造势,无力造势的则需借势,有势的当然要不失时机地用势了。

2.周密的谋划是成功的保障

既然下棋要处理好正变和权变的关系,所以开动之前,必须对各种可能性进行仔细分析。高手之高,就高在谋划的精确和周密。这和战争是一样的,所以作者引用了《孙子兵法·计篇》中的一段话:"多算胜,少算不胜,而况于无算乎?"可见,周密的谋划是必胜的前提。准备充分、筹划周密,不仅难以被敌方攻破,而且能够掌握主动权。

三国时期,诸葛亮率蜀军第六次出兵攻魏,敌方将领司马懿却坚持守阵不出战。因为,他知道当时诸葛亮的大军正面临粮草短缺的窘境,只要他坚持不出战,诸葛亮的大军自然会因粮草不济而不战自退。

诸葛亮是个聪明人,他不想就这样无功而返,于是,想尽办法激司马懿出战。诸葛亮派了一位使者送给司马懿一封信和一只盒子。司马懿先拆开诸葛亮的信,信中诸葛亮骂他身为将帅,贪生怕死,与胆小的女人无二。司马懿看罢,勃然大怒,咬牙切齿,但表面上仍然装作若无其事,又微笑着打开了盒子,结果发现里面放的竟是一些女人的头巾、服装之类的物品。

司马懿手下的众将见到主帅被诸葛亮如此羞辱,纷纷要求杀掉使者,立即出兵与诸葛亮决一雌雄。

司马懿则用孔子的一句话给众将做了回答:"小不忍,则乱大谋。"他不但没有斩杀来使,还盛宴相待。吃喝之间,司马懿避而不谈战事,只是偶尔询问一下诸葛亮的饮食、睡眠等生活情况。

送走使者后,司马懿微笑着对部下们说:"诸葛亮用的是激将之法,我们绝不能上了他的当!现在诸葛亮所率的蜀军处境艰难得很,他肯定寝食不安,身体状态也不会很好。他是活不多久了,等他的死讯传来,我们就马上出战!"

司马懿命魏军继续坚守不出,这让诸葛亮非常恼火却也无可奈何。白天,诸葛亮与众将商议作战大计,夜里他又不眠不休地思考如何打败司马懿。由于过度操劳,他身患重病,最后"出师未捷身先死",口吐鲜血死于军营之中。

蜀军将士们悲恸万分,杨仪和姜维遵照诸葛亮临终所授计策,暂不发丧。他们把诸葛亮殡殓入棺后,率领蜀军起程准备返回汉中。

第二天,司马懿听说诸葛亮已死,蜀军正在后撤,他立即率军前去追击蜀军。半路上,他登上小山眺望了一下远处的蜀军,只见蜀军军容严整,旌旗招展,此番情景与诸葛亮在世时没有两样。司马懿顿时怀疑诸葛亮没有死,可能又在使诱兵之计了。在众部将催促之下，司马懿还是选择了继续追赶。没过多久，突然一声号响，蜀军依照诸葛亮临终之计立即停止前行，掉头迎击随之而来的魏军，就在司马懿疑惑不解时，树林之中闪现出蜀军帅旗，旗下众将簇拥一辆小车，车上端坐之人正是据传已死的诸葛亮大军师！司马懿一见此景，立即下令全军迅速撤退了。其实，车上坐的诸葛亮只是木头人而已。蜀军直到回到安全地带，才打起白幡为丞相诸葛亮发丧。

一个木头诸葛亮，吓退了司马懿，使魏军失去了一个消灭蜀军的大好时机。多一些准备，就多一些胜算。

战争需要谋算，下棋需要谋算，经营企业同样需要谋算。

香港著名的领带品牌"金利来"，从一个简陋的小作坊起步，逐步登入了大雅之堂，并跻身名牌之列，靠的不仅是过硬的质量，还有别出心裁、出奇胜制的广告宣传。

20世纪80年代初，西装开始成为大陆大中城市着装的热点，许多港商在这时开始打入大陆的服装市场，曾宪梓也忙着为"金利来"领带进入大陆市场做准备。

不过，曾宪梓的做法实在是有些特别！从1981年开始，他就不惜耗资百万在大陆电视台声势浩大地做广告宣传，这让"金利来"领带很快覆盖了大陆的广告市场。只要人们一打开电视机，准能听到那句耐人寻味的广告词："金利来领带，男人的世界。"然而，想乘机赚一笔的商人寻遍了整个大陆市场也没有找到"金利来"领带的影子。

原来，这是曾宪梓有意造成的市场空缺，让销售和宣传有一段时空间断。这样，根据市场的价值规律，当供不应求时，必然会引起产品价格上涨，为了获取巨大的成功，曾宪梓稳坐香港，按兵不动。直到1983年，"金利来"才开始进军内地市场，人们蓄积已久的购买欲望立刻迸发出来，结果"金利来"销量空前，获得了巨大利润。之后，曾宪梓又用同样的策略主宰了东南亚领带市场。

一般情况下，在进行大规模广告宣传的同时，产品销售的热潮便已经开始，这是被普遍认为机不可失的"黄金时刻"。曾宪梓采取了前所未有的必胜妙策，反其道而行之，有意造成宣传与销售的时空间断，并且长达两年之久，这就吊足了消费者的胃口，只要"金利来"一出现，消费势头必定强劲不可挡。

曾宪梓获得的巨大成功令同行们望尘莫及，商界的内行人也无不佩服他的深谋远虑。这就是"多算"的巨大效应。实践证明，这是一招妙棋。

【智慧点睛】

可见，无论是下棋还是带兵打仗抑或是经商，对于提高胜率来讲，认真的计算、周密的谋划是缺一不可的。仔细想来，哪一件事不是如此呢！

3.选择决定命运

《天方夜谭》中有这样一个故事：印度国国王要奖赏一个人，问那个人想要什么，那个人说不求金银珠宝只想要粮食。国王就问他想要多少粮食，他说国际象棋有64个格子，第一个格子放1粒米，第二个放2粒米，第三个放4粒米，这样依次翻倍数放上去。印度皇帝乍一听觉得并不多，就豪爽地答应了。于是印度国王派人计算粮食，可是结果算下来却让他大吃一惊，全国的粮食给他都不够。

围棋的棋盘要比国际象棋大近6倍，这要是算起来就更不知道要多多少倍了。难怪唐代文人冯贽会感慨："人能尽数天星，则遍知棋势"。谁能把天上的星星数清楚，也就搞明白围棋的种种变化了。因此说，虽然围棋看起来形式简单，只有黑白两种棋子，而且规则也不复杂，但是它的玄妙却是其他任何棋类都不能比超的。

那么，一盘棋究竟有多少种下法？我们以19路棋盘为例，总共有361个位置可以放入黑白棋子，一人一手棋，第一手有361种选择，对手第二手有360种选择，第三手有359种选择，以此类推按概率公式（361×360×359×358……）可导出两个人的选择有361阶乘之多，这还不含打劫弃子扑吃等等手段，这也是几千年来重复一盘棋的概率微乎其微的原因吧，所以才有"千古无同局"的说法。

既然一盘棋的下法有这么多种选择，那么，也就是说不同的选择就会带来不同的结果，对任何一步棋来说都是如此。

下棋的手段犹如人生的选择，选择不同，结果也就不同，有人生怕输，怕输得难看的人大有人在，因此从"输"的角度看待一盘棋，那就带有利益心。那样人总会心浮气躁，不能静心的下棋，但要赢一盘棋，应有的策略与决心是什么？答案已呼之欲出，就在心里的定数。比的是耐力和精神。选择在哪落第一子，何时开始攻击，何时打出胜负手反扑，一盘棋的重点是：您会不断地选择，直到最后一步棋。

围棋的棋是如此，人生的棋也是如此。现实生活中，我们每个人都会面临不同的选择，从小选择念什么小学、中学以及高中，长大成人后选择念什么大学，接着选择就业、结婚生子，为人妻为人父，然后从青春走到夕阳红依然在选择，围棋亦是如此，在选择走哪一步棋子，不仅靠自己的思维来和敌人周旋，也在为自己的将来打下坚实的基础，同时也能影响对手，牵制对方的选择方向，下棋时能沉着冷静选择的人，我想他在生活上也会很好的安排，不会有太大偏差。

正如丹尼斯·威特利所说："每个人所走过的人生道路都不相同，即使是亲兄弟也是如此。只有我们自己的抉择才是决定人生这场搏击胜负的关键筹码。"

在布拉特岛水域生活着一种鱼叫王鱼，它有一种特殊的本领，就是能吸引海里的小动物贴附在身上。王鱼做出这种选择之后，看上去身体比原来至少要大4倍，给自己的隐蔽和觅食带来了一定的好处。当王鱼身体机能退化以后，贴附在它身上的小动物就会弃它而去，王鱼又回到原本较小的外形，游动起来很不自然。由于王鱼无法适应这一变化，最后只好撞礁石自杀。可见，虽然王鱼做出曾经有利于自己的选择，但最终还是害了自己。

有人说，性格决定命运。也有人说，心态决定命运。这两种见解都有一定的道理，但也不完全正确。其实，真正直接决定人们命运的，不是性格和心态，而是个人的选择。所谓性格决定命运和心态决定命运，都是通过选择来实现的。当一个人的面前有两条路或多条路，选择了走什么样的路，就直接带来什么样的结果，从而导致什么样的命运。

人活一世总是选择决定命运。无论何时何地，个人的命运走向都与选择有关。比如说，你选择了积极上进为自己奋斗的目标，就会不断地提高自己。反之，若是选择了不求进取，就不会付出辛劳，你的日子也就理所当然地以在原地踏步为代价。再比如，你的脾气很不好，你可以选择放纵自己，也可以选择约束自己。不过，这两种选择必然带来两种结果，导致两种命运。

古希腊哲学家苏格拉底有很多学生，而且学生们都非常尊敬他，因为他总是能帮他们解答人生的奥妙，让他们受益匪浅。

有一次，学生们一起问苏格拉底，快乐是怎么一回事？苏格拉底听后，带着他的学生们来到一河边，对他们说："你们造一艘船来，我带你们去找快乐。"

局　道

　　学生们用了七七四十九天的时间造了一艘木船，苏格拉底带着他的学生，一边合力划桨，一边欣赏河边的美景。所有的人都陶醉在美丽如画的风景当中了。苏格拉底问，孩子们你们快乐么，学生们回答，快乐，苏格拉底说，这就是你们选择了快乐，快乐也选择了你。

【智慧点睛】

　　人站在哪里并不重要，重要的是你要往哪个方向走，你的选择将决定你未来的命运。有什么样的选择就会有什么样的结果。我们今天的生活是昨天所做选择的结果，我们明天的生活也必将是我们今天所做选择的结果。对于我们的人生，我们有选择的自由，可是一旦你选择了，就要对自己的选择负全部的责任。这是一种人生态度，也是一种人生智慧。

权舆篇——开局布阵，善用章法占地成势

此篇因言棋有纲格，故先喻以权舆，要求弈者要以纲格为本。

【原文通读】

权舆[1]者，弈棋布置[2]，务守[3]纲格[4]。先于四隅[5]分定[6]势子[7]，然后拆二斜飞[8]，下势子[9]一等[10]。立二可以拆三，立三可以拆四[11]，与势子相望可以拆五[12]。近不必比[13]，远不必乖[14]。此皆古人之论，后学之规[15]，舍此改作，未之或知。诗曰："靡不有初，鲜克有终。"[16]

【注释】

[1]权：见本书19页注[4]。舆：本义众人合力造车，后指车厢，又指车马，做动词时则是抬、装载，在春秋之前都是用于殡葬。盖此处权为权衡，舆为分配，盖围棋如车厢，棋子如诸物，权衡装载即是合理分配布置的意思。此处是喻文字的用法。又《辞源》谓"谓地为舆者，天地有覆载之德，故谓天为盖，谓地为舆，故地图称舆地图。疑自古有此名，非始汉也"，则在古人的文字里，车厢与大地相似，都有装载之德，所以用舆喻称大地，而围棋哲学中有实地、占地之说，则权舆解释为权衡度量围棋之地，就更合理些。权舆亦可直接以名词为喻，即秤上最重要的是秤砣，而车上最重要的是车厢，权舆若以此义为喻，则与纲格意义相近。[2]布：分布，置：安置、放置。[3]务：务必、一定，守：遵守。[4]纲：渔网中提网的总绳，比喻事物中的关键、要领等，如纲要、提纲，与目相对。后又比喻维持正常秩序所不可缺少的行为规范，如纲纪、纲常。格：支架。《周礼•地官•牛人》："凡祭祀共其牛牲之互"，汉郑玄注："互，若今屠家县肉格。"格的本义是树的长枝条，枝条交织，就成为方格、方框，如唐朝杨炯在其《杨盈川集》中有一首《卧读书架赋》"伊国工而尝巧，度山林以为格。"格又为木家具的格子，如《一切经音义》引《仓颉》"格，樕架也。"此处的纲格连用，其实是将纲目混淆，以格代目。盖围棋的纵横长线各十九条为纲，每四条线交叉则形成一个方格，围棋共有324个格子。此处的格为格式、法式、标准、规格的意思。[5]隅：本义为角、角落，如屋隅为屋角，此处指围棋棋盘的四角。[6]分定：正常的对弈，一般围棋的四个角双方各占两个，占住

哪个角,很大程度上决定了形势的发展,所以叫分定。[7]势子:古人下棋有定势,最初的几个比较固定地占据星位的称为势子。势子的形成与发展不详。[8]拆:就是以棋盘原有的己方棋子为参照在三线或四线上向左或向右间隔若干路开拆一着。拆子的距离间隔一路为拆一,间隔二路为拆二,间隔三路为拆三。拆常常用于扩张地域或谋得己方根据地,也有时用在扩大地域、求己方根据地和搜取对方根据地时同用。这时拆便发挥出了最大的潜力。拆在布局、做活中很常用。飞:飞也叫"小飞",是指在已有棋子的呈"日"字形的对角交叉点处行棋。飞的形式还有"大飞"。它是指在已有棋子的呈"目"字形的对角交叉点处行棋。[9]下势子:严德甫、晏天章注《棋经》"拆二,两子平二路也。斜飞,两子斜空二路也。曰斜飞者,如鸟飞之斜也。或曰:斜飞;下势子一等,固可,而拆二亦曰下一等,可乎?答曰:归边拆二,多在第三线道,此是下一等也。观刘仲甫平角势,则可见矣。盖不可执一而论也。"则下势子一等即是在势子下面(靠近边)一道线。[10]一等:相差一道线为一等。[11]立二立三;临边立下二子三子也。拆三拆四拆五,谓空三路四路五路也。"立"一般用于与对方接触交战的时候,己方棋子向连线"长",通常指在1、2线行棋。"立"与"长"有着微妙的差别,"立"主要指向紧靠着自己原有的棋盘上的棋子方向向下或向边线方向的行棋。[12]立三:立下三个子。拆五,本来是立三拆四,但若立下的第三子与势子相望,则可以超过四而拆五。[13]近:临近,比:相连、紧挨着,亦有释为逼。[14]远:离得很远,乖,违背、脱离棋势、被隔断。[15]后学:后来的学者。规:画圆的工具,此处喻指规矩、法度、标准等义。[16]靡不有初,鲜克有终:《诗经》里的话,意为人都能谨慎开局,但能坚持到底有圆满结局的人却很少。

【古文今译】

所谓的权舆,就是下棋时在进行布局的初期,一定要遵守围棋的关键法式。须先在四角四四之位分别布定势子,这样以后拆二、斜飞,下势子时,一等立二可以拆三,立三可以拆四,与势子相呼应可以拆五。离得近的,不一定能相连,离得远的,不一定被隔断。这些都是古人的经验之谈,是后来学棋的人应该遵循的规矩,不按照这去做而以别的规矩为纲的,我不知道他会不会成功。《诗经•大雅•荡》说:"人们办事情开头往往都不错(有初),但很少有人能够善始善终。"

【哲学思辨】

在《得算》篇中，张拟讲正与权，则此《权舆篇》，属于正的范畴，正而不诡，道之常也。合于理，合于势，合于纲格，合于规矩，然后得正。然正中亦有权之变通，如拆四拆五，可因形势而有变化。

"未之或知"，对这句话要灵活地理解，大多数的注家将这句讲成"我还没见到有成功的"，实则不然，纲常是古人总结，但古人是否极尽了围棋之道呢？恐怕不是的，比如说下势子的棋法，在近代被日本的棋手给废掉了，现代人下围棋已经不走古代中国流传的定势了。所以围棋也要"日日新"，常有变化，不能一成不变。

【智慧解读与运用】

1. 做事要善于抓住要点

上篇我们所讲的"以正合其势，以权制其敌"实际上是它接下来几篇的一个宗旨，如本篇《权舆篇》是对"以正合其势"作的解释。而以下的《合战篇》《虚实篇》《自知篇》《审局

篇》《度情篇》《斜正篇》《洞微篇》，则从战斗、形势、心理以及棋手修养等方面，对"以权制其敌"做了说明。

所谓"以正合其势"，就是"弈棋布置，务守纲格"。纲即总体，格即分支，前者统师后者，后者贯彻前者。意思是说，下棋的整体构思要清楚，着手要合乎规矩，如先占角，再以角为依据开拆，开拆要注意远近结合，既要保证安全又要适于出击。处理好大场、急所、本手的关系，使各个局部配合得当，思想要有连贯性等。对整体构思而言，上述各点均为格。但对双方即将展开的短兵相接的战斗而言，这些则全都是纲。如果棋手能在实战中处理好这些纲格关系，就做到了"以正合其势"，也就为"以权制其敌"创造了前提。

因此，在下棋的过程中要注意抓住要点，要有一个重心，千万不要走一步算一步。正如我们工作时，当面临的事务很多，在等待解决的问题中，我们必须理

清重点和次要点，这样才能合理地安排顺序，合理地分配时间和精力，把工作干得漂漂亮亮。不然，很容易落得一事无成。

在我们身边，有很多人对工作重点漠不关心，甚至根本就抓不到重点，只把精力花费在那些琐碎小事上，这样一天过去了，工作成效却很低。如果每天重蹈覆辙，更不可能有令人耳目一新的表现。

让我们来看看下面的这个案例：一天，某单位的领导让员工小徐去买一本他需要的书。小徐接到任务后，来到了一家书店，可问了以后书店老板很遗憾地告诉他说："你要的这本书刚卖完。"之后小徐又来到了第二家书店，很不凑巧，这本书在这家书店也已经卖完，不过营业人员告诉他，他们店里已经去进货了，过几天就会有货。很无奈，小徐只好来到第三家书店，结果，这家书店根本就没有他需要的书。

快到中午了，小徐灰心丧气地回到公司。见到领导后，小徐赶紧汇报情况："我一上午跑了三家书店，都没有。快累死我了，有一家书店说过几天才有，等过几天我再去看看吧？"领导看着满头大汗的小徐，欲言又止……

我们就以这个案例来分析一下：领导让小徐去买书，那么，买书就是任务，而买到书是结果。小刘去执行任务了，却没有结果，也就是说，他有了苦劳，却没有功劳。不仅如此，他还浪费了半天的时间，而这半天时间里老板在他身上没得到任何有价值的东西，还必须给他支付工资……

其实，案例中的小徐只要动一下脑筋，就可以想到许多好主意。要买到书，至少还有两种方法可以帮助他完成任务，把事情做成。

方法一：上网查找这本书的信息，向网上书店订购或直接联系出版社邮购。

方法二：到图书馆查查是否有这本书，如果有，就问领导愿不愿花钱复印。

这两种方法都可以帮助小徐得到书，但他都没有试着去做。这就是办事的时候没有抓住事情要点的结果。

【智慧点睛】

在工作开始之前明确重点，虽然会花去一定的时间，但这对接下来的工作很有影响，可以帮你少走弯路，少做无用功，不会让你变得碌碌无为。所谓的"磨刀不误砍柴工"这句老话依然有它的不朽风采。

2.千里之行，始于足下

一盘棋一般分布局、中盘、官子三个阶段，我们都知道布局（也就是开局）要先挂角拆边，那么，我们为何要首先抢占边角呢？

抗战初期的红军在与敌人游击周旋的情况下，建立了井冈山革命根据地，后来到了陕北又建立了延安革命根据地，这说明红军即使打游击战也不是像云一样到处漂流，而必须找到自己扎根的地方建立起根据地才能不断发展壮大自己。因为无源之水必将干涸，无本之木必将枯萎。

同样的道理，在棋盘上我们也必须要找到让自己扎根立足的地方，只有在这个基础上我们才能扩大自己的控制区域，如果没有活眼没有根据地，只是一味地围追堵截对方，那么你自身的处境会变得岌岌可危。人们常说生根、发芽、开花、结果，这是自然规律。占领根据地，就是下棋的生根。而从棋盘的性质来看，最易生根的地方就是角部。因此，我们要抢占边角用来做眼，进而建立根据地，以达到打胜仗的目的。

老子有言："千里之行，始于足下。"意思是：走一千里路，是从迈第一步开始的。再巨大的成就，都是从最低的起点开始的。这也就是在提醒我们，做任何事切忌好高骛远，只有脚踏实地、一步一个脚印地努力，才会一步步登上成功的顶峰。

一个人的成功，一个公司的发展也同样如此，需要一步一个脚印地走，需要脚踏实地发展。

玛丽亚·艾伦娜·伊瓦涅斯只是一个十几岁的孩子的时候，父亲送她参加了电脑学习班。她了解到拉丁美洲电脑的标价是十几万美元，可以说相当昂贵，但这地方电脑的需求量却是巨大的。后来，玛丽亚·艾伦娜到美国上大学，她注意到美国个人电脑的价格只要几千美元，比拉丁美洲的个人电脑便宜很多。她想，为什么不从美国买电脑去拉丁美洲销售呢！这一定非常有市场前景。

心动不如行动，她很快将自己的想法和主要的电脑公司进行交流，并请求给她一个机会，在拉丁美洲销售他们的电脑。可是，那些电脑公司的销售执行经理们却认为拉丁美洲的市场太小了，不值得他们去开发。他们说，拉丁美洲正处于经济危机之中，那儿许多国家的人们十分贫穷，不会有钱来买电脑的。但玛丽亚·艾伦娜不这么认为。当别人看到各种市场局限时，她却看到了各种市场机会。她认定两件事：一是在美国电脑比较便宜，二是拉丁美洲需要便宜的个人电脑，她认为有这两点就足够了。

为达到目的，玛丽亚不得不答应所有订货必须预先付款。就这样，某电脑公司在没有承担任何风险的情况下，给了她九个月的境外代理权。就这样，没有任何销售和市场经验的玛丽亚迈出了她伟大事业的第一步。

玛丽亚的第二步就是和旅行社联系。她的要求非常简单："为我在迈阿密飞往阿根廷的班机上定个座位，在每个我不必支付额外停靠费用的主要城市停靠。"她在哥伦比亚下了飞机，住进了一家宾馆，拿起了当地的电话号码本，开始给当地的电脑零售商们打电话。打电话时她首先选择那些把广告做得最大的公司，因为她认为广告做得越大的公司，它们的规模和业务量一定也不会小。这就是玛丽亚设计的市场推广计划。由于没有任何的销售推广经验，玛丽亚所有行动的向导就是坚信自己的目标和信念。

第二天，玛丽亚的时间就被约会塞得满满的，她飞奔着赶往一个又一个约会地点。她用自己特有的热情和自己的教育背景以及对电脑的丰富知识，将可能产生的不利因素转化成了优势。客户对一个女人谈论他们不知道的、当时最新的技术和事物非常着迷。因为是很棒的产品，而且她提供的价格又极具优势，客户很满意。

在三个星期的行程中，玛丽亚穿行于厄瓜多尔、智利、秘鲁和阿根廷。在每个国家，她都用同样的办法来推销她手上的产品。她原本以为销售1万美元产品，需要一年时间，结果出乎意料，仅仅用三个星期的时间她就接到了价值10万美元的订单和预先付款的现金支票。

渐渐地，玛丽亚的销售额超过了数百万。五年后，她的销售额竟达到了上千万美元！后来，玛丽亚又打算开始向非洲销售电脑，专家们再一次告诉她非洲太穷了，根本就不适合个人电脑的销售。

玛丽亚早已经习惯这些消极的劝告，她认为这些专家们目光短浅，她相信自己的判断。1991年，三十几岁的她仅仅带着一份产品目录和一张地图就乘飞机到了肯尼亚首都内罗毕，在那里，玛丽亚开始了自己的销售活动。她先是从自己的汽车房，然后又从一间小货仓里开始海运她的产品。虽然规模非常小，但是越来越多的订单纷至沓来。四个月的时间里，她就用海运方式销售了价值70万美元的产品。在接下来的第二年、第三年、第四年，销售额不停地翻倍。玛丽亚取得了令人羡慕的巨大成功。

玛利亚事业的起点非常低。她没有一点工作经验，也没人支持她。但是她从最基本的起点开始努力，硬是克服了种种困难，创造出了骄人的业绩，先后开辟了拉丁美洲和非洲两个大市场，最终登上了事业的高峰。

【智慧点睛】

很多人目标远大，却不肯从最基本的起点开始努力，而是妄想一步踏上成功的顶峰。事实上，没有哪个人的成功是一蹴而就的，无论多么巨大的成功，无不是从最基本的起点开始努力的。

3.学会站在巨人的肩膀上

据刘善承的《中国围棋发展简史》讲到，围棋是"在唐以前传到日本，在日本的奈良（公元710年-789年）、平安（公元749年-1185年）时期，得到广泛发展的。"而在发展的过程中，日本又对中国的围棋着法做了改革。一是取消势子，二是黑棋先行。而这两点变化则带来了一个很重要的结果，即弈者至此才有了真正自由的布局。以后，在开局先占角地的方式上，又发生过两次大的变革，出现了以木谷实为首的"宇宙流"和以吴清源为首的"吴清源定式"，形成了各种均衡型的布局。试想如果不是站在古人的肩膀上，围棋怎么可能会向前发展并变得越来越完善呢？

我们都知道"站在巨人的肩膀上"这句话是出自世界著名科学家牛顿之口。牛顿的这句肺腑之言，之所以被后人广为传诵，是因为在实践中人们深深体会到这句名言揭示的社会要发展就必须不断创新和跨越的伟大真理。

"站在巨人的肩膀上"，这决不是贬低巨人和蔑视巨人，而是对社会做出贡献的巨人的尊重和信赖。凡是有责任感和正义感者，都会有这样的感想：是前人为自己创造和提供了生存的环境与条件，自己就应当继承和尊重前人优良的东西。既不能忘记前人，更不能愧对后人，自己也应当像前人一样，为后人创造比前人更好的生存环境与条件。

美国有位叫罗勃·凯利的教授曾经试图解析"如何帮助年轻人成为职场红

人"，并从事这项研究长达10年之久。10年里他到世界500强企业和政府等机构进行全面深入的调查研究，终于发现了所谓的职场红人的特点。他们既无高人一等的聪颖资质，也没优秀卓越的人际领导技巧，他们能够被重用，靠的是懂得运用自身拥有的一切资源，也就是说他们比别人更懂得站在巨人的肩膀上。

罗勃·凯利教授指出，在职场中，末流的员工往往以井底之蛙的眼光看世界，而职场红人则具备大格局的视野，他们知道怎样搭上别人的"便车"，也熟知如何运用别人的资源来扩展自己的前程。

末流员工习惯于固守一方，坚持己见，他们总是想着安安稳稳地保有自己的职位，"不求有功，但求无过"，有时候他们还存在着"个人英雄主义"，认为只要有一腔热情、勤奋肯干就能博得老板的青睐。但职场红人则常常眼观六路，耳听八方。因为他们明白，商业社会已经变得越来越繁杂多样，谁也不可能拥有所有知识，谁也不可能靠单个人就能把所有事情办好、办出让老板称道的结果。

可以说，职场红人的成功之道，是他们懂得运用智慧，借助身边资源，发挥联结网络的综合效力，提升个人价值，从而为企业创造出更多绩效。

如果你希望自己胜任工作，把工作做得出色，像上述职场红人那样学会"站在巨人的肩膀上"就很有必要。

【智慧点睛】

我们应该谨记牛顿的这句至理名言："我之所以比别人看得更远，是因为站在巨人的肩膀上。"因为只有这样，我们才能不求闻达、孜孜不倦，始终保持清醒的头脑和旺盛的斗志，始终保持一股子拼劲和韧劲。也只有这样，我们才懂得运用智慧，借助前人或者身边的资源，发挥联结网络的综合效力，创造出具有更高价值的东西，从而促进个人和社会的进步。

合战篇——大局为重，善战者以造势取胜

夫战有取舍进退之方，有先后众寡之用，有攻杀击刺之法，有虚实存亡之势，皆当谨其所始，而虑其所终。故以合战名篇。庶使战者知有其道，而不失其正也。

【原文通读】

博弈之道[1]，贵乎谨严[2]。高者在腹[3]，下者在边[4]，中者占角[5]，此棋家之常然[6]。法曰：宁输数子，勿失一先[7]。有先而后，有后而先[8]。击左则视右，攻后则瞻前[9]。两生勿断[10]，皆活勿连[11]。阔不可太疏[12]，密不可太促[13]。与其恋子以求生，不若弃子而取势[14]，与其无事而强行[15]，不若因之而自补[16]。彼众我寡，先谋其生[17]。我众彼寡，务张其势[18]。善胜者不争[19]，善阵者不战[20]。善战者不败[21]，善败者不乱[22]。夫棋始以正合[23]，终以奇胜[24]。必也四顾[25]其地，牢不可破，方可出人不意，掩人不备[26]。凡敌无事[27]而自补[28]者，有侵袭[29]之意也。弃小而不就者，有图大之心也。随手而下者，无谋之人也。不思而应[30]者，取败之道也。《诗》云："惴惴小心，如临于谷。"[31]

【注释】

[1]博弈：围棋称博弈，博，古有六博，如《公羊传·庄公十二年》"如与闵公博。"《庄子·骈拇》"则博塞以游"，弈则指围棋，如汉朝许慎《说文解字》云："弈，围棋也。从廾，亦声。"《小尔雅》"棋局谓之弈"，《左传·襄公二十五年》"视君不如弈棋"，《孟子》"今夫弈之为数"，可见古代博指六博，弈指围棋，合之则称博弈。如《论语·阳货》"不有博奕者乎"，博弈合称，则泛指有输赢的竞技游戏。[2]谨：谨慎。严：严密、没有漏洞。[3]高者：境界棋艺高下得好的人。腹：指围棋的中央地带。[4]下者：境界棋艺低下的人。边：围棋中靠近边线的四个方位。[5]占角：占据四角。[6]棋家：围棋博弈者亦成一家。常然：常态，正常现象。[7]输子：此指被敌人吃掉。先：先手，先机。[8]先而后：虽然抢先下了先手，却被敌人反制成后手。虽然被敌人抢先下了，我方晚下却抢了先机。在这里，先后之机是变化无常的。[9]瞻：临视。[10]生：存活。断：隔断，断开。两生：彼此需要依靠对方而生，即两块棋必需联合才能存活。[11]活：已活，连：粘连。[12]阔：棋势宽阔。疏：疏远而

难连。[13]密：棋势紧密。促：局促、拥挤。[14]取势：取得优势。[15]无事：没有机会。[16]自补：补足自己的漏洞、危势。[17]生：生路，生存的可能。

[18]张：扩张。势：强势。[19]争：与对手合战争夺。[20]阵：布阵布局取势。战：短兵相接，搏杀。[21]战：棋子交互搏杀。败：在搏杀中失败。[22]乱：慌乱，失去分寸，战略战术、阵形应对等没有章法，出现乱象。[23]始：最初、开始，正合：合于正、以正兵与敌交战。[24]终：终归、最后要。奇：与正兵相对应的奇兵，非常规、讲究变化的战法。[25]四顾：四为约数，即自己围棋的每块棋势的周边都要求安全。[26]出人不意：出乎对手的预判。掩：掩杀。不备：未曾防备。此句说要想出人不意、掩人不备，首先就要让自己的防守牢不可破，然后才有机会。[27]无事：此处的事做危机讲，自补：加强己方棋势和防卫。当自己的棋并未给对手构成足够的威胁，对手却加强守势，这种情况下对手可能要进攻了。[29]侵：侵犯、侵掠。袭：袭击。[30]思：思虑、谋虑。应：应对。[31]谷：深谷、悬崖边。

【古文今译】

　　博弈之道，最可贵的就是法度谨严。一流棋手抢先占据腹地，三流棋手占据边缘，二流棋手则抢先占据四角，这是围棋对弈中的常见现象。棋法说：宁愿输掉几颗棋子，也不要失去一个先手。有看起来是先手而实际上落后的，也有看起来是后手而实际上是占先的。攻击左边则要照顾到右边，攻击后边则照顾到前边，前后左右都要兼顾。需要两块联合才能生的棋千万不要让对手隔断，如果都是活棋则不必一定相连。棋势应开阔，但不可稀疏以致失去呼应；棋路应严密，但不可局促以致失去路和势。与其舍不得丢子而艰难求活失去主动，不如放弃数子而取得大局的优势。与其毫无把握地去进取攻袭，不如顺其自然地自行补救。当对手的子多而自己的子少时，先考虑活棋的问题。当自己的子多而对手的子少时，一定要抓住时机扩展大局的优势。善于战胜对手的人不会在局部相争，善于列阵的人不靠近身搏战，善于作战的人不会失败，善于失败的人即使失败也不会溃乱。围棋这门技艺，开始时按常规形成态势，而最终要用对方意想不到的方法出奇制胜。所以一定要在确信自己的棋在上下左右都没有漏洞、牢不可破的前提下，才能在对手意想不到的情况下，乘其不备，突然袭击。凡是对手没有危机和必要就自行补救时，表明他意在进犯突袭；放弃局部的棋子不救不展时，就表明他意在争夺整个大局的优势。随手投子的人，那是没有谋略的棋手。不假思索而仓促应对，这是走向失败的路。《诗经·小雅·小宛》："忐忑不安多小心，就像面临那深谷。"

【哲学思辨】

这一篇中，作者提出的阴阳哲学对比较多，如高下、先后、左右、连断、疏促、阔密、强行自补意在攻他、寡众、正奇等，关于这些哲学对的思辨，在后面的《局道》里有详尽的讲述，此处不作重复。以后诸篇亦同。

【智慧解读与运用】

1.做事要慎终如始，善始善终

围棋和象棋不同，后者的每个子都不一样，如帅不同于车马炮，在象棋中，没有什么是属于你的或我的，除了对手本人，一切都在流转，将帅以外，每一个棋子的单独生存都没有意义，都以服从全局为天职，以骈死槽枥为耻辱，随时准备英勇牺牲在战场。而围棋子除黑白色外，完全同一，众生皆平等，没有谁更重要，就相互关系而言，时机一到任何形式均可转化。

围棋和桥牌也不一样，打牌可能起手的牌有好坏的差别，而围棋则无先天的好坏。再加上规则是对弈双方交替行棋，所以围棋双方制胜的因素完全平等，最终结果只能是主体的智力差异，你不认真，不谨慎，不谋划，当然就要被对方所算，所控制。

所以，在围棋中有"一着不慎，满盘皆输"的说法。这就告诉我们，在下棋的过程中要慎终如始，要准确计算运筹，每一步行棋要合乎棋理，不能有丝毫的懈怠。

我们在读《棋局篇》时学到下棋要"宜用意深而存虑精"，在《得算篇》里则讲到"多算胜，少算不胜，而况于无算乎"，这些都是在强调下棋要认真、谨慎。而在上一篇的末尾，作者引用《诗经》的话说："靡不有初，鲜克有终。"人们办事情开头往往都不错(有初)，但很少有人能够善始善终的。从某种角度来说，这就是因为不能做到慎终如始造成的。此篇作者又以"博弈之道，贵乎谨严"开始，相继提出"随手而下者，无谋之人也。不思而应者，取败之道也。"又以《诗》云:"惴惴小心,如临于谷"结尾,可见,慎终如始对下棋是多么重要。

我们都知道,马虎大意的人很难将事情做好,只有细心慎重的人,才能将事情办得周全,没有失误。不仅是下棋,做任何事情都是这样,都需要我们慎终如始,善始善终。即使到了最后的关头,也要像刚要开始那样努力才行,否则,可能会功亏一篑。

有的人,虽然在事情的最初能够细心谨慎。但是,当取得了一定的成绩后,却难免沾沾自喜,也丧失了最初的那份细心谨慎。不能把一件事情从始至终地以一种极其慎重的态度来进行,结果,在事情将要成功之际往往因疏忽大意而功败垂成。因此说,行事要能做到慎终如始,才能够善始善终,不至于前功尽弃。

历史上一些贤明的君主,从为政不慎的昏君身上吸取了教训,结果他们不仅皇位稳坐,而且还千古流芳,这两者的差别真是太大了。

雍正帝就是一位为政谨慎的贤君。他处理朝政,从早到晚,没有停歇,一般都是白天同臣子议政,晚上批阅奏章,而且天天如此,寒暑不断。虽然贵为天子,但他一刻都不敢贪图安逸。经他亲手批阅的奏章,现存在台北故宫博物院的就有两万两千余件,而这还只是部分而已。

清朝雍正帝早年特别畏惧酷暑天气。每当酷热难耐之际,就想休息不动,可是每每想到前贤的箴言、帝王的责任,便不敢浪费一刻时光,而是勉励自己更加努力地去处理政务。他朝夕谨慎、不敢怠惰,甚至没有时间和心情去欣赏春色美景。

雍正为帝之勤,与他以治理天下为己任的思想是分不开的。他深感治理大清江山的责任重大,故而勤于政务,不敢稍有懈怠。清史专家孟森曾说:"自古勤政之君,未有及雍正帝者。其英明勤奋,实为人所难及。"

历史上的很多皇帝都只是在登基之初勤于政事,不久便大意怠懈了。雍正帝则能够慎终如始,始终克制自己,从未改变兢兢业业、勤于政事的作风,正因如此,他才能稳坐皇帝的宝座,江山太平。

美国金融家约瑟夫·霍希哈说过:"我犯过的错误提醒我以后该怎么做——只有慎重行事,才能不吃大亏。"

1899年,约瑟夫·霍希哈出生于一个贫穷的犹太人家庭里,家庭的不幸使他过早地就懂得了人世，置身在美国这样一个经济社会里，他14岁时就开始混迹于纽约股票交易所的露天市场里，注意当时的金融动态了。经过三年的股市行情的调查和研究后，17岁的他自信有能力独立开创自己的事业了。依靠仅有的255美元，约瑟夫·霍希哈开始建构自己的金融基业了。在不到一年的时间内，他利用股票差价的买进卖出居然净赚了16.8万美元，创造了一个小小的奇迹！可是，取得初步胜利的他，有些被胜利冲昏头脑了。很快，他便尝到了失败的滋味。在第一次世界大战快要结束时，约瑟夫不听别人的忠告，一意孤行地用低廉的价格买下了雷卡瓦那钢铁公司的股票，结果由于战争迅速结束，雷卡瓦那钢铁公司的股票暴跌，他赔了一大笔钱，此时的他已趋于破产的边缘。这次失败给他敲响了警钟，使他意识到自己还不够成熟。通过这次失败，他明白了一个难得的真理：受各种各样因素的影响，股市行情变幻不定，起伏莫测，除非你十分了解内情，否则千万不要去买减价的东西。

遭遇失败后，他决定重新开始，坚定地走下去。

1924年，他在一次偶然的机会里发现未列入证券交易所买卖的某些股票有很大利润可图，于是，他立即放弃了证券的场外交易，把精力放在了这些股票的交易行情上，稳稳当当地做起未列入证券交易所买卖的股票生意来。

起初，由于资金不足，他只能少量购进，做着小本经营。经过一年的积累，他就开办了自己的证券公司。到了1928年，约瑟夫已是一个成功的股票经纪人了，他在当时美国的金融界拥有了令人羡慕的一方领地。就在第二年，股票交易轰轰烈烈，股价也像疯了一样愈炒愈高。人们都疯狂地大量购进股票，似乎只要投入就能赚上一大笔。本来约瑟夫也准备用50万美元在纽约证券交易所买一些单，但曾经的失败经历使他变得很理智，经过深思熟虑，他认为应该打消这个念头。所以，在这年8月份他就把全部股票抛出。这一时期，别人都赔得一塌糊涂，而他却在大幅降价之前净赚了400万美元。能够躲过这一劫，多亏曾经的那次惨败经历让他明白，遇事要慎重，否则简直不可想象。事后，他回忆道："当你发现连医生都停业而去做股票投机生意的时候，那么，一切都已经乱了。大户买进公益事业股票，然后又把它们抬高价码抛出，这真令人害怕。"

对于一个股票经纪人来说，诱惑常常出现，陷阱也常常隐藏其中。然而，有了一次惨败经历的约瑟夫已经知道该怎样去预防失败了，可以说思前顾后，谨慎小心，这就是他成功的资本。

【智慧点睛】

盲目行事是失败的根源，慎重行事是成功的保证。美国金融家约瑟夫·霍希哈在股海弄潮的经历告诉世人，遇事要慎重，考虑成熟再行动。否则，就可能会掉进失败的深渊之中。

2.敢为人先才能成就大事

法曰：宁输数子，勿失一先。

争先是下棋的一项重要任务，无论就全局还是局部而言，都不例外。尤其是对全局来说争先至关重要，它有两个意义：首先，在中腹成空时，行棋必须有所借用，且是先手，前者使对方忙于补病而无力还击，后者则能使自己得以先手而转移战场，从而贯彻自己的结构设想。其次，在头绪多的场合，如双方均有数块棋不利时，处理问题的关键，就是要争先，抓住先手不放，这样即使自己有棋不利，对方也没有时间去攻击。

可见，对全局来说，先手不但可以使获先者顺利从自我设计的第一战役，转入第二次战役；而且还能使对方无法找到攻击自己薄弱环节的机会，先手的价值非常明显。

当今一流棋手，差距甚小，常常数目定胜负。而现代围棋为了公平，黑先则需贴目，而且目数见涨，现行是7.5目（韩6.5目），一先足以影响最后的胜败。即便已得先手，也要处处占机，持续先手，好让利势不断扩张。一着稍慢，即落后手。

在《孙子兵法·虚实篇》中，孙子有过这样的话："凡先处战地而待敌者佚，后处战地而趋战者劳。故善战者，致人而不致于人。"就是说凡先占据战场等待敌人的就能主动且安逸，后到达战场而仓促应战的就要被动且疲劳。先到战地的一方，就等于抢占了天时和地利。大大增加了得胜的几率，所以善于指挥作战的人，能调动敌人却不被敌人调动。将这种谋略用在商业竞争上就是要敢为人先，先发制人。

霍英东是当今香港最成功的企业家之一，他经营的公司有六十家之多。

但是，许多人不知道，霍英东这位香港工商巨子，自幼家境贫寒，他是白手起家的，依靠个人的不懈努力与奋斗才取得了现今的巨大成功。从白手起家到家财数亿，成为香港最为成功的大商人，必定有其过人之处。他的成功可以被认定为敢走前人未走之路的结果。

幼年之时，霍英东的父亲和两个哥哥都落海遇难，迫于生存的压力，他刚刚七岁就开始在渡轮上做苦工了。稍稍长大后，他又驾起了母亲的一条破舢板在海上搞运输……

抗日战争胜利后，香港的运输业日渐兴旺起来。此时，霍英东已成年，并在社会上闯荡多年，胸怀大志的他想着要在这百废待兴的时期走出一条创业之路。那时的香港，随处都是废弃的旧军用物资，伸手可捡，但从来没有人注意这些破旧东西，霍英东是把目光投到这些废旧物资上的第一个人。他驾着那个小舢板，在香港的各个角落收购废品，再伺机出手。通过大量收购，再转手卖出，很快他就赚了一大笔钱，他的小舢板也变成了驳船。后来，不少人见这"收破烂"的行当有利可图，纷纷尾随其后，干了起来，霍英东则在此时转向新的领域去掘金了。

20世纪50年代的香港，经济迅速发展，人口也在剧增，民用住宅呈现出供不应求的趋势。霍英东看准了发财之道，便成立了立信置业公司，干起了房地产。他一改香港房地产的经营方式，将楼房分层售出，而在这之前，香港楼房从未分层出售过。这一做法深受居民的欢迎，他的立信置业公司也因此得以在香港发展壮大。

霍英东奋斗的脚步并没有就此停止，不久，他又用干房地产赚来的钱投资干起了淘沙业，在当时，是没有人愿意干淘沙业的，而霍英东之所以将目光转向淘沙业是因为他看到在房地产业迅速发展的过程中，原材料的需求量猛增，尤其是黄沙的供应紧张。霍英东认为在淘沙业上有一番大事业可做。于是他趁那些资金雄厚的经营者尚未插手之时，捷足先登了。但是，当时的淘沙业还靠人工作业，当然，霍英东是不满足于人工作业进行淘沙的，于是他购进了一批淘沙机、几十艘挖泥船和运输船。就这样，霍英东成了香港淘沙业的垄断者。

如今，霍英东已经在商海中打拼了几十年，这几十年里他赢得一个又一个事业的高峰。他的事业以及他选择的道路，能给世人以深深的启迪。

霍英东很有眼光和头脑，每次都能够最先发现商机，敢为人先，做行业第一人。因而往往能够"一人独大"，尝尽甜头。

【智慧点睛】

很多时候，你不先发制人，便会受制于人。只有敢为人先，我们才能走在别人的前头，才能创造性地完成工作，为我们实现跨越发展积蓄无限的后劲和潜力。

3.不要把什么都看得太绝对

围棋中，先手给人带来利益。毫无疑问，先手需争。但有时候，先手之中又潜伏着后手，利益之中又潜伏着损失。正所谓"福兮，祸之所依，祸兮，福之所伏"。对这种先中有后的情况，棋手就要认真辨析了。如果利大于弊，但走无妨。而如果先手利益不大，还会落下较大祸害的话，那就宁可后手。下手和上手对局，下手往往一开始气势汹汹，似乎上手也只有招架之功，而无还手之力。而一旦上手把自己各处都补好后，下手就出问题了，由于要补的地方太多，而一手又补不净，结果就崩了。这就是抢了潜伏后手的先手带来的坏下场。

当然，争先只是手段，赢棋才是最终目的。如果不顾利害得失，一味争先，就会因为走出"先中有后"之着，冷落"后中有先"而遭亏损，这些都是需要棋手悉心辨析的。

所以说，即使抢到先手，也不要洋洋得意，不能认为抢到先手就确保了胜利，要知道利与害都是相互依存的，谁也不能确保自己永远都会处于利于自己的位置上。问题的关键在于要把握好利与弊的关系，仔细权衡轻重，做到真正的敢为人先。"福兮，祸之所依，祸兮，福之所伏"的道理应该铭记在心，不要把什么都看得太绝对了。

我们在中学课本里学到过"塞翁失马，焉知非福"的典故，就是对"事无绝对"的最好诠释。

战国时期有一位老人，名叫塞翁。他养了许多马，忽然有一天马群中走失了一匹马。邻居们听到这事，都替他惋惜，纷纷来安慰他不必太着急，年龄大了，多注意身体要紧。而塞翁却很平静地说："没关系的，丢了一匹马损失虽不小，但没准还会带来福气。"邻居听了塞翁的话，心里觉得好笑，马匹丢了明明是件坏事，他却认为也许是好事，明显是自我安慰嘛。

可是过了没几天，丢的马不仅自动跑回来了，还带回一匹良马。邻居听说马自己回家了，非常佩服塞翁的预见，纷纷跑来道贺说："还是您老有远见，自家的马不仅没有丢，还带回一匹骏马，真是福气呀。"塞翁听了邻人的祝贺，反而一点高兴的样子都没有，忧虑地说："白白得了一匹好马，不一定是福气啊，也许还会惹出什么麻烦来呢。"邻居们觉得他心里明明高兴，有意不说出来，认为他故作姿态，纯属老年人的狡猾。

塞翁有个独生子，非常喜欢骑马。他发现带回来的那匹马身长蹄大，彪悍神骏，一看就知道是匹好马。就每天骑马出游，心中还洋洋得意。一天，他非常兴奋，打马飞奔，一个趔趄，从马背上跌了下来，把大腿骨给摔断了。左邻右舍听说后，又来探望他，安慰他，塞翁不紧不慢地说："没什么，腿摔断了却保住性命，或许是福气呢。"邻居们觉得他又在说胡话。他们想不出，摔断腿会带来什么福气。

不久，匈奴兵大举入侵，青年人都被应征入伍，唯有塞翁的儿子因为摔断了腿，不用去当兵。后来，入伍的青年都战死了，而塞翁的儿子却因祸得福，保全了性命。

【智慧点睛】

福和祸，利和弊都没有绝对严格的界限，很多事情都没有定数，因此，不要把什么都看得太绝对。为福极乐、为利极乐或为祸极悲、为弊极悲都是不明智的。

4.站到全局的高度来思考

围棋与象棋相比，一局棋着数多是一大特点。象棋一般80着以内，可以结束一局棋。而围棋则通常要到250着左右，才能下完一盘棋。这是由棋盘决定的。对弈者来讲，即使在局部明确优势，但从全局来看，得失都可能改变。因此，弈者要注意到攻击敌人这块棋，是否可以捎带对那块棋也加以打击，如果可以，就要赶紧补棋，如果不可以，就抓住机会缠绕杀棋。总而言之，就是要有全局意识。全局意识，就是指能够从客观整体的利益出发，兼顾各种利害关系，站在全局的角度看问题、想办法、做决策。

文中所讲的"击左则视右，攻后则瞻前。两生勿断，皆活勿连。阔不可太疏，密不可太促。与其恋子以求生，不若弃子而取势，与其无事而强行，不若因之而自补。彼众我寡，先谋其生。我众彼寡，务张其势……四顾其地，牢不可破，方可出人不意，掩人不备……随手而下者，无谋之人也，不思而应者，取败之道也。"其实都是从全局的意识上来讲的。只有在全局意识的指导下，我们才能把每一步棋放在大局中去思考、去衡量，在大局中定位，服从于大局，并按照一切为大局服务的思想去行棋。

　　树立全局意识，大到对一个民族、一个国家，小到对一个区域的发展，都具有相当重要的意义。只有认清大局，我们才能审时度势，因势利导，掌握主动权。同时，全局意识还是促进团结、凝聚力量的表现。在工作中，树立全局意识就要像老板一样思考问题，将公司作为一个整体站在全局的高度来看待问题。

　　在IBM公司，每一个员工大脑里都有一种意识——我就是公司的主人。员工们主动与高级管理人员接触，与上司保持有效沟通，对所从事的工作更是积极主动地去完成，并且保持高度的工作热情。"我就是公司的主人""像老板一样思考"这种工作态度，源于老托马斯·沃森的一次销售会议。

　　那是一个寒风凛冽的下午，会议从午后一直持续到傍晚，老沃森先在会上介绍了当前的销售情况，然后分析了市场面临的种种困难。气氛很沉闷，一直都是托马斯·沃森自己在滔滔不绝，其他人则显得烦躁不安。老沃森感觉到了这种气氛，他突然缄默了10秒钟，当大家发现这个情形有点不太对劲的时候，老沃森语重心长地对大家说："我们每个人都别忘了，我们都是靠工作赚得薪水的，我们必须把公司的问题当成自己的问题来思考。"之后，他要求在场的所有人开动脑筋，每人提出一个建议或意见。实在没有建议的话，可以对别人提出的问题加以归纳总结，发表自己的看法和观点，否则不得离开会场。结果，这次会议取得了圆满的成功，许多问题被提了出来，并找到了相应的解决办法。

　　确实，每一位老板都像上文中的老沃森那样，希望自己的员工可以像自己一样，总是都站在公司发展的角度来思考问题。然而，由于角色、地位和对公司所有权的不同，员工的心态很难与老板完全一致。在许多员工的思想中，"公司的发展是由员工决定的"之类的话只不过是一句空话，这是他们拒绝从老板的角度、从全局的角度来思考问题的主要原因。

　　彼得是一位颇有才华的年轻人，但是他对待自己的工作总是显得心不在焉。为此，他的心理咨询老师汤姆专门找他沟通交流，他的回答是："这又不是我的公司，我没有必要为老板拼命。如果是我自己的公司，我肯定会比老板更努力，做得更好。"后来，彼得离开了原来的公司，自己独立创业，开办了一家小公司。他写信给汤姆说："我会很用心地做好它，因为它是我自己的。"汤姆回信对他表示祝贺，同时也提醒他要对未来可能遭遇的挫折有足够的思想准备。

半年以后，汤姆又一次收到了彼得的来信，彼得告诉他一个月前他把自己的公司关闭了，现在已经重新回到打工族的群体之中，原因是："我发现原来有那么多的事要我去做，我实在应付不了。"

许多员工的打工态度十分明确："我是不可能永远打工的，当老板才是我的目的。我现在的工作都在为自己挣经验和关系，等到机会成熟，我会毫不犹豫地自己干。"这是一种值得敬佩的理想，但是如果抱着"如果自己当老板，我会更努力"的想法则可能适得其反。因为你从来没把自己放在老板的位置想问题，没有站在全局的角度看问题，所以你的思维是不成熟的，以后即使真的当老板了，也很难有解决问题的能力，难以独当一面。所以，很多情况下，我们需要和老板进行"换位思考"，试着站在老板的角度去思考问题。这样我们做的每一件事才会成为日后创业的宝贵经验，等到时机成熟时，我们才可以经营好自己的事业。

当然，"像老板一样思考"，树立一种主人翁意识时，并不是发出了所有人都可以成为老板的信号，而是向员工提出了更高的要求。这需要我们对自己的行为准则有更为深刻的认识。那么，在工作中，如何"像老板一样思考"，如何使自己站在全局的角度想问题提高自己呢？不妨在工作过程中问问自己如下问题：

如果我是老板，是不是应当保证自己的言行举止符合公司的要求，代表公司的利益，以免对公司产生不良的影响？如果我是老板，目前这个项目是不是需要先优化一下，再做是否投资的决定？如果我是老板，面对公司中存在的无谓的浪费，是不是应该马上采取必要的措施加以制止？如果我是老板，会怎样对待态度恶劣、无理取闹的客户……

我们无法在此一一列举出老板站在全局的角度应该思考的所有问题。但是毫无疑问的是，当你站在老板的角度思考问题时，你的工作态度、工作方式以及工作成果都会有所提高。也只要你深入思考，着眼全局，积极行动，你才会获得更高的评价，为以后的脱颖而出奠定基础。

【智慧点睛】

不谋全局者，不足以谋一域。只有树立全局意识，我们才能把自身投入到整个工作中，不因小失大，从而取得更大的成功。

5.做人如下棋,要有"棋士"精神

兵家说"胜败乃兵家常事",下棋也一样,没有永远的胜者,棋艺再高的棋手,也不可能百战百胜。因此,失败是每个棋手都要面临的问题。其实,大可不必太在意一次失败,关键是要保持冷静的头脑,及时总结失败的经验教训,调整好自己的情绪,继而投入到后面的战斗。在这方面,吴越之争中的越王勾践可以说是个典范,他卧薪尝胆、奋发图强的精神状态,值得每个后人学习和借鉴。

著名棋手赵治勋在讲技巧时,也曾说过,即使必输无疑,也要选择一种最壮烈的死法,轻松缴械不是"棋士"的品性。在失败面前,棋士应该有"棋士"精神,让人看到他的脊梁始终是挺直的。

你也许不知道,法国皇帝拿破仑在成长的过程中受尽轻视、讥讽与困难,但是他却没有向生活妥协,而是用他的坚韧不拔,取得了属于自己的成功。

那是他在布里恩的贵族学校上学的时候,他受到了所有同学的轻视与讥讽。拿破仑的父亲是一个很高傲却穷困潦倒的科西嘉贵族,虽然他把拿破仑送进了贵族学校,可是他并不能让拿破仑与学校的同学们一样,过富家子弟的生活。所以,和拿破仑交往的都是一些在他面前夸耀自己的富有而讥讽他贫穷的同学。小拿破仑被这种讥讽深深地刺伤了自尊心,他的内心充满愤怒,然而对此他却无能为力。万般无奈之下,他写了封信向父亲表达他的人生困惑:"为了忍受那些孩子的嘲笑,我实在疲于解释我的贫困了,我知道他们唯一高于我的是金钱,说到高尚的思想,他们是远在我之下的。难道我应当在这些富贵而骄傲的人面前永远地谦卑下去吗?"他父亲的回答是:"我们没有钱,但是你必须在那里把书念完。"

因此,他在那所学校忍受了整整五年的折磨。在那五年里,他受到的每一次嘲弄、每一次欺侮、每一次轻视都使他增加了一种决心,那就是一定要努力,以实际行动让这些愚蠢的富人们看到他的优秀之处。在他16岁的时候,他就当上了少尉。但是,就在这一年,他也遭受到了另外一个打击——他父亲去世了。这样,就在他的同伴们用他们多余的时间和金钱追求女人和参加赌博时,他不得不从他那本来就少得可怜的薪水中,抽出一部分钱来赡养他母亲。他用埋头读书的方法,去努力和他们竞争。当然,他并不是漫无目的地读些乱七八糟的书,而是为自己理想的将来选择有用的书籍来专攻，他下定决心要向世界表明他有些什么才能。事实证明，那段时间他所读的书，让他受益匪浅。

长官看见拿破仑很有学问，就派他到操场上做一些需要复杂计算的工作。拿破仑不负所望，把这一工作做得漂亮极了，这让他又有了更好的发展。

渐渐地，情形有了根本的变化：从前讥讽他的人，看到了他的成功开始围到他的身边，成为他的忠实拥戴者；从前轻视他的人，开始主动与他交朋友，谈心事；从前嘲笑他矮小、无能、死用功的人，也开始尊重他了……应该说，促成拿破仑成功的原因，除了他的天分以及不懈的艰苦努力之外，更重要的是他不向生活妥协、不被挫折打败的精神，是这种精神在驱使着他，使他建立起要超过这些戏弄他的人的雄心，并最终取得成功，法国大革命后，欧洲各封建国家进行干涉防止革命蔓延，法国新政府无力应对，拿破仑回到法国领导革命，把反法联盟赶出了法国。

从破落的贵族家庭到登上法国皇帝的宝座，可谓惊人一跃。当初那些让拿破仑无法忍受的来自于同学们的嘲笑，反而成了督促他奋进的力量。正如一句话所说"灾难就像一块试金石"，因为做到了在灾难面前不气馁，才有了日后闻名于世的拿破仑。这种坚忍不拔不正是"棋士"的精神所在吗？

【智慧点睛】

遇到挫折，遭受失败其实都不可怕，只要我们能够勇敢地面对失败，在失败中奋发勃起，就能在失败的道路上越走越成熟。即便是短期一事无成，我们也可以挺起我们的脊梁，因为你已具备永不低头的"棋士"精神。

虚实篇——集中力量，有所为而有所不为

虚实之理，势之必有也。然有以实而实彼之虚者，又有以虚而虚彼之实者，盖皆不知虚实之用也。《孙子兵法》曰："避实击虚。"此以虚实名篇，可见围棋与兵法相得益彰。

【原文通读】

夫弈棋，绪多[1]则势分[2]，势分则难救。投棋[3]勿逼[4]，逼则使彼实[5]而我虚[6]。虚则易攻[7]，实则难破[8]。临时变通[9]，宜勿执一[10]。《传》曰："见可而进，知难而退。"[11]

【注释】

[1]绪："绪，丝端也。"——《说文》，意义端绪、头绪。亦有次序、秩序等关联义，如"诞敢纪其绪。"——《书·大诰》。[2]势分：棋势分散。[3]投棋：敌人在我方根据地的外围投下的孤子或敌方在敌方根据地较远外围投下的孤子。[4]逼：逼近剿杀。[5]实：棋势厚实连接而不可渗入。[6]虚：棋势疏阔易被对手攻击渗透。[7]攻：攻击。[8]破：突破。[9]临：面临。时：时机、时宜。变通：变化通达，不固执僵化。[10]宜：应当。执一：执一不变。[11]可：适合、能够。难：困难、危机。进：进取。退：退却、放弃。

【古文今译】

说到下棋，头绪多力量就会分散，力量分散时受到攻击就会难以救活。对方投子不要迫近，过于迫近，便会造成对手厚实而我方薄弱的局面。薄弱很容易遭受攻击，而厚实就难以打开缺口。针对具体情况变通策略，审其进退，不要过于拘泥。文字记载说："见到合适的机会就进攻，知道难于成功便后退。"

【智慧解读与运用】

1. 不要分散你有限的力量

四面出击对兵家来说是最忌讳的，因为战线拉得太长了，必然要减弱每一处的兵力，如果再被敌方来个穿插分割，即便是总量上占了优势，在局部也会处于弱者的地位，最后只能被敌方一口一口地吃掉。

下棋也一样，头绪不能太多。否则，双方纠缠时，难免顾此失彼。所以，下棋要随时注意自己不同部分的联络，注意前后相互呼应；难以联络者，则要就地生根，保持安全；如果既不能联络，又难以生根，一块棋尚可，有两块以上的孤棋，就必须考虑弃子；若一无联络，二无根据，三又不能弃者，那你就要招招抓住急所，"攻其所必救"，使对方没有时间去纠缠你的弱处。总之，下棋必须集中精力和子力，要"集中优势兵力打歼灭战"而不得分散。用民间的话说就是"好钢就要用在刀刃上"。

生活中，有很多人到老也没有实现自己少年时代的梦想，究其原因，就是他们同时涉足了太多的领域，选择了在很多领域成为三脚猫似的人物，他们四处出击，什么东西都有所涉猎，却又都是浮光掠影，浅尝辄止，最终一事无成。其实，他们可以采取一种更明智的做法，集中心智于某一领域，咬定青山不放松，让自己成为该领域所向无敌的行家里手。

伟大发明家爱迪生的成功就充分说明了这一点。有位名叫西奥多·瑞瑟的写手在爱迪生的实验室外面，扎营三个礼拜之后，访问到了这位著名的发明家。瑞瑟问："成功的第一要素是什么？"爱迪生的回答是："能够将你身体与心智的能量锲而不舍地运用在同一个问题上而不会厌倦的能力。"

是的，我们整天都在做事，从早到晚。假如你早上7点起床，晚上11点睡觉，那么你做事就做了整整16个小时。对大多数人而言，在这十几个小时当中，他们做了很多很多件事，而爱迪生与常人不一样的是，他在这十几个小时里面只做一件事。将时间集中运用在一个方向、一个目的上，这就是他成功的重要原因。

我们都知道，同一种物品，一件做工精美，一件粗制滥造，前者比后者更容易成功换取货币，而能否制作一种精美的物品，取决于多年的经验积累和不断娴熟的技术，他需要一个人集中所有的力量在某一领域或某项工作上不断地探索和完善。有的甚至是几代人的智慧和汗水的结晶。亚当·斯密说:"人类把精力集中在单一事物上比起分散在多种事物上,更能发现达到目标的简易、快捷的方法。"

欧文·伯克斯顿也说:"如果一个人在生活中只追求一个目标——唯一的一个目标,那么在有生之年,他很有可能会实现自己的愿望。但是,如果他事事喜好,见异思迁,到处撒播种子,到头来往往是一无所获,抱憾终生。"的确,人的欲望是无限的和多元化的。因此,古人把"知止"提得这么响亮,是很有道理的。在生命成长的过程中,我们每个人都应该先花点时间研究一下自己,找到自己突出的地方,然后就把自己固定在那个点上,做出人生的定位,再集中精力,拿出锲而不舍的精神专心奋斗,如此才能拥有一片自己的天地。

【智慧点睛】

不要博而泛,要精而专,这是当今时代的要求。在这个社会分工越来越细,专门领域越来越精的时代,如果一个人把自己有限的精力分散开来,那他注定是不会成功的。

2.看好时机,把握好进退

对行棋头绪的多少,展开间距的宽窄,都要因地制宜,因时而异,不可固守一律。尤其是展开的间距,要当进则进,当退则退,不可逞勇而冒进,也不可畏怯而回缩。

同时,下棋还讲究处理好虚实关系,弈棋布势,通常宜实不宜虚。面对敌人,则要避实击虚。但这些又不是绝对的,要具体情况具体处理。这就是要看好时机并抓住时机把握好进退。正如本篇最后所说:"见可而进,知难而退"。

那么,如何才能准确地把握时机,抓住机遇呢?那还得讲究策略,要有等待的过程,然后再伺机而动。一个出色的足球运动员在球场上势猛、力强的争夺中,能巧妙地将球踢入球门,不仅仅靠他的勇猛和技术,还要看他是否选定最佳角度,准确把握战机。下棋如此,踢球如此,搞事业也同样如此。哪次机遇最能发挥自己的优势,最有成功的把握,就选择哪次,这样方能事半功倍,避免无效劳动。

局 道

丰田汽车公司之所以成为汽车行业的巨头,就是因为丰田英二不贸然行事,权衡利弊,适时进退并把握时机所致。1950年丰田公司因危机的到来,被迫将工业公司和销售公司分离。当时负责技术部门的董事丰田英二深知,在当时不成熟的条件下,即使他提出重新合并的建议也是行不通的,与其胎死腹中,还不如耐心地等待时机的到来,一举成功。因此,他在决定丰田的未来发展方向时,久久未做出决定。

英二在深思熟虑考察各种条件的同时,还权衡了各方面的利弊,直到20世纪80年代初,丰田两家公司才终于结束了长达三十多年的产销分离,迎来了全新的丰田公司,英二的等待终于取得了圆满的成果。

在处理丰田赴美建厂一事上,丰田英二也同样看好时机,把握进退,耐心地等待时机的成熟。在日本汽车厂商中,进军美国的除了本田、日产之外,丰田已是第三家。为此不少人抱怨为时太晚,而此时会长丰田英二和社长丰田章一郎的回答却很一致:"我们只是在等待时机,我们的行动并没有落后。"由于采取了谨慎的战术,丰田公司最终得以顺利地打入了美国的汽车市场。

丰田英二是个善于抓机遇、善于把握进退的人。当机遇没有来时,他静如处子;一旦机遇来临,他则动若脱兔。人们往往觉得等待是一种消极怠工,其实,等待并不等于落后,如同长跑,起步早的不一定能最终得到冠军。暂时等待,伺机而动是一种大智慧。丰田英二就是懂得这些道理,做事谨慎,权衡利弊,看好时机并抓住时机,才使得丰田汽车公司顺利地发展,一天天地走向壮大。

总之,人都是生活在充满机遇和挑战的世界里,每个人都要学会避过不利因素,及时把握时机,适当进退,有道是:"机不可失,时不我待。"

【智慧点睛】

把握时机则能由弱变强,由小变大。如果不权衡利弊,伺机而动,非得弃弱逞强,那等待你的就只有失败了。

自知篇——自知者明，做到自知而后知他人

夫棋之用心，与治事同一理。人惟不自知，能自知者，以理推之，则无所思而不至矣。

【原文通读】

夫智者见于未萌[1]，愚者暗于成事[2]。故知己之害[3]而图彼之利者[4]，胜。知可以战不可以战者，胜。识众寡之用者，胜。以虞[5]待不虞者，胜。以逸待劳者，胜。不战而屈人者，胜。《老子》曰："自知者明。"

【注释】

[1]萌：萌芽、未生。[2]暗：暗昧不清。成事：已经形成。[3]害：害处、能伤害到自己的威胁、自己容易被威胁的弱点。[4]图彼之利：从敌人或对手那里得到利益。[5]虞：准备，防范。如《孙子·谋攻》"以虞待不虞者"。虞又有度量、思度的意思，更进一步是预料、预测等义。如《书·大禹谟》："儆戒无虞。"《左传·桓公十七年》"疆场之事，慎守其一，而备其不虞。"此处的虞，可解为周全的预判、预备。

【古文今译】

有智慧的人，在事物发生前就能看出动向，而愚昧的人，即使事情已经完成（态势已经形成不可改变）也不明白其中的因由和道理。所以，清楚自己常受到的威胁和己方受威胁的弱点，再来谋划攻袭对方以得利的一方，能够取得胜利。知道交战有利可以交战、交战不利不可以交战的一方，能够取得胜利。清楚多子应用什么战术与少子应用什么战术的一方，能够取得胜利。做好充分预判和准备以迎战预判和准备不充分的一方，能够取得胜利。采取守势，养精蓄锐，等到来攻的对手势头减弱后再出击的一方，能够取得胜利。不在局部里激烈争夺而是从整体上去压倒对手的一方，能够取得胜利。《老子》说："自己了解自己的人才叫做高明。"

【智慧解读与运用】

1. 自知战与不战者胜

本篇以自知为题,强调每个人对自己的情况,需要有一个清醒的分析。既要对自己的作战条件有个正确的认识,也要对战斗结果于己是利是弊有个正确的认识。而且,这种认识必须在战斗打响之前完成。如果,在两军已展开贴身肉搏时,才发现自己的问题,甚至在战斗完成之后,才发现这是自己最不满意的结果,后悔也为时晚矣。

解读此篇,我们也可结合《孙子兵法·谋攻篇》。在《谋攻篇》中,孙子说:"故知胜有五:知可以战与不可以战者胜,识众寡之用者胜,上下同欲者胜,以虞待不虞者胜,将能而君不御者胜。此五者,知胜之道也。"意思是说,战争的胜利是可以事先预知的,但是必须以熟知五种情况为前提:一是对双方的情况了如指掌,知道什么情况下可以打,什么情况下不可以打;二是将帅知道兵多和兵少的不同用法,既能指挥大部队作战,也能指挥小部队作战,具有高超的应战能力;三是全军上下团结一心,同仇敌忾;四是以有戒备的军队攻打防御松弛的军队;五是将帅具有指挥才能,而国君又不加以干预牵制。这五条,就是预测胜利的依据和方法。而此篇说:"故知己之害而图彼之利者,胜。知可以战不可以战者,胜。识众寡之用者,胜。以虞待不虞者,胜。以逸待劳者,胜。不战而屈人者,胜。"将两者相互比较一下,再一次说明了《棋经》与《孙子兵法》中的兵法是一脉相通的。只有做出正确的决定,即该战的时候,立即出战;不该战的时候,坚决不出战。才能够保证胜利。凡是不能做出正确决定的,结果不是延误了大好战机,就是盲目出战,导致惨败。

春秋时期,宋国国君宋襄公率兵攻打郑国,郑国国君看形势不妙,慌忙向楚国求援,楚国国君派出能征善战的大将成得臣率兵向宋国本土发起攻击。如此一来,宋襄公担心国内有失,只好从郑国撤兵,双方的军队在泓水相遇。宋国大司马公孙固知道楚国兵多将广,土地辽阔,宋国远不是它的对手,就劝宋襄公:"还是跟楚国议和吧?我们一个小小的宋国在军力方面绝不是楚国的对手啊!"

宋襄公非常生气地说:"大司马,你这是在长敌人志气、灭自己威风。楚军虽然兵力有余,但仁义不足。我们宋国兵力不足,但仁义有余,仁义之师是战无不胜的。真是个贪生怕死之辈！"公孙固还想规劝，被宋襄公气头上的一句话堵了嘴："我意已决，不用再说了！"

宋襄公命人做了一面大旗高高地竖了起来，还叫人在旗上绣着"仁义"两个大字，极其醒目。宋、楚战斗开始，楚军呐喊着向宋军冲过来，强渡泓水。宋将司马子鱼看到楚军半渡过河来，一半还在河中，就劝宋襄公："赶紧下令进攻吧，这样就能打楚军一个措手不及。"宋襄公却说："本王一向主张'仁义'，敌人尚在渡河，如果我军趁此进攻，那还有什么'仁义'可言？"司马子鱼非常无奈。楚军安全渡过河了，见宋军没有发起进攻，于是从容布阵。司马子鱼又劝宋襄公："大王，楚军立阵未稳，我们赶快进攻吧，这样我们还有获胜的希望！"宋襄公则指着迎风飘扬的"仁义"大旗，说："看到没有，我们是'仁义'之师，怎么能趁敌人布阵未稳就发起进攻呢！"

不一会儿，楚军布好阵，以排山倒海之势向宋军冲杀过来，宋军士兵被楚军的威风和气势吓破了胆，不等短兵相接，个个丢盔弃甲纷纷掉头逃跑。楚军乘势掩杀，结果宋军一溃千里，宋襄公本人也被一箭射中了大腿，"仁义"大旗则成了楚军的战利品。宋襄公惨败后，还不服气，他对司马子鱼说："仁人君子作战，重在以德服人，敌人还没有摆好阵，我们就击鼓进军，即使取胜，也不能算是堂堂正正的胜利！"司马子鱼长叹一口气，说："我们宋国兵微将寡，本来就不是楚国的对手，实在不应该跟楚国交战。可是大王您却非要交战不可。既然交战了，就应抓住战机，而关键时刻您又不许进攻，白白地错过了战机。打仗是枪对枪、刀对刀的事，你不杀他，他就杀你，这时候哪里还有什么'仁义'可讲啊？"宋襄公无言以对。

宋襄公不懂战争却装懂，该战不战，先后两次错失败敌的良机，最终被对方打得大败而逃，连他的"仁义"大旗都成了对方的战利品，真是让人哭笑不得。

再来看看日本索尼公司在巨大的诱惑面前是如何做出正确决策，从而使公司逐步发展壮大起来的。

19世纪50年代，日本索尼公司试制成功并生产出了第一台晶体管收音机，这台收音机与从前的真空管收音机相比较，在性能方面有了很大的提高。日本是个资源小国，所以产品只有靠出口才能有更大、更广阔的市场，公司创始人盛田昭夫决定首攻美国这一大市场，这一尝试的结果很理想。有一天，一位客商打来电话一下就订了10万台索尼收音机。10万台，这在当时近似于天文数字。10万台订货的利润足以维持索尼公司好几年的正常生产，听到这个消息，全公司员工欢呼雀跃，欣喜若狂，都希望尽快能与这位客商订下合同。不料，公司总部却并不买账，并由此制订了一条拒绝大客商订货的奇特价格"曲线"：订货5000台，按原定价格；订货1万台，价格给至最低；而一旦订货量超过1万台，价格开始逐渐升高，如果订货达10万台，那么只能按照可以使人破产的高价来订合同。

索尼公司制订出如此奇特的订货价格"曲线"，让公司全体员工和客商都大为不解，这不是把大订单拒之门外吗？索尼为什么要把送上门的好事向外推呢？这当然是有原因的：当时索尼公司的年产量还远远不到10万台这个数字，要是接受这批订货，那么势必要将生产规模成倍地扩大。但是，如果公司筹款投入大规模生产以后，再也没有像现在这样的大批量订货，刚刚起步的公司就可能马上面临破产。

确实，从眼前的利益而言，拿下10万台的大订单，足以使索尼公司在短时间内大大地前进一步。但是，从企业的长远发展来看，一旦因盲目投资、盲目扩大生产规模造成了生产与销售的脱节，那么未来公司就要随时面临"倒闭"的危机。因而，索尼公司制订出了这一"曲线"订货价格方案，意在让客商们尽量以1万台为基本订货量，使公司保持正常生产与销售量，从而让公司没有风险地稳步前进。10万台的订货，看似非常诱人，能给公司带来巨大的利润，但是，谁又能断定，这是不是别人制定的陷阱，想借此致索尼公司于死地呢？索尼公司制订价格"曲线"是对的，商场如战场，要想在战场上取得胜利，就要从长远利益考虑战与不战，只有清楚何时该出手，何时不该出手，做出了正确的决定，才能让自己立于不败之地。

【智慧点睛】

能够把握住时机，正确决策战与不战，才能够取得胜利。正确的决策，是成功的关键因素之一。正所谓："知可以战与不可以战者胜。"

2.争取做到不战而胜

此篇在自知的标题下，讲利害、和战、众寡、有虑无虑、劳逸等，是强调要在敌我对比的前提下，充分考察自己的优劣，并由此出发，制定合宜的战略。而

自知篇

在同一标题下，讲不战而屈人，强调的重点则有所不同。前一场合强调技艺，而后一场合则强调修养和境界。要达到这一境界，首先要力求将对方战而胜之，进而再要求不战而胜。如果能在技艺和修养两个方面，都有自知之明，且不断努力提高，其水平的日新月异，是不言而喻的。

在不战而胜方面，最突出的棋手无疑就是李昌镐了。

李昌镐在棋界之所以能掌管胜利的钥匙，关键在于他能看到战斗以外的结果。每个棋手在战斗前都会考虑这个问题：一次战斗下来，结果会怎么样呢？但李昌镐的棋却少有战斗，甚至有时候让人觉得他怯战。可事实往往是，不战斗照样能胜利。

我们在听高手分析棋谱时总会听到"厚"的好处。因为厚实，就会有许多"暗目"。而这种作战方式的集大成者非李昌镐莫属。李昌镐对厚薄的判断有着自己独特的理解，在发生战斗前就预判了战斗后的结果。这种判断单从对当时的局面影响来看是静态的，但如果从对局面变化以及远至收官阶段时的影响来看，它却又是动态的。所以，曹薰铉说李昌镐总能找到棋盘上并不存在的"半目"棋。

李昌镐对厚薄是怎么理解和运用的呢？那就要看看他对"势"的把握了。"势"是一个无形的东西。李昌镐把这无数的"无形"不断进行积累，最终化成了"有形"的目。很多人都说李昌镐的官子厉害，其实，官子已经是他成"势"的最后阶段，也是他化"势"为"利"的阶段了。由"虚势"到"实利"的这个过程，李昌镐洞若观火，进退自如。绝妙的来了个"因势"而"利导"。

从这个角度来说，李昌镐的棋更接近于棋道吧。

围棋黑白双方的每一步，都是在实现围棋的最终平衡。而任何一步无理手或缓手，以及有瑕疵的招法都是在打破这种平衡，也就是破坏了棋理的"和"。换个角度说，这就让对手马上拥有了取胜的机会。所谓"一着棋错，满盘皆输"，这里的"一着"绝对不仅限于中盘接触、布局、官子。李昌镐在面对这种破坏了局面平衡的着手时，知道利用对方缺陷，把对付敌手的能量逐步积累起来，最终转化为胜利。不论对手如何狂轰滥炸，无论变化如何纷繁复杂，李昌镐总是能用他独具的"慧眼"看清这"势"与"利"的变化，去掉繁杂部分，得到最简明的局势进行分析，把握胜负的脉搏。

对武士们来说，求得心灵的纯净比拥有权力和力量更加具有决定性的意义。一片树叶的坠落，一阵微风的吹过，都能成为克敌制胜的最有力的一击。而对李昌镐来说，棋盘上的真理不是一剑封喉，而是点滴的"势"的积累，那"一片树叶"最后就变成了不可能越过的"半目"。

李昌镐是个仁者,他的棋就像山,与李昌镐竞争,就好比在爬越一座高山,可能攀登者拥有各种绝技,也使出各种妙招,但最后都无一例外地倒在了终点前的那一刻。"仁者乐山,智者乐水,仁者静,智者动",诚哉斯言。

【智慧点睛】

不主动出击,在流程中因势而为,以静制动,不战而屈人,这是李昌镐的棋风,也应该是我们努力修炼的境界。

3.知足知不足,自重亦自轻

"知彼知己,百战不殆"是《孙子兵法》中的名言。《棋经·合战篇》中说:"惴惴小心,如临于谷。"强调了解敌情,谨慎小心,摸着石头过河。而此篇作者引用了老子的名言"自知者明",则是强调对弈者必须在敌我对比中,认清自己技艺和修养的优劣,并据此制定合宜的战略,这样才能确保胜利。即便是顶尖高手,也必须做到这点,不能例外。而且,越是高手,由于水平高,越是需要在对比中把握自己。

一个法国人曾这样说过:围棋不是艺术,而是一种哲学,它的课题首先不是战胜对手,而是把握自己。这里的"把握"二字,可以理解为:了解自己的特点,并在兼顾对手特点的前提下,制定自己擅长的作战计划,而不意气用事。这样,这句话不仅揭示了一个围棋制胜的秘诀,而且揭示了一个围棋养身的秘诀。简单概括,一言以蔽之,就是"知足知不足,自重亦自轻。"

在现实生活中,事实往往是知足(知道自己的优势)很简单,而要知不足(自己的劣势)却很难。王积薪是唐代翰林棋待诏,是当时有名的棋手。他在下棋技艺学成以后,就自以为已经天下无敌了。有一次,他游览京城,住进了一家旅店。晚上熄灯准备睡觉时,他隐约听到店主的母亲招呼店主的媳妇下棋。一听下棋,他突然来了精神,竖起耳朵来听这两女人的对话。老妇人说:"这么好的夜晚,时间难消遣,下一局棋吧。"媳妇说:"好啊!"于是,她们就开始下起了盲棋。王积薪暗暗记下他们下子的步骤。老妇人说:"我在第几道下子。"媳妇说:"我在第几道下子。"每人说了几十道。最后老妇人说:"你输了。"媳妇说:"是啊,这一局输给你了。"第二天,王积薪照着记下的次序,重新摆出那盘棋的局势,全局落定,他大吃一惊,这两个女人着子用意之深,布局之妙,都令王积薪自叹不如。从此,他悟出艺无止境的道理,再也不认为自己是天下无敌了,而是不断改进自己不如人的地方,努力提高,最终拥有了精湛的棋艺。

确实,任何技艺都是学无止境的。山外有山,人外有人,每个人都需要不断地学习。刘伯温说:"喜欢说自己长处的人,不能正确认识自己;喜欢说别人短处的人,不能正确地对待别人。不能正确认识自己的人,就什么也看不见;不能正确对待别人的人,就什么也听不到。一个人如果没有自知之明而狂妄自大,跟瞎子、聋子有何区别?"是啊,能知足亦知不足者,乃真知也。我们每个人都应该知足知不足,自重亦自轻。

【智慧点睛】

凡成功者,都是一些在某个领域有所专长、有所成就的人。能否像王积薪那样对自己有个清醒的认识,自觉地把自己放在一个虚心学习的小学生的位置上,对取得不断的成功是非常必要的。

审局篇——审时度势，以万变应万变

此篇专言审局之要，故以审局名篇。弈棋者若于一坪之上，常能四顾其地，存其心，度其势；思维我路较彼多少，我势较彼强弱；何者当先，何者当后；何者虚而欠补，何者守而勿失；何者可赢三路，何者可赢五路，我则舍三而取五，何者着而得先，何者着而失先，我则舍失而取得。须戒弱而不伏，躁而求胜，贪而多得。成功一路而已。如此审局，可谓天下之至精者矣。故篇终曰："能审局者则多胜。"

【原文通读】

夫弈棋布势，务相接连。自始至终，着着求先。临局离争[1]，雌雄未决[2]，毫厘不可以差焉[3]。局势已赢，专精求生[4]。局势已弱，锐意侵绰[5]。沿边而走，虽得其生者，败[6]。弱而不伏者，愈屈[7]。躁而求胜[8]者，多败。两势相违[9]，先蹙其外[10]。势孤援寡[11]，则勿走[12]。机危阵溃，则勿下[13]。是故棋有不走之走[14]，不下之下[15]。误人者多方[16]，成功者一路[17]而已。能审局[18]者多胜。《易》曰："穷则变，变则通，通则久。"[19]

【注释】

[1]离争：避免争斗纠缠。[2]决：决出。[3]毫厘：此是强调用语。[4]此处的求生指求稳妥做活。[5]锐：锋芒锐利逼人，此处言强势进攻。[6]沿边而走：由于失去腹地，即便活棋也会因为占地少而失败。[7]愈屈：战斗中处于劣势却不肯收缩或舍弃，只会失去更多。[8]躁而求胜：心情浮躁，急于争胜。[9]违：违背、远离。[10]蹙：接近、迫近、逼近。[11]势孤：棋势孤单，没有可联接之另外棋势。援：同上意，没有其他棋块可以连接救援。[12]走：行棋。此是暂时搁置的意思。[13]机危阵溃：指与对手的交战中，我方危急，阵势溃散。勿下：不要下。[14]不走之走：此是言棋不走在此处，通过走在别处达到走在此处的目的。[15]不下之下：通过下在别处达到下在此处的目的。[16]方：办法、策略。[17]一路：一个原则。[18]审：审察。局：局势。[19]穷：穷困无方。变：变化、改变。通：通达、畅通。

【古文今译】

说到下棋开局布置阵势,务必在整体上连成一气、不被隔断。自始至终,每一着都要力求先机。刚开始的时候双方布局,都不会贴近战斗,这时胜负未见,一毫一厘的差错也不能犯。如果在布局阶段已占上风,就一心一意地维护这局面;如果大局还处于劣势,那就要勇往直前地侵占对手的棋路。顺着边缘走棋的,即使活了,也仍旧会失败。处于劣势而不肯收缩兵力,将使局面更加难以挽回。心情急躁,一味求胜,这样的人,大多都会走向失败。如果自己的两块棋快要分离,那就要在外围着子使彼此接近(亦有人认为这是指双方相互围攻的时候,应该先压迫对手的外部)。假使被围而又势孤援少,就不要尝试向外突围;假使机危阵溃就不要继续着子。所以,围棋中有"不走之走""不下之下"一说。使人犯错误的因素是多种多样的,但通向成功的路却只有一条。只有那些能够仔细了解棋局特点、认真观察、估算、应对棋局变化的人,才能够经常取胜。《易·系辞下》说:"事物到了山穷水尽的时候就需要思考怎么去改变,改变以后才能够通达,通达以后才能够长久。"

【智慧解读与运用】

1.不要急于求成

两军对垒,谁都想获取最后的胜利。但如果一味追求成功就容易犯急躁的毛病,急躁者虽敢于反击,却一不顾安定,二不顾时机是否成熟,只是一味求胜,贸然发动,结果往往是以失败而告终。所以,王积薪的"围棋十诀"中的第一诀就是"不得贪胜"。急功近利、急于求成,是人们最易犯的错误,很多人都只想尽快品尝到成功的喜悦,而没有脚踏实地、一步步地去争取成功。

在这个世界上,大多数的成功,都不是一蹴而就的,而是需要人们步步为营地努力和争取。越是急功近利、急于求成,就越容易落得"欲速不达"的下场,只有脚踏实地才能稳步前进。正如老子在《道德经》第二十四章中所说:"企者不立,跨者不行。"意思是踮脚而立的人难以久站;急切地大跨步前行的人,反而走不快。

农夫在地里种下了两粒种子,很快它们变成了两棵同样大小的树苗。第一棵树开始就决心长成一棵参天大树,所以它拼命地从地下吸收养料,储备起来,用以滋润每一个细胞,盘算着怎样向上生长,完善自身。由于这个原因,在最初的几年,它并没有结果实,这让农夫很恼火。而另一棵树同样也拼命地从地下吸取养料,打算早点开花结果,它做到了这一点。这使农夫很欣赏它,并经常浇灌它。时光飞转,那棵久不开花的大树由于身强体壮,养分充足,终于结出了又大又甜的果实。而那棵过早开花的树,却由于还未成熟,便承担起了开花结果的任务,所以结出的果实苦涩难吃,并不讨人喜欢,而且自己也因此累弯了腰。农夫诧异地叹了口气,终于用斧头将它砍倒,当柴烧了。

由此不难看出,急于求成只会导致最终的失败,所以我们不妨立足于现状,做些更符合现实的努力,这样反而更易取得实实在在的收获。学会放远眼光,注重自身知识的积累,厚积薄发,自然会有水到渠成的一天。

【智慧点睛】
若是急功近利,等同于拔苗助长,不仅不能成事,反而会坏事。正所谓"欲速则不达"。

2.唯有变通才能长久

作者在本篇的末尾引用《易经》的话说"穷则思变,变则通,通则久"。意思是说任何事物发展到极点(穷),就必须变化,只有变化才能通达,通达之后才能得以长久发展。下棋也是这样。因此,我们在行事过程中不能死守陈规,而要根据不同的情况,采取不同的策略来适应变化。

所谓"策略"都是根据当时所面临的情况而制定的,再高明有效的策略,也不可能是屡试不爽的"万金油"。当面临的情况发生变化时,策略也就要随机而变,人们需要重新以当时的具体情况为根据,制定出新的、相应的策略,只有这样,才能够"制人而不受制于人"。

第二次世界大战期间,德国与苏联两军对垒。苏联在斯大林格勒地域发起反攻,准备把33万溃败的德军包围后消灭。要实现这一战略目标,苏军必须控制位于敌防御阵地纵深的顿河大桥,因为这是德军撤退的必经之路,德军把这座大桥视为"生命桥"。

苏联第26坦克军接受了这一艰巨的任务。

当时,德军已抢在苏军前面向顿河大桥开进了,而苏军想要越过挡在自己前面的德军简直比登天还难。第26坦克军军长罗金少将看了看已经漆黑的天空,毅然下了命令:"打开所有的车灯,排成纵队向顿河大桥全速前进!"

当时,德军就在苏军的身边,而且,德军还在公路沿线构筑了防御阵地,罗金少将的命令无疑是让苏联第26坦克军前去送死。

军令如山,苏军第26坦克部队将士们义无反顾地开着上百辆坦克上了路。德军官兵做梦也想不到,苏军坦克敢在自己的炮口前面打开灯、排成纵队行进。因而,德军都认为那是自己的部队,没有一个人上前询问或发出质疑。

于是,苏军坦克大军以浩浩荡荡的气势安全而顺利地从德军的眼皮下面走过,率先占领了顿河大桥——德军的退路被截断了,33万德国大军成了苏军的网中之鱼。

苏军的应变之策,成功地蒙蔽了德军。因为德军万万不会想到,苏军会这样大摇大摆地在自己的眼前走过。这一应变之术虽很冒险,却又十分高明。应了那句话"最危险的地方就是最安全的地方。"

美国通用汽车公司的口号是:"为所有的人生产轿车。"这绝不是一句空话,通用汽车公司以卓绝的技术和高超的策略做到了这一点。

20世纪20年代,西方资本主义世界一派祥和的景象,美国通用汽车公司看到了这情形下蕴藏的购买力,适时地研制出了售价较高的高级汽车,结果,皆大欢喜,买方和卖方各赢所需。到了20世纪30年代,此时经济危机笼罩了西方资本主义世界,这使得各阶层的购买力大大下降,通用汽车公司及时转变策略,研制出售价较低的轿车,顺应了经济环境的变化。20世纪50年代,资本主义的经济又得以复苏了,有一些大老板向通用汽车公司订购了高消费的豪华汽车,通用汽车公司又开始适应市场所需,推出了一批大型豪华汽车。20世纪50年代末60年代初,小型豪华车倍受消费者的青睐,通用汽车公司则立刻将小型轿车"考贝尔"改装成小型豪华车,在领先同行的前提下率先占有了市场。20世纪70年代,全球面临石油危机,通用汽车公司则自行研制出低能耗的轻型轿车,迎合了广大用户的需要。

通用汽车公司始终以顾客的需求为向导,及时顺应市场变化,不断地更新自己的产品，因而真正做到了"为所有的人生产轿车"，实现了他们的口号。

时时都能根据顾客的需要进行应变，无论顾客的胃口发生了怎样的变化，都立刻跟进，绝不迟疑，让美国通用汽车公司步步得胜。它给同行们上了一课，也给我们上了一课。

【智慧点睛】

根据局势变换，不断制定新的对策，从而解决问题，促进事态发展，这对任何事业而言都是基本环节。因为唯有变通才能长久。

度情篇——看棋知人，于棋于人相得益彰

夫势之所在，皆其情之所发。因其势而度其情，则胜败之兆可知矣。故此篇以"度情"名篇。

【原文通读】

人生而静[1]，其情难见[2]；感物而动[3]，然后可辨[4]。推之于棋[5]，胜败可得而先验[6]。持重而廉[7]者多得，轻易而贪[8]者多丧。不争而自保者多胜，务杀而不顾者多败。因败而思者，其势进；战胜而骄者，其势退。求己弊不求人之弊[9]者，益；攻其敌而不知敌之攻己者，损[10]。目凝[11]一局者，其思周[12]；心役[13]他事者，其虑散。行远而正[14]者吉，机浅而诈[15]者凶。能畏敌者强，谓人莫己若者亡。意旁通[16]者高，心执一[17]者卑。语默有常，使敌难量。动静[18]无度，招人所恶。《诗》云："他人之心，予时度之。"

【注释】

[1]静：安静。此处的人指人心。[2]其情：心内之情。见：观察、看见。[3]感物：为物所感、有感于物。动：发动。[4]辨：辨别、辨识。[5]推：贯通到、推衍到、推理到。[6]验：验证。[7]持重：保持厚重。廉：不贪婪。[8]轻：轻燥、轻率。贪：贪利。[9]弊：弊端、弊害。[10]损：减少、损失。[11]凝：专一于、凝聚于。[12]周：周密、周全。[13]役：为它所役使、劳役。[14]行：品行。远：志向远大、目光远大。正：端正合规。[15]机浅：智慧低下、浅薄。诈：奸诈、使诈。[16]旁通：触类旁通、贯通、灵活变通。[17]执一：固执不化。[18]动静：举止动作。

【古文今译】

人来到这个世界上，内心本来是静态隐藏的，其所思所虑，难以被发现，但一与外界事物接触，便产生喜怒哀乐等反应，然后才能清楚地被人加以辨析。根据这一原理来推理下棋，胜败也是可以预先观察出来的。谨慎、稳重而不贪的，多得；轻率而贪婪的，多失。不贸然相争而加强防御的，多胜；一味杀夺而不顾后果的，多败。因为失败而回想、检查其错误的，棋艺能够长进；因为胜利而骄傲自满、洋洋得意的，棋艺必然减退（局部失败而能反思的，整体的棋势将进

步,得到小胜就骄傲自满的,整体的棋势将会衰退)。寻求自己的毛病而不寻求他人的毛病,棋势和棋艺将会增加;只顾攻击对手而不知道对手如何进攻自己,必有损失。注意力高度集中在棋局上,其思虑必然周密;心灵为种种杂事所纠缠,其思虑必然散缓。目标远大而正直,吉;心机浅隘而奸诈,凶。能够重视、畏惧敌手的人会变得强大,以为他人不如自己的会走向灭亡。掌握了关于某一事物的知识,从而能推知同类中其他事物的,棋艺高;固执不变,迂执到愚蠢地步的,棋艺低。说话和沉默保持常态,会使对手难于测度。行动和静止没有分寸,只能招致他人的厌恶。《诗·小雅·巧言》说:"他人心里在想什么,我时常加以揣测。"

【智慧解读与运用】

1.不要因为贪而失去全局

夫持重而廉者,多得。轻易而贪者,多丧。

持重即不轻易,不轻易即谋定后动,三思而后行,谋定后行即不打无把握之仗。显然,这些都是提高胜率的必要前提。持重本身不是一种力量,但它却可以减少疏漏,免除破绽,使对手的力量无用武之地。轻易则相反,轻易即容易随手,如果再加上一个贪字而不顾全局,失之利诱,失败那就是必然的了。

老子在《道德经》第四十六章中说:"祸莫大于不知足,咎莫大于欲得。故知足之足,常足矣。"意思是祸害没有比不知足更大的了,过失没有比贪得无厌更大的了。所以,知道满足就心理平衡,才能求得永远的满足。

"贪心不足必自害",在我国历史中,这样的事例比比皆是,唐朝的长孙无忌因为过分贪恋权势而不得善终就是一个典型例子。

长孙无忌自幼聪慧,博览群书,曾在唐太宗、唐高宗两朝任相。长孙无忌与李世民是布衣之交又是郎舅之亲,他的妹妹就是长孙皇后,这位妹妹曾帮助李世民成功地坐上皇帝的宝座,深受李世民的信赖和恩宠。尽管长孙皇后苦谏不要哥哥长孙无忌做官太大,以免树大招风引来祸端,但是长孙无忌却非常贪恋官权,官职也一升再升。到了永徽年间,他以元舅之亲、顾托之重而大权在握。当时,长孙无忌是一人之下,万人之上,无论是名利、权势还是财富,都达到了顶峰。

但他仍不知足，深深地陷在争夺权势的漩涡中，一心想拥有更多。

公元643年，太子承乾因谋反被贬为平民。太子被废后，当时最有资格做太子的是魏王李泰和晋王李治。尽管当时有许多朝臣主张立魏王李泰为太子，但以长孙无忌为代表的部分大臣则坚决主张立晋王李治。唐太宗本来要立魏王李泰为太子，但在长孙无忌的一再坚持下，唐太宗不得不放弃个人意愿，立李治为太子，即唐高宗。

李治是个懦弱无能之人，长孙无忌拥其为太子，完全是出自私心，是为了自己的仕途生涯而考虑。考虑的方面大致有以下两点：首先，李泰与长孙无忌素有隔阂，且李泰有很深的城府，早已在朝中树立党羽，如果让李泰继位的话，长孙无忌在朝中就可能站不住脚了；其二，李治是个懦弱之人，长孙无忌自认有把握将其握在掌心，其继位后，必将成为他手中操纵的木偶，这样一来，李氏天下也就等于掌握在他的手里了。

唐高宗即位后，长孙无忌见大局已定，认为可以为所欲为了，就开始排挤大臣，甚至借"房遗爱谋反"一案，杀害了唐太宗"常以为类己，欲立为太子"的吴王恪，以绝众望。同时，还将与他不和的江夏王李道宗流放岭南。被长孙无忌所害的吴王恪在死前曾说："长孙无忌窃弄威权，残害良善，宗社有灵，当族灭不久。"结果正是如此。为了充分稳固自己的权势，长孙无忌编制了一个巨大的权力网，可谓煞费苦心。他的一系列举动，早已招致了众怒，使他越来越孤立。最终，因得罪武则天而被诬告谋反，唐高宗将其发配后不久，又将其逼得投缳自杀，连宗亲都受到了牵连。

长孙无忌从一位权倾朝野的大臣，落得被逼投缳自杀，有这样的下场归根结底都是因为一个"贪"字。一个"贪"字，贻害不浅。如果为官者一味地谋求私利，终归难免落马，类似的例子，古今中外，可以说举不胜举。

【智慧点睛】

贪恋财富和名利是人之本性，人人皆为富贵和名利而努力奔波。殊不知，富贵和名利有时候如同一把双刃剑，不能受其益，反受其害。因此老子提醒世人，不要过于贪恋富贵和名利，这样才能不被其所害。

2.重视对失败的反思

因败而思者,其势进。

常胜将军是没有的,每个人都要面对失败。因此,对待失败的心理状态很重要。如果受挫于某人,见到某人便失去了斗志;或者受挫于某一变化,再遇见某一变化时则绕道行驶。那么,我们就可以说你拥有了一个弱者的心理。怎么办呢?这就需要你尽快克服,俗话说:"失败乃成功之母。"要善于从失败中总结经验教训,否则,你和胜者的差距只会越拉越大。

应当说,在多数场合,棋手的进步都是从正确对待失败开始的,在注重对失败的反思过程中,做到后文中所说的"求己弊不求人之弊者,益",即寻求自己的毛病而不寻求他人的毛病,对己有利。正是因为正视自己的不足,才最终把失败变成了自己独有的财富。

成功一定是有理由,失败也一定有原因,我们不要为失败找借口,而是要找到失败的原因。当一件事情没有做到理想状态时,它一定是有原因的,找出原因并加以分析,我们把它称之为对失败的反思。很多人之所以没有得到自己想要的东西,并不是因为他们身上没有好的习惯。其实每个人身上都有很多好习惯,而阻碍我们成长的最重要的杀手是我们身上有太多不好的习惯。比如,做事情总是差不多,经常迟到,答应别人的事总做不到,自己总管不住自己等等,这些坏习惯严重地影响到我们的生活和工作,给我们带来了失败。如果失败后就放弃了,不去反思失败的原因,结果就会反复地失败。而如果在失败中痛定思痛,就会顺利迈向成功的道路。

2008年的世界首富是股神巴菲特,他早年喜欢赌马,但赢得很少,经常输钱,在输光了所有的钱后,他开始闭门思过,结果顿悟前非,总结出了大多数人赌马的两个心理特点:一是进行第一轮投资后,无法让自己歇手;二是人们总想着以输钱的方式来赢取更多的钱。带着这两点反思的结果,进入股市后,巴菲特只选择有价值的股票进行投资买入并在最合适的时机将其卖出。巴菲特不相信市场上对某只股票的价值估计,只相信自己给某只股票的估值,一旦这只股票到了自己的心里价位后就卖出,然后这一轮投资就宣告结束,之后不管这只股票是涨是跌,都决不再轻易介入。因为他懂得:操作越多,风险越大。

当时,巴菲特以每股1.4-1.6元港币的价格大量买入中国石油股票,等到中国石油的股票价格达到10元港币左右的时候全部卖出。而在他卖出后,中国石油的股价依然保持良好的增长势头，并最终达到了14多元港币。这时有记者问巴菲特是否因为过早地将这只股票卖出而后悔，巴菲特坦言这只股票涨到11元时他就开始后悔了，不过既然已经卖出也就不多想了，在10元钱卖出后又在12元大量买进，这不是巴菲特的作风，对他来说这一轮投资结束了。因为炒股的人永远都别想在最低点买入，在最高点卖出。

确实，在股票投资里，重要的并不是获利，而是获利了结。要在一天里赚取10%的利润并不难，要在一个月里赚取50%的利润也不难，但你要想在一年里赚取20%的利润，就很不容易，要在十年里每年保持20%的投资回报率更是难上加难。这一点值得大家深思。

在职场中，我们也要重视对失败的反思，注意找自己的原因，思考一下你的同事为什么能晋升，而你还只是普通的职员？为什么你的重要客户都流失了？你有没有做到用积极主动的心来领导自我？有没有用追求卓越的心来管理自己？总结出来以后，制定行动方案，依此实践。只有以人为镜，以事为镜，以史为镜，善于从别人或自己的失败中发现和克服自己不足的人，才是真正的勇士。这种健康的心理，才能为你打开一道成功的大门，使你找到进步力量的真正源泉。

【智慧点睛】

要重视对失败的反思，当遇到失败的时候，要积极寻找原因，正视自己的不足之处，改变自己，发展自己，让自己成为一个优秀的人，并为人们创造更多的价值，这样自然可以获得人生的成功。

3.谦虚使人进步，骄傲使人落后

战胜而骄者，其势退。

一局棋取得优势，一段时间内获胜率较高，这当然是值得高兴的事，因为它可以增强人们的自信，也为更大的优势和更高的获胜率打下基础。但如果拥有一定的优势就沾沾自喜，骄傲狂妄，往往就会葬送优势和胜利。

骄傲、轻敌往往使人松懈，是不健康的对局心理。所以，《棋经》说"战胜而骄者，其势退"，"谓人莫己若者，亡"。纵观历史，那些能取得成功并身居高位而长久的人，除了自身才能之外，就是靠着一个"谦"字了。

● 局　道 ●

美国历史上颇具影响力的政治家富兰克林，在年幼的时候非常自以为是，在任何人面前都是一副自信自傲的神情。幸亏有一天，一名长者指出了他的这一缺点。长者说："你说意见时高傲嚣张的口气对每一个与你意见相左的人来说，都无异是一种打击，所以，没有一个人乐意听你的。你的朋友们甚至觉得你不在时反而更舒服！对你来说，这无疑是很糟糕的。"

这位未来的领袖人物因此气焰大挫。经过认真反思，他重新调整了自己的处事方式，用他的话来说就是："以谦虚的态度来表达我自己的意见，当我碰到任何可能引起争辩的话题时，决不说'当然''无疑的'或其他各种表示肯定语气的话，而一般采用'在我看来''我觉得这样会比较好'或者就是'如果我的看法没有错的话，那么应该是这样的'这类说法。"

人们都不喜欢那种在什么时候都自以为是的人，甚至恨不得当场把这些爱慕虚荣的家伙的华丽外衣撕开，让他们露出丑陋的真面目来。他们尊敬的是那些谦逊的人。以谦虚的态度来提出自己的意见，常常可以增加自己发言的机会，并减少碰钉子的概率。这种习惯，在发表自己的意见、想要让人赞同于自己的见解时，是很有好处的。正是因为有了这种习惯，所以富兰克林才能够影响那么多的人民。富兰克林曾说："我实际上是一个最糟糕的演说者，我几乎没有什么辩才，常常需要讷讷地寻思半天，才能找到一些相对适当的字眼，而且发音还老不准。不过，尽管如此，人们都乐于接受我。"

顶级商人李嘉诚的为人也正好说明了这点。李嘉诚控有香港最大的综合性财团，多年荣膺香港首富乃至世界华人首富。他同时又是个道德至上者，他说的每句话，无不符合道德规范，堪称道德圣典。许多人都曾向李嘉诚请教如何才能做好生意。李嘉诚的回答是："保持低调。"所谓"保持低调"其实就是人们通常所说的谦虚做人。做生意和做人一样必须要秉持一种谦虚和合作的态度。

在很多事情上，恰到好处地表示出自己的谦逊，是博取众人支持的最好办法。我们的祖先早已向我们提出了"满招损，谦受益"的谆谆告诫。我们每一个人都应该如此，谦虚是我们做人的基本步调，我们只有谨遵教诲，才能避免在人生的道路上连连受挫。

【智慧点睛】

自高自大者，都是无知的。他们很少有能够得以善终的，几乎是无不因骄而败，惨淡收场。真正的智者，都明白"天外有天，人外有人"的道理，成就再多、地位再高,也能保持清醒,虚心谦逊,不断前进。

4. 永不做三心二意的小猫

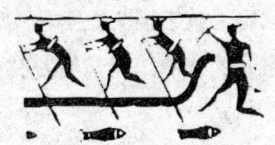

我们都知道《小猫钓鱼》的故事。

一天早上,猫妈妈带着小猫到小河边去钓鱼。它们刚刚坐下,一只蜻蜓飞到了小猫身边,蜻蜓飞来飞去像架小飞机。小猫觉得蜻蜓很好玩,看了就喜欢。于是,它还没开始钓鱼就放下鱼竿,捉蜻蜓玩去。可惜,捉了半天,蜻蜓还是飞走了,小猫空着手回到河边,一看,猫妈妈钓了一条大鱼。

小猫坐回到河边准备钓鱼了。可是,偏偏这时又有一只蝴蝶飞过来了,蝴蝶真美丽,小猫看了很喜欢,放下鱼竿,又去捉蝴蝶了。捉了半天,还是让蝴蝶给飞走了,小猫空着手回到河边,一看,猫妈妈又钓了一条大鱼。

小猫噘着嘴巴说:"气死我了,我怎么一条鱼也钓不着呢?"

猫妈妈看了看小猫,说:"钓鱼要一心一意,而你一会儿捉蜻蜓,一会儿捉蝴蝶,这样三心二意的怎么能钓到鱼呢?"

小猫钓鱼的故事告诉我们一个人在做一件事情时,不能同时想着另一件事情,而应该把注意力集中在此时此刻所发生的事上。集中精力做一件事情的人,才能把这件事做得比其他任何人都出色。

本篇讲到的:"目凝一局者,其思周;心役他事者,其虑散。"也就是这个道理。围棋对弈者的素质要求是很高的,集中精力是一条基本的要求,它是熟悉技艺的起点,是正确审视全局的前提,也是提高胜算率的基础。即便是高手,要是注意力不集中,也是不能避免失败的。可以说,下棋最忌讳的是三心二意,往往一子下错,整个棋局就输掉了。而长期这样下去,要提升棋技更是痴心妄想。

孟子一篇名为《弈秋》的文章就给了我们例证:弈秋是春秋时候一个下棋圣手,由于弈秋棋术高明,有很多年轻人想拜他为师。弈秋收下了两个学生。他教两个孩子下棋,其中一个专心致志,一心学艺。另一个却心不在焉,老想着天上要有鸟飞过来,想去打鸟。结果,前者学有所成,后者未能领悟棋艺。

在我们生活的旅程中,常常会有各种各样的诱惑向我们频频招手,诱使我们偏离或改变对既定目标的追求。所谓"术业有专攻",只有"专"才能"精"。那些出类拔萃的成功人士往往都把某一个明确的目标当作他们努力的主要推动力,而且他们知道排除头脑中那些分散注意力、产生压力的想法，使自己的思维完全集中到当前的工作状态。许多人工作不可谓不努力，甚至经常加班加点，但收效甚微。这可能就是因为在工作中没能集中精力所致。注意力一分散，头脑考虑的就不只是当前的事情，而是想着其他好几件事，这样工作效率就会大打折扣。

【智慧点睛】

一位科学家曾说过："如果把一英亩草地所具有的全部能量聚集在蒸汽机的活塞杆上，那么它所产生的动力足以推动世界上所有的磨粉机和蒸汽机。"可见，集中力量就会创造更大的力量。在我们的生活中，全力以赴、集中心智也必将为你走向成功创造更大的推动力。

5.做人要宠辱不惊，从容处事

下棋的意图、心理、情绪对胜负影响极大。意图合于规律，心理与情绪健康，这是成功的必要前提。如果内心浮躁，慌里慌张，气急败坏而不自励，结果往往会是求胜而不可得。而且这些违背规律的意图和不健康的心理情绪，被对手所察觉或利用后，更会加速失败的到来。所以，下棋一定要注意控制自己的情绪，使对手难以观察利用，并在提高技艺的同时，注重心理素养的提高，做到宠辱不惊从容不迫，这对提高获胜率是非常必要的。

有"不死鸟"之称的林海峰先生在第一次参加全国比赛的冠亚军决赛之前，曾就应注意什么问题向围棋大师吴清源请教。吴清源只告诉他"平常心"三个字。

虽然仅仅只有"平常心"三个字，但这三个字的内涵却是相当丰富的。首先，它强调了要行棋如常，不要让胜败来左右自己的思想。其次，它强调了要如实发挥，不要让对手的强弱来左右自己的思想。不能因对手强而屈膝或躁动，也不能因对手弱而随手或失礼。再者，要有"平常心"强调了行棋要不为欲所累，不给对手留下打心理战的机会，像本篇末尾所说的"语默有常，使敌难量"。

林海峰老老实实地按照老师的话去做，果然一举击溃坂田荣男，成了日本历史上的围棋"名人"。

其实，何止围棋，其他体育活动，乃至各行各业，都有一个提高心理修养的问题。虽然每个人都喜欢荣宠、成功，而畏惧耻辱、失败。但若是过分地在意这些必将为其所累，反被缚手缚脚，活得不自在。拥有一颗平常心，宠与辱、成与败都坦然面对，那该是何等的洒脱呢。

春秋时代齐国的晏子就是这样一位宠辱不惊的人。他才智过人，能言善辩深受齐君的赏识，但他却从不以此为傲，平日里粗茶淡饭、粗布衣襟，比平民百姓强不了多少。一次，晏子被派遣出使楚国，在他去之前楚王对身旁的谋士们说："听说晏子是齐国有名的能言善辩之人。现在他要来楚国，你们都想想办法当众羞辱他一下看看，怎么样？"众人表示赞成，于是一起商议出了一个坏主意。

这天，晏子如期而至，楚王设宴款待他。在酒兴正浓之时，有两个差役押着一个被缚之人来见楚王，楚王假装不知，大声地问道："这人犯了什么罪？"

差役赶紧回答："这人刚偷来东西，犯了盗窃罪，是齐国人。"楚王于是回过头看着晏子，故作惊讶状，用略带轻视的语气说："你们齐国人都喜欢偷东西吗？"晏子早已看出了楚王的把戏，他极其郑重而严肃地回答道："我听说橘树生长在淮河以南时就会结出橘来，如果将其移栽到淮河以北，它结的果实就变成又酸又苦的枳了。它们的味道大不相同，这是什么原因呢？原来是水土不同的缘故啊！这个人在齐国时不偷盗，到了楚国后却学会了偷盗，这莫非也是水土不同的原因，楚国的水土会使人变成盗贼么？"一席话噎得楚王无言以对，只好赔笑收场。

时隔不久，晏子又被派往楚国办理公务。楚王没有忘记上次宴会上晏子让他难堪的事，一直在找机会报复晏子。他想到晏子的身材十分矮小，于是就吩咐人在城门的旁边凿开一扇小门。当晏子到来时，叫侍卫让晏子从小门进去。

晏子来到城门见状，立刻正色道："只有出使狗国的人，才会从狗洞中爬进爬出。我今天是奉命出使楚国，难道也要从这狗洞中进去吗？"侍卫们张口结舌，只好眼睁睁看着晏子从大门正中高视阔步地进了城。接着，晏子在拜见楚王时，楚王又用嘲讽的语气说："齐国大概没有多少人吧？"

晏子闻言，迅速予以纠正道："我们齐国仅都城临淄就有居民七八千户，街上行人更是挨肩擦背，要是每个人挥一挥袖就可遮住太阳，每个人洒一把汗即有如下雨，您怎么能说齐国无人呢？"

楚王进一步用挑衅的口吻发问："既然这样，为什么总是派遣你这样一个人来做使臣呢？"

晏子对楚王的无礼已司空见惯并早有思想准备，他冷笑了一下，从容不迫地答道:"我们齐国的使臣各有各的出使对象,国王的派遣原则是视出使国的情况而定,对友好的国家就派贤明的人去,如果出使国的国王粗野无礼,就派丑陋无才的人去。我在齐国是最丑陋无才的人,所以总是被派遣作为楚国的使臣。"

一席话再次使楚王面红耳赤,从此楚王再也不敢小看晏子和齐国了。

晏子也因此名扬千古,为世世代代所称颂。他身上表现出来的不卑不亢、凛然正气以及宠辱皆不惊、从容处世的大气度,更是令世人叹服。

【智慧点睛】

过分地在意宠与辱、成功与失败,就会使自己被世事所累,心灵也就不会安宁。如果能不过分地在意,换以一颗平常心来对待一切,学会从容地处世,你的人生会过得很逍遥,很快乐。

斜正篇——深思熟虑,因形用权意在子先

棋之为艺虽小,而有正道存焉。或有以棋为务诡行者,盖不深知于棋者也。此《斜正》之篇有不容不辨焉。

【原文通读】

或曰:"棋以变诈[1]为务[2],劫杀[3]为名[4],岂非诡道[5]耶?"予曰:"不然。"《易》云:"师出以律,否藏凶。"兵本不尚诈,谋言诡行[6]者,乃战国纵横之说。棋虽小道,实与兵合。故棋之品甚繁,而弈之者不一。得品之下者,举[7]无思虑,动则变诈。或用手以影其势[8],或发言以泄其机[9]。得品之上者,则异于是。皆沉思[10]而远虑[11],因形而用权[12]。神游局内,意在子先。图胜于无朕[13],灭行于未然。岂假言辞喋喋,手势翩翩者哉?《传》曰:"正而不谲"其是之谓欤?

【注释】

[1]变诈:权变巧诈。[2]务:本职。[3]劫:围棋术语,指双方可以轮流提取对方棋子的情况。围棋规则规定,打劫时,被提取的一方不能直接再提回,必须要在其他地方找劫材使对方应一手之后方可提回。[4]为名:此指为能事、以之显名。[5]诡道:诡诈不正之道。[6]谋:计谋、阴谋。诡:诡诈。[7]举:举动、行为。[8]影:通过比划来表现,这是喻字的用法,手的比划即势的影子,对手通过影子观察到真相。[9]泄:泄露。机:机要、机密、机变。[10]沉:动词用,沉下去。[11]远:动词,向远处去的。[12]形:棋形。权:权宜、权变。[13]朕:本义为舟缝,后喻迹象、征兆。

【古文今译】

有人说:"围棋致力于权变欺诈,以劫杀显名,这岂不是诡诈之道吗?"我回答道:"不是这么回事。"《易·师》说:"率先出征,必须遵循一定的规律。如果不按规律办事,虽善也无异于恶,结局都不会好。"用兵本来就不崇尚欺诈,提倡诡诈之道是战国时代纵横家的论调。围棋虽然属于小道,但要究其实质,确与兵法相合。所以,围棋的品类很多,而棋手也各不相同。属于下品的棋手,举止行为完全不知道周密地考虑,动不动就是权变欺诈,有的用手来比划其

棋势,有的用言语来泄露其心机。而属于上品的棋手则与此不同,都是经过深思熟虑才下子,并根据棋形的具体情况而随机应变,他的精神活动在棋局之内,在投子之前已拿定主意,因此总是在没有征兆的情况下谋划取胜之道,在未成为现实的时候消除输棋的可能性。哪里用得着喋喋不休地说话和故作洒脱地打手势呢?《论语》中说:"正派而不诡诈。"说的就是这种情况吧!

【智慧解读与运用】

1.把目光放长远一些

本篇所讲的"沉思而远虑,因形而用权",就是让我们在下棋时要把眼光放长远一些,以终为始,并因局势的变化而使用不同的对策。

北宋著名的围棋国手刘仲甫就是一个能沉思远虑、看得长远的人,这让他雄霸弈林二十余年,少有敌手。

据宋代笔记《春渚记闻》记载,一次,刘仲甫旅居钱塘,每日早出晚归,观看钱塘高手对局。几天后,他忽然在旅馆门外竖起一面招牌,上写着:"江南棋客刘仲甫,奉饶天下棋先,并出银三百两为赌注。"此招牌一出,顿时观者如堵,议论纷纷。要向天下的棋手挑战,而且还让对方先下。对寸土寸金的围棋来说,能让一先就是自诩他的棋道高。钱塘高手个个摩拳擦掌,准备和这位口出狂言的江南棋客一决高低。

第二天,钱塘众富户凑齐赌注三百两,在城北紫霄楼摆开棋局,请刘仲甫与本城棋品最高的人对弈。弈至50着,刘仲甫似处处受制于对方,处于被动的局势,这使对手洋洋得意,以为稳操胜算。刘仲甫却气定神闲,行棋如故。

又过了20招,刘仲甫突然把棋局搅乱,将盘上棋子全部捡入棋盒内。观者见了无不大哗,指责他撒泼耍赖。刘仲甫却侃侃而言说:"我一直听说钱塘人杰地灵,棋手如云,这几天我一直来棋会观棋,钱塘棋手的品次,我已经了然于胸了,现在,我就为众兄剖析这几日看过的棋局。"说话间,他便在棋盘上摆出了几天来这里看过的对局,如某日某人某局,白本大胜,失着在何处;某日某人某局,黑已有胜势,何着不慎……一连摆下七十余局,无一路差错,而且讲得有条有理,无懈可击。众人这才心服口服。

最后,他又摆出刚刚被自己搅乱的一局,对众人说:"大家可能都会以为此局黑已胜定，其实不然，白棋自有回春妙手，可胜10余路。"说完，他在最不起眼的地方下了一子。众人都觉得难以理解。刘仲甫解释说："这手棋待20着后自有妙用。"果然，棋下20着，恰恰相遇此子，盘面顿时局势大变；至终局，白旗胜了13路。刘仲甫于是名声大振，成为一代高手。

正因为刘仲甫的目光看得比众人长远，"沉思而远虑，因形而用权"所以他才能下活本来已被众人看作死局的棋。

除了下棋，生活中的任何事情都需要你把目光放长远些来看待、经营，对经商之人来说，尤其如此。

在第一次世界大战之后的经济复苏阶段，很多人没有摸准市场的脉搏，盲目扩大再生产，不久就出现了所谓的市场过剩，物价出现迅速下跌。很多人为了使自己的资金流动起来，纷纷将自己的产品降价销售。在这种时期，精于经营之道的人却在研究干什么事情可以赚更多的钱。奥纳西斯就是这样的人。他想，生产过剩、物价暴跌之后，经济必然再次繁荣，商品的价格一定会回升，其中有些还会暴涨。要是现在买进便宜的商品，毫无疑问，到那个时候肯定会获得成倍的利润。

在这次经济危机中，加拿大的国营运输业——破产，最后不得不拍卖家业，其中有6艘货轮，10年前的造价是200万美元，而此时每艘的价格却只要2万美元。奥纳西斯听到这个消息急忙赶到加拿大，毫不犹豫地买下了这6艘货轮。不过，在此后的几年里，经济危机不但没有过去反而愈演愈烈，当时就有很多人认为奥纳西斯干了一件蠢事。而奥纳西斯却整天笑眯眯的，对自己的决定充满着信心。

后来，第二次世界大战爆发了。这时，无论是欧洲战场还是亚洲战场，到处都需要美国的物资支援。谁有能力在太平洋、大西洋运输货物，谁就可以赚到大笔的钱。毋庸置疑，此时奥纳西斯成了最大赢家，他的6艘货船成了6座浮动的金山。到了第二次世界大战结束之时，奥纳西斯已经成了拥有希腊"制海权"的商业巨头之一。

可以这样说，如果不是战争，奥纳西斯发财的速度不会这么快，但是，只要世界经济复苏，他同样是会发财的。

第二次世界大战结束之后，世界经济开始复苏，奥纳西斯预料到，经济的发展必然刺激石油运费的暴涨，这时运输石油必然带来超额利润。他下了狠心：投巨资建油轮！

奥纳西斯拥有油轮共45艘,其中20万吨级以上的超级油轮就有15艘。这一艘艘大大小小的油轮,就像一台台造钱的机器,源源不断地为奥纳西斯制造出巨大的财富。奥纳西斯的预料没有错!

1975年,奥纳西斯去世,他的资产高达十几亿美元,拥有一支世界上最大的私人船队,还有一百多家公司,在世界各地的大城市都有办事处,他的矿山、土地等财产,没有人能说得清……

【智慧点睛】

奥纳西斯的成功,归功于他惊人的魄力和绝妙的思考能力,他的长远目光使他能够准确地考察、预测未来,因而能打必胜之仗。

2.未战先胜,胜于无形之中

低手和高手下棋时,高手看低手一目了然,低手看高手一片茫然。结果往往是让低手输得莫名其妙。这种莫名其妙并非诡谋所致,而是高手行棋时注重系统性和结构性,行棋过程中极注意棋子前后和左右的关联,使每一个普通的棋子在整个棋盘中发挥出最大的力量。也正是这种力量使低手输得莫名其妙。

追求棋子的关联性,有两种方式。

"神游局内,意在子先"是追求棋子关联性的第一种方式。也就是从全局出发来把握局部,按必要的次序逐个处理不同局部,使先处理好的局部为后处理的局部提供配合。另一种方式则是"图胜于无朕,灭行于未然"。从左右的配合当中,提高单个棋子的效力。

高手行棋,并不是孤立地看待单个棋子,他们知道只有让这些棋子相互配合才能发挥它们的最大作用。这在两个场合,弈者都可以得到孤立的棋块和棋子所不具备的力量,即令输者不明所以,觉得战斗尚未展开,手脚似乎就被捆住了,搞不清楚自己究竟输在何处,这在下棋中是很常见的。"未战先胜,胜于无形当中"是一种博弈境界,用《孙子兵法》中的话说就是:"善除患者,理于未生;善胜敌者,胜于无形。"这也就是高手行棋的魅力所在。

这种"未战先胜,胜于无形"的境界同样可以运用到生活中来。

在日本江户时代，社会局势动荡，有些武士、浪人自觉武艺精湛，就横行霸道。有一次，一位非常有名的茶师被告知将随主人去京城一趟。茶师很害怕，对主人说："我就不去了吧，我手无缚鸡之力，又没有能力保护主人，万一在路上遇到坏人怎么办？"主人说："不行，我每天都得喝你泡的茶，怎么能不带上你呢。"主人给他佩上一把剑，让他扮成武士的样子就带着他出发了。

一天，在京城的大街上，茶师遇到一个浪人，来不及避开，浪人见他穿着武士的衣服，就举剑挑衅说："你也是武士，那咱们比比剑吧。"茶师战战兢兢地说："我不懂武艺，只是个茶师。""什么？你不是武士竟敢穿着武士的衣服，简直有辱武士的尊严，我要让你死在我的剑下。"浪人说。

茶师想这次躲是躲不过去了，就说："请你容我几小时，等我把主人交代的事做完再死吧，今天下午我们在郊外的南山下见面。"

浪人想了想，就答应了。这个茶师逃过此劫后直奔京城里面最著名的大武馆，武馆外聚集着成群结队前来拜师学武的人。茶师匆匆拨开人群，来到武师的面前，对他说："武师，求您教我一种作为武士最体面的死法吧！"

茶师的一问让武师非常吃惊，因为，来他这儿的所有人都是为了求生，而他是第一个求死的。出于好奇，武师第一个接待了他，问他原因。茶师把与浪人相遇的情形复述了一遍，最后说："我是一名茶师，我只会泡茶，但是今天不得不跟人决斗了。求您教我一个办法，我只想死得有尊严一点。"武师并没有如他所愿教他办法，而是让茶师先给他泡杯茶。

茶师很是伤感说："这可能是我在这个世界上泡的最后一遍茶了。"

武师一直看着他泡茶的整个过程，茶师做得很用心，很从容。他静静地看着山泉水在小炉上烧开，然后轻轻地把茶叶放进去，接着洗茶，滤茶，再慢慢地把茶倒出来，捧给武师。武师接过来品了一口茶说："这是我有生以来喝到的最好的茶了，我可以告诉你，你今天不会死的。"

茶师说："那您答应教给我的方法呢？"武师说："不用我教你什么，你只要记住用泡茶的心去面对那个浪人就行了。"

这个茶师叩谢过武师后，就去赴约了。浪人见到茶师，立刻拔出剑来说："你既然来了，那我们开始比武吧！"

茶师一直想着武师的话，他见到浪人只是从容地笑了笑，不慌不忙地装束自己，先是把帽子取下来，端端正正放在身边，然后解开宽松的外衣，一点一点叠好，压在帽子下面，接着又拿出绑带，把里面的袖口扎紧，再把裤腿扎紧……从头到脚，他一直气定神闲。茶师的眼神和笑容让浪人越看越紧张，越看越恍惚，因为他猜不出对手的武功究竟有多深。

茶师全都装束妥当，最后一个动作就是拔出剑来，他拔出剑来在空中挥舞了几下，然后把剑插在地上，因为他也不知道再往下该做什么了。此时，只见浪人"扑通"一声，跪在了茶师面前，说："求您饶我一命吧，您是我这辈子见过的最厉害的武士。"

柔可克刚，静可制动，茶师做到了不战而胜，胜于无形。

【智慧点睛】

"胜兵无形"看似诡谋所致，实则深涵智慧，古今中外的军事指挥员，都孜孜不倦地追求"胜兵无形"的最高境界，力争"制敌于无形""攻敌于不守"的战场效应。结果，只有极少数的智者才能达到这一境界。

3.正直的人是最可敬的人

下棋是"手谈"，即两人用手谈话，不是一人的事，所以要尊重对手的习惯，不应随心所欲。下棋是"坐隐"，即通过下棋清心，以达到"隐者"所求的行为，所以清净是必需的。如果用手势语言和其他行为破坏赛场气氛，甚至干扰对手思维，不仅与"手谈"和"坐隐"的追求不一，而且非常不道德。同时，这还反映了下棋者自甘卑下，又不愿输棋的不良心理，这和走夜路打口哨一样，外强中干，是弱者心理。

所以，老实做人，是堂堂正正下棋的前提，也是提高胜率的前提。而堂堂正正下棋，则思维必须合乎规律，心理、修养必须合乎分寸，因而堂堂正正下棋又是老实做人的前提。要堂堂正正下棋，老老实实做人。

立足于老实之后，再抓住对手的心理破绽，加以利用，就可以对其施加沉重的打击。因为在这个场合，对手已找不到回击的舞台了。只有在这个前提之下，利用对手的心理破绽，才是正确的。《度情篇》说"他人之心，予时度之"就是这个意思。如果离开了这个前提，来谈利用对手的心理破绽，则难免会有轻薄之嫌，这历来是兵家棋家所忌讳的。因此，若要对围棋高手的品格做一规定的话，古人讲的"正而不谲"四个字恐怕最合适不过了。

在荷马的《伊利亚特》中，讲述了希腊战胜特洛伊的那段历史，虽然特洛伊人战败了，但世人却对战败的特洛伊人充满敬意。为什么？因为荷马在史诗中给后人留下了他们正直的影子。人们不会忽略《伊利亚特》传递的另一个重要的信息，那就是：不管胜利还是失败，要找到真正的成功，正直是必不可少的。

1991年，海湾战争中联军总司令H.诺曼·施瓦茨考普夫也给历史留下了正直的影子。

这是一位正直诚实的军事将领。他以身作则，作风踏实直率，思维清晰务实，行动快速高效，赢得了部属的拥戴。他慷慨奖赏部下的方式是让他们承担起真正的责任。而对其失误则直截了当地予以纪律处罚，事后又给予鼓励。施瓦茨考普夫将军完全按照内心的信念行动，用"心"去领导。因而在对伊拉克军作战中取得了压倒性的胜利。作为美国史上最受尊重的将领之一，施瓦茨考普夫将军竭尽全力地效仿其父（前美军少将）。他们父子二人都毕业于西点军校，而且都表现出了奋斗到底、信仰坚定、追求理想和高度正直等优良品质。施瓦茨考普夫将军经常跟人们说的一句话是：有一个人与你合作，比有三个人为你办事都好。他成了一位杰出将领，但并不像过去的将军那样在意自己的地位。他领导着面貌一新的美国部队同34个国家的联军一起在海湾战争中打了胜仗。可见，一个正直的人，最终会因为赢得大家的信任和尊重而被深留人心，赢得历史。

【智慧点睛】

不要为了成功而牺牲自己的正直，你的决定一定要与自己的价值观、道德感和原则保持一致。如果你做出的决定与价值观相冲突，那则是不太可能成功的。正直也是高效领导的秘诀。信任是人们给予正直者的礼物。一个正直的人，最终会因为赢得大家的信任和尊重而被选为领导者。

洞微篇——察微知著，因时而动进退自如

洞，深远也。微，幽隐也。夫棋有深远幽隐之意，未易测识。此庶其可指而言者，著为《洞微篇》云。

【原文通读】

凡棋有益之而损者，有损之而益[1]者。有侵而利者，有侵而害[2]者。有宜左投者，有宜右投者。有先著者，有后著者。有紧峤者，有慢行者。粘子勿前，弃子思后[3]。有始近而终远者，有始少而终多者[4]。欲强外先攻内，欲实东先击西。路虚而无眼，则先觑[5]。无害于他棋，则做劫[6]。饶路则宜疏，受路则勿战[7]。择地而侵，无碍而进[8]。此皆棋家之幽微也，不可不知也。《易》曰："非天下之至精[9]，其孰能与[10]于此。"

【注释】

[1]益之而损：吃掉了几枚棋子反而失去先机、失去厚势。损之而益：失去几枚棋子反而占据了先机、形成了厚势。[2]侵袭，可能得利，也可能反而失利或者带来更大的危机（被反制）。[3]峤：山高险陡峭貌，紧峤：紧急冲出。粘：围棋数语，也称接，指将两个分离的棋子连接起来。粘子勿前：必须要粘子的情况下，宁可粘子废一手，也不要将棋子盲目前出。弃子思后：指弃子时先要考虑后手如何得势。[4]如果布局不合理，那么一块棋刚开始棋子彼此很近，但最终却被隔得很远。如果布局合理，那么一块棋刚开始棋子很少，却能越围越多。[5]路虚：围棋的前路不好走。觑：也称"望"，窥伺对方断点或薄弱环节的着法。元严德甫、晏天章《玄玄棋经》："视也，有可断而不敢断，先以子视之曰觑。"则此觑法即是下出对方必须应对的一子，试探对方的反应，如果对方应对错误，则我方棋得活。如果对方应对无误，则依然是路虚无眼的局面，这时就要弃子了。[6]因为劫是双方反复提子，后提一方必须先逼对手下一个应手然后才能提，则无论是己方逼对方下的应手，还是己方做劫后对方下的逼我方应手的一个先手，及反复打劫最后的结果，都可能影响整个棋局。所以一定要确认打劫不影响我方其他的棋块，才可以进行。[7]饶路：我方棋块前面宽阔，有很多路可走。受路：我方棋子恰恰在敌方棋路上。疏：疏散布局。[8]择地：选择空

地。无碍：没有障碍、阻碍。[9]至精：至为精深、精通、精湛。[10]与：预，达到，参与到。

【古文今译】

围棋中有种种应该考虑到的情形：有时候表面上看似得益了而实际上反而受损了，有时候表面上看似受损了而实际上却得益了；有时候侵占地盘能够使实地领先，从而得到好处，有时候侵占地盘反而会使实地落后而受害；有时候应该在左边投子，有时候应该在右边投子；有时候应先手下子，有时候应稍后下子；有时候需要紧紧压住对方或立即从对方围困中冲出，有时候只要不慌不忙地行棋。粘子有时不要太急，必须粘子的时候则不能前出，弃子须考虑后面有什么好处。有时候看似着眼于眼前利益而实际是在为以后的大局铺垫，有时候开始看似得到不多而最终却多于对方。打算加强外围就先在里面进攻，打算充实东面就先在西面进攻。我方的棋路虚而无眼就先逼对方下个应手，看对方是否下出昏棋。如果对自己其他的棋没有什么妨害的话就可以做劫。我方棋路宽阔则行棋应尽量疏远，我方的棋子恰在对方棋路上，这时不要与敌接战。选择合适的地方加以侵袭，如果对自己没有障碍便继续推进。这些都是棋家的深微之处，不能不认真了解。《易·系辞上》说："不是天底下极为精深的人，谁能感悟到其中的奥妙，进入这样的境界呢？"

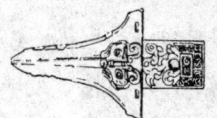

【智慧解读与运用】

1.利害得失都是相对的

围棋中可变因素极多，要是孤立静止地看待这些可变因素，则不免败北。这既是围棋的魅力，也是围棋的难处。对此，我们不能不予以重视。一方面要承认其可变性，另一方面要看到其相对条件下的静止；同时又要创造条件，使其朝着有利于自己的方向转化，这确实是很微妙的，或许，这就是本篇以"洞微"为名的原因吧。

众所周知，从局部里得出的肯定结论，在全局中则可能变成否定的。损益也是如此，若对此无正确分析，则可能小益于此而大损于彼，小益于先而大损于后。当然，祸福总是相依相存的，损失的背后，又可能潜伏着更大的利益。所以，和任何场合一样，围棋的胜利，也是和胆识连在一起的。不敢承担损失，不能正确地对损失做出动态的判断，就难以获得利益。所谓"有侵而利者，有侵而害者。"确实如此，什么都是相对的。不到最后，谁也不能肯定这一步棋对自己是损还是利。重要的是要有一个全局意识，辩证地看待眼前的事物。

做人也是这样，有些时候、有些事情，你越是增益自身，结果反而不能为自己带来好处；你着意有损于己，结果却是能够得到实实在在的益处。老子说，一切事物，你减损于它，往往会对它有益；反之，你有意地去增益于它，反而会于之有害。

有一位宦官颇爱下棋，并且对自己的棋技非常自负。张某是他门下的一名食客，有一天，他提出要与该宦官对弈，一出手便表现出咄咄逼人的态势。

宦官竟被逼得走投无路，汗涔涔而下，张某见对方焦急的神情，分外高兴，故意留一个破绽，宦官以为对方有意给自己一个台阶下，发现后便立即进攻，满以为可以转危为安、扭转乾坤了。谁知，张某不过是虚晃一招，让宦官中计后便使出撒手锏，一子落盘，把宦官置于死地，得意地说道："你还想不死么？"宦官遭此打击，心中大为不快，立刻起身就走。

宦官受不了这种刺激，因此对于张某始终心存芥蒂，不能释怀。而张某呢，则一直莫名其妙，他想不明白为什么宦官不再与自己下棋了。

本来宦官可以让张某得到富贵，但因为这一点不快，老是不愿意提拔张某，张某一直郁郁不得志，以食客终其身。

食客张某不懂处世，连一盘棋都不肯相让，非要致对方于"死地"，达到自己得胜的目的，最终却因"一盘棋误终身"，失去了得到贵人相助的机会，这正好说明了"或损之而益，或益之而损"的道理。

【智慧点睛】

人生的很多事情和下棋一样，有时候表面上看似得益了而实际上反而受损了，有时候表面上看似受损了而实际上却得益了，重要的是要有一个全局意识，辩证地看待眼前的事物。

2.智者之虑要兼顾利害

既然利害得失都是相对的,既然任何事物都兼有利与害,因而,行棋时,在看到有利的一面时,要记得去考察它有害的一面;在看到有害的一面时,也要去考察它潜藏的有利的那一面,然后,权衡利弊,再做出取与舍的决定。如果只是一时头脑发热,就在缺乏周全的谋算之下盲目落子,结果往往是顾此失彼、因小而失大。

《孙子兵法·九变篇》说:"是故智者之虑,必杂于利害。杂于利而务可信也,杂于害者,而患可解也。"意思就是:明智的将领考虑问题,总是兼顾到利与害两个方面,在有利的情况下能看到不利的方面,解除可能发生的祸患;在不利的情况下也考虑到有利的方面,让事情顺利地发展下去。

元朝末年,朱元璋的军队所向披靡、胜利在握。元帅徐达觉得胜利在望,就对朱元璋说:"元军现在士气低落,已无还手之力,我们此时应该集中精力清剿残存势力,把他们彻底消灭。"

朱元璋则说:"元朝气数已尽,那些残兵败将已不足惧,我只是担心元帝还没有抓到,他会卷土重来啊。"大将常遇春对此很是不解,但迫于徐达的军令,只好放了元帝。但回朝后他一见到朱元璋就赶忙说:"徐达故意放走了元帝,他居心叵测啊,皇上一定要仔细审问他啊。"徐达知道常遇春参了自己一本,本想前去向朱元璋解释,但听说朱元璋有心杀他,就先逃到江中的船上躲了起来。

朱元璋想当面听听徐达的解释,于是派人对徐达说自己赦免了他的罪,绝不计较。徐达还是不肯出面。朱元璋便亲自登船去见徐达。朱元璋见到徐达就问:"你放走了元帝,虽然我已答应不治你的罪,但我想听听你的道理。"

徐达说:"现在天下已是你的囊中之物,我不抓元帝,是为了你着想啊。你若把他捉住杀掉,那些元朝的余孽一定会来找你报仇,那时,天下就难以安定了。而且一定会有人指责你心狠手辣,容不下一个亡国之君。我放走了元帝,正是不想让这些事情发生,有什么不对的呢?"

朱元璋听后赶忙接徐达回朝,并设宴款待了他。

徐达遇事沉着冷静、思虑长远,他有意放走元帝是顾全大局之举。对于徐达权衡利弊做出这样的决定,朱元璋岂有不赞同的道理。

【智慧点睛】

万事无完美,有利必有害,智者之虑要兼顾利害。所谓:"利害相杂,通盘考虑,方能无往不利。"

3.舍得就是有舍才有得

围棋十诀中有一诀叫"舍小就大",你要大的,就要舍小的,连小的都不能损失,怎能有大的收获呢?所以围棋界的高手行棋有时会舍弃一些子,实际上他是在为了求得更大的势力。一个人干任何事情都会有得有失,比如取与舍。无舍则无取,没有舍,什么都想要,就如人生事业或追求一样,将一无所得。人的一生最后总结,如发现得比失多一点,就成功了。世界上没有一个人一生都是在得到,也没有一个人一生总是在失去。

金庸武侠小说名篇《天龙八部》,有一个"珍珑棋局"的著名情节:逍遥派大弟子聋哑老人奉师父命令,布下一个棋局,这棋局奇妙难解,被称为"珍珑棋局",逍遥派向天下人承诺,任何能解开这一棋局的人,都可得到无上好处。天下几乎所有高手云集,但谁也无法解开。不料,被一个根本不懂棋的小和尚虚竹破解,他为救人在盘中乱下一子。此子一下,竟把自己的棋杀死一大片。高手们发出一片嘘声为这些棋子感到惋惜。不料,下完此子后,棋局顿时开阔起来,小和尚出乎意料地下活了这盘棋,紧跟着便妙招连生,赢了此局。虚竹也因有了此功,成为逍遥派的正式传人,得逍遥子数十年功力。这虽然只是小说情节,但是有关解开此局的描述,却最传神地说明了有舍才有得的道理。

对于下棋中的弃子战术,很多低手总觉得好像放弃一块区域就会输,其实这是以退为进。在下棋的时候,高手往往会用高级的弃子战术来制造赢的机会,小小的一块区域失守,并不代表全盘皆失。中国古代的围棋十诀第4到6诀"弃子争先""舍小就大""逢危须弃"都在阐释"弃"的道理;抢先手、顾大局以及远离危险,都比被吃重要,如果不懂舍弃,怎能得到,这就像棒球牺牲短打抢分战术。简单地讲,就是一切为大局着想。

在过去的围棋比赛中,常会看到一盘棋局下来,吃得多的一方反而是输家。可见,提子所带来的短暂快感,并不一定能带来胜利。原因在于围棋是在占地,而非提子。所以我们可以说,想要进步,就要会舍,会舍的棋手棋力马上升一级。执迷不悟一味地死守阵地,只会让对手占尽大场的优势。电脑围棋一直都无法开发到像深蓝电脑对抗国际象棋高手那样的水平,原因何在?就是因为无法突破设计舍的程序与逻辑,所以舍绝对是一门艺术。

围棋如此,人生也是如此。

曾经有个商人在阐述自己的成功经验时说:"钱财,就好比流动的泉水。一般人只知道奢侈挥霍是错误的,却不知道吝啬也是一种错误。那些吝啬的做法和奢侈挥霍的做法一样,都会使流动的泉水枯竭。圣人常说,应该以义为前提去获取利益,见义不为则没有君子之勇。所以,知道施舍把钱财用在合乎义理的事情上,才不会使水流枯竭,并且还能扩充源流使其壮大,这才是行商的大道。"

"钱,越花越多";"股份越分,企业越大";"钱散人聚,人聚钱来"……这些都是牛奶大王——蒙牛老总牛根生成功的至理名言。他的这番话也在启示我们:经商要想取得成功,道理很简单,只要做到"舍得"二字。

【智慧点睛】

"舍"与"得"互为因果关系,有舍必有得,有得必有舍。但生活中人们所说的"舍得"往往只强调"舍",是不计得失的"舍"。其实,只有不去想"舍"过之后的结果是"得"还是"失",才是真正意义上的"舍",也才能获得与众不同的"得"。正如常言所讲,舍得舍得,有舍才有得,大舍大得,小舍小得,不舍不得。

4.莫让假象迷惑了自己

马克思说"真相多数隐藏在现象背后"。直观的多数是假象,老子也说"美言不信"。辞藻华美的言辞、文章,内容往往不真实。本篇对行棋的损得、左右、先后、紧慢、前后都做了详细全面的概括,就是在警醒弈者不要让假象迷惑了自己。在远近、多少、内外、东西等关系上也是一样的。行棋的时候,是此好还是彼好,须从全局出发,认真思考,再做出正确的判断。切不可跟着感觉走,若随手走棋,则可能被假象所迷惑。

就拿远近来说,它指行棋展开的幅度。这种幅度太小不利于占地取势。但过大也不好,容易留下破绽,在战斗紧要关头,还得回首补棋。所以,若无良好的条件,一味讲远拆为好,那只是一种假象。事实上,如果对真相有很好的认知,开拆谨慎，棋形结实，即使步伐很小，后劲也会很大，可以在对手忙于补棋的时候，轻松占据上风。反之，则是欲速不达。所以，一定不要让假象迷惑了自己。本篇说的"有始近而终远者，有始少而终多者"就是这个道理。

古时候有一个精明的商人要买一头驴。一个卖主殷勤地向商人推荐一头好吃懒做的驴，他指着那头驴说："那是本店最勤快的驴，你看，它在不停地拉磨呢。"

商人看了看，那头驴果真在拉磨，而且还很卖力的样子，有点动心了。但商人并没有马上答应下来要买这头驴，他问卖主能不能把这头驴牵回去试用一天。卖主为了尽快脱手，把这头驴卖掉，也就答应了商人的要求。于是，商人付了押金把驴牵回家了。

回到家后，商人为了试出这头驴勤快与否，就把它带去和自己饲养的一群驴放在一起。结果，商人发现，这头驴压根不理会其他的驴，只是一味低头吃饲料，还和一头最好吃懒做的驴追逐打闹。

商人认清了这头驴好吃懒做的本质，马上把驴送回给卖主。经过仔细观察后他还发现，以前看到的那头驴在拉磨的情形是卖主故意设计出来的，而且连磨也是假的。聪明的商人没有被表面现象所迷惑，为自己避免了损失。

现在，越来越多的企业在招聘新人的时候，都会考察应试者分辨事物真伪的能力，看你能不能够看清事物的本质，不被表面现象所迷惑。

一家信息企业招聘软件开发工程师，为考察应聘者的观察能力，公司老总乔装成一名老人在面试现场打扫卫生。结果，几乎前来面试的所有人都对公司老总视而不见，认为他只不过是一个扫地的，没什么好看的，不值得他们花宝贵的时间将目光停留。而只有一个人非常尊重老人，见到这位乔装的老总微笑并问好，还帮助这位老人打扫卫生。结果，只有这一个人被录取了。

其实，现实生活中还有许多事情过于表面化，需要我们细心去发觉，如果你只是一味地看表面，被表面现象所迷惑，那么即使机会就在你的面前你也很难发觉。可见，看清事物的本质多么重要。

【智慧点睛】

我们无论在以后的学习、工作、生活还是爱情上，都一定要看清事物的本质，不被假象所迷惑，这样你才不会吃大亏。

名数篇——名正则顺，天下大事必做于细

名者，实之宾。有其实，则有其名。即其名而求其实，则棋之意可知矣。此篇虽为初学入路之门，然而适于高妙者，必由此而知焉。

【原文通读】

夫弈棋者，凡下一子，皆有定名[1]。棋之形势[2]、死生[3]、存亡[4]，因名而可见。有冲[5]，有斡[6]，有绰[7]，有约[8]，有飞[9]，有关[10]，有札[11]，有粘[12]，有顶[13]，有尖[14]，有觑[15]，有门[16]，有打[17]，有断[18]，有行[19]，有捺[20]，有立[21]，有点[22]，有聚[23]，有跷[24]，有夹[25]，有拶[26]，有辟[27]，有刺[28]，有勒[29]，有扑[30]，有征[31]，有劫[32]，有持[33]，有杀[34]，有松[35]，有盘[36]。围棋之名，三十有二[37]，围棋之人，意在可周[38]。临局变化，远近纵横，吾不得而知也。用倖[39]取胜，难逃[40]此名。《传》曰："必也，正名乎棋！"

【注释】

[1]定：确定、确立。此指确定某事物、某事物固定于此名（诸多棋形都会落入此名称的范畴）（请参看第四十注）。名：古代的名是一种哲学，即代表不同事物的名称及表达事物内在特征和规律的名称。[2]形势：形指棋子共同组成的形状，棋形的特点决定了势。具体请参看《局道》部分详细讲述关于形和势辩证关系的相关内容。[3]死生：此处指某块棋或数块棋的死生趋势。[4]存亡：此指存亡的趋势和可能性。[5]冲：冲是指紧靠自己在棋盘上原有的棋子向对方的"关"形中间的空的交叉点处行棋，冲经常是运用自己强的一面去阻击对方，将对方的棋分成两块，以利于寻找机会消灭对方。[6]斡：虚探入他曰斡。如"仙老炼丹势"之二三，"养虎势"之九三二着是也。[7]绰：斜尖压所敌之子曰绰。当我方棋子与彼方并行时，在头上斜尖一着，使对手不能进。还有一种绰是在局的边缘用钥匙头的棋形侵犯敌人。[8]约：制约、约束，亦称当、挡，即当对手侵犯我时，用棋子挡住，或在防止对方棋子冲出包围时，用己方棋子紧靠住对方的棋子的行棋方法。挡的作用有两点，一是阻止对方破自己的空，二是防止己方包围住的对方棋子冲出。初学者掌握之后，可在护空、吃棋方面有很大的提高。[9]飞：在原棋的斜行行棋称飞，拆一曰小斜飞，拆二曰大斜飞。飞也叫小

飞,是指在原有棋子的呈日字形的对角交叉点处行棋。大飞是指在原有棋子的呈目字形的对角交叉点处行棋。飞最特殊的形式是象步飞。象步飞是在原有棋子的呈田字形状的对角空交叉点处行棋。象步飞的形状很像中国象棋中象的走法,因此而得名。超大飞是指比大飞更向前一格甚至数格的位置行棋。[10]关:两子相对,中空一路曰关,是指与自己在棋盘上的原有棋子隔一路行棋。关有单关、双关。单关可破,双关不可破。双是一个比较简单的术语,就是由两个单关挨在一起,所以又叫双关。也可以说成是两个并列的关,在《适情录》中释为"行一路为关,倍而并之曰双关"。双在防止对方分断自己棋形时采用。双的形状厚实、坚固、是常用的补断方式。俗云:双关似铁牢。[11]札:在《玄玄棋经》中做刭,意谓围住对手棋时,外面有空着,行一步逼迫分割。[12]粘:将己方两个棋子连起来。[13]顶:在对手棋路出处顶撞对方棋子。使对方的棋出不来,或者令对方不得不转弯行棋,或者将对方的棋顶到边路上去。顶的特点是结实、厚重、有先手意义。顶的形式很多,有尖顶、鼻顶等。在方形棋子正前方的顶一般叫作鼻顶,鼻顶多是利用对方棋形笨拙、凝重才施展的,它比一般的顶更具威力。[14]尖:方罫之地,两子斜对曰尖。即在己方原有棋子的斜上或斜下一路处行棋。由于尖的步调较小,人们也习惯地称它为"小尖"。在实战中,尖是一种很坚实的下法,由于占地少,棋形紧凑,所以俗话说:小尖无恶手,通常它的棋形不容易被对手破坏。[15]觑:觑,俗谓之望。是窥伺的意思,指窥伺对手棋形薄弱处,欲断之、冲之。[16]门:严德甫和晏天章解释《棋经》时说"双跳而立他尖位,以禁他子,曰门",推理起来看,门类似于现代我们说的虎,虎的概念是指在原来棋盘上呈尖形的二子基础上,再下一着,使之构成"品"字形状。虎,还包含有虎口、双虎等术语。虎是用来使棋盘上己方的棋子连络,也是为了防止对方的棋子切断己方连络的手段,有时也用在活棋中,由于虎状的棋子弹性丰富,适用于作眼,所以在活棋中经常被采用。虎口:就是虎形的三子由三面围拢中的空着的那个交叉点,虎口朝上方也就是朝中央则叫上虎,虎口朝下,确切地说朝边角则叫下虎。双虎:就是由三个棋子构成两个断点,三子呈连续小尖状(△),使其下一着棋可同时形成两个虎口。[17]打:较断力度轻一些的攻击,打的情况下,对方还有连着,但断则对方不可连。打还有虚打的下法。[18]断:断是直接切开对方棋与棋之间的连络,使对方的棋分散开的行棋方法。[19]行:紧接刚下的子而再进一步。有慢行、冷行。慢行,见洞微篇注。冷行,犹"六奇势"之去五六冷行之着。[20]捼:因彼方行棋而我方兜之。捼,搦也。还有一种说法是对方棋形欲横出，则我方捺之（此或者是说我方在捺位着子）。

[21]立：临近局的边缘接先所下子，直下一着。又有冷立之着，如"破竹势"去四二冷立之着。立与长有着微妙的差别，立主要指向紧靠着自己原有的棋盘上的棋子方向向下或向边线方向的行棋。而长则是紧靠着自己在棋盘上已有棋子继续向前延伸行棋。立一般用于与对方接触交战的时候，属于做活自己之着，己方棋子向连线长，通常指在1、2线行棋。在有些时候，一着棋既可以说它是长，也可以说它是立，立与长都有一定的相对性。古代的长和立可能都称为立。

[22]点：是指在对方的气眼中点子堵塞对方气眼。而对于我方气眼，点一子使之不可破坏，也叫点。点可以破坏对方眼位，使对方的空不能成眼，又可以窥视对方断点和薄弱环节。可以令敌方棋形固定，无法变化。点还可以点入对方棋形中，试探对方是否应对有误，制造我方的可乘之机。点可以侵入对方阵地，在对方棋形中求活我方或求破对方。点还有一个说法是指棋盘上着棋的点，如好点、要点等。[23]聚：数子群聚，有聚三、聚四、聚五、花六等，亦称花聚，凡遇到聚的棋形，单子都不能求活。[24]跷：在严德甫的时代，已没有跷这一名，严德甫以为跷即跳。是指沿边行棋时被敌子向下压，于是间一着跳出。跳形与关形是相同的，都是在与原有棋子隔一路的位置上行棋。但一般情况下所说的关含有向宽阔地带或中腹扩展的意味，而跳则一般用于双方对局彼此接触交战的时候，为逃出己方的棋子或者追杀对方薄弱的棋而行。[25]夹：二子夹对方一子。反夹，指一方棋子被对方夹住时，从对方棋的另一侧也夹对方一手棋。[26]拶：逼拶。是对敌方构成威胁的着法，大多数用于夺取对方做活的根据地。比如翻扑对方的虚眼，随后赶之。[27]薜：见洞微篇注。[28]刺："刺"的意思就是下一着棋，直接针对对方的断点或相对薄弱的环节，促使对方必应。刺含有先手的意义，显得很有紧迫感。古代的意义多指为刺伤对方眼位或透点一类的着法。《玄玄棋经》中说："于可透点处促他一着，曰刺。"其实所说的刺的意义都大致差不多。现代多与"点、觑"通用。考"金钩势"之四三，"擒纵势"之三一二着，刺之意可见。还有一种刺不见得非要刺向对方眼位或非在虎口外面着子，但这种刺也有切断对方连络的意思，也含先手意义。在对局中"刺"这一手段很重要，在攻击中起着追杀、破眼的多种作用，也可利用先手之便补强自己。[29]勒：意如赶。但勒可能强调的是倒赶、侧赶等义。如"杀在东去，倒勒西来，杀在左去，倒勒右来。"[30]扑：于虎口中与对方一子，然后再取之，曰扑。犹兵法所谓"与之敌必取"之意也。[31]征：也叫纽，步步赶杀的意思。[32]劫：先投子

称抛劫，后应子称打劫。打劫是双方可以轮流提取对方棋子的情况。围棋规则规定，打劫时，被提取的一方不能直接提回，必须在其他地方找劫材使对方应一手之后方可提回。[33]持：相持、持守，因两势相围大抵相当，所以不妄动。[34]杀：古时三子围一子、五子围二子、六子围三子，都称为杀。[35]松：宽纵不逼。[36]盘：或谓盘过。[37]三十有二：此是指古代的棋形名称，近世名称则有数百。[38]周：周全、周密。[39]倖：侥幸。[40]逃：逃不出，落在。

【古文今译】

说到围棋，棋手投下的每一颗子，大都有固定的名来表示。棋盘上的形势优劣，死生存亡，根据这些名都可以辨别出来。这些名有冲，有斡，有绰，有约，有飞，有关，有札，有粘，有顶，有尖，有觑，有门，有打，有断，有行，有捺，有立，有点，有聚，有跷，有夹，有拶，有辟，有刺，有勒，有扑，有征，有劫，有持，有杀，有松，有盘。下子的名，通常有三十二个。凡是对局的棋手，只要掌握这三十二个名，其考虑就大体可以周全，至于说到临局中的随机应变，远近纵横，我们是不可能事先知道的。即使有些人不凭对这些名的掌握，而单凭侥幸获胜，可获胜之因也超不出这些名的范围。文字记载："一定要回答的话，首先该做的事是辨正名。"下棋也是如此吧！

【智慧解读运用】

1.天下大事都是从"小"做起

本篇分析了32个围棋基本术语，即图冲，图斡，图绰，图约，图飞，图关，图札，图粘，图顶，图尖，图觑，图门，图打，图断，图行，图捺，图立，图点，图聚，图跷，图夹，图拶，图辟，图刺，图勒，图扑，图征，图劫，图持，图杀，图松，图盘。

下围棋的基本技巧并不多，其称呼就是上文中提到的32种。但就是这32种基本技巧，从古至今形成了数不胜数的佳局名篇。这是由围棋的基本规律，即《棋经》所谓"枯棋三百六十，白黑相半，以法阴阳"决定的。如果以为对局单靠照搬32种基本技巧就足以制胜的话，那就大错特错了。这只会令人想起缘木求鱼、刻舟求剑、守株待兔等可笑的故事。虽然死守教条也是无用的，但是背诵这最基本的技巧还是必要的。不管实战状态如何千变万化，应对都必须从这32种最基本的技巧出发，任何美妙高超的构想，也都是建立在这32种基本技巧之上的。正如书法家的作品尽管有沉厚雅秀不同风格，但无论谁都不得舍弃点划一样。构筑高楼大厦，是百年大业，一砖一瓦不能少，一砖一瓦也不能假。下棋与为人，都要踏踏实实，从细小的事情做起，这绝非虚言。

有些人有一种错误的想法和认识，认为"做大事不必拘于小节"，殊不知，细小的枝节中能见"大"，能成全"大"。

《最后的晚餐》是一幅闻名于世的名画。达·芬奇最初绘制这幅画是为了给米兰圣玛丽亚修道院做壁画的，这幅画取材于《圣经·新约》。

据《新约·马可福音》记载：耶稣最后一次到耶路撒冷去过逾越节时，犹太教祭司长密谋要在夜间将他逮捕，但苦于无人带路。正在这时，耶稣的门徒犹大向犹太教祭司长告密，犹太教祭司长给了犹大30块钱。于是，犹大就跟祭司长约好：到时他亲吻的那个人就是耶稣。逾越节那天，耶稣跟12个门徒坐在一起，共进最后一次晚餐，他忧郁地对着他的12个门徒，然后慢慢地说："我实话告诉你们，你们中有一个人要出卖我了！"12个门徒闻言后，或震惊，或愤怒，或激动，或紧张……

《最后的晚餐》表现的就是这一特殊时刻的紧张场面。

为了极好地表达当时的场景，达·芬奇花费了四年的宝贵时间来创作这幅画。当整幅画只剩下耶稣和犹大的头还没画好时，达·芬奇停止了创作，原因是他没能够找到理想的模特儿。

在此期间，达·芬奇经常长时间地站在画前苦思冥想，或者到街上四处寻找理想的模特儿。尽管日子一天天过去，达·芬奇就是不动一笔。

修道院副院长见达·芬奇不再继续作画，就跑到斯福查公爵那里告了他一状。斯福查公爵找到达·芬奇，委婉地请求达·芬奇能早日完成此画。达·芬奇认真地解释道："公爵大人，我并没有偷懒，我天天在街上的人群中寻找有着犹大一样丑恶嘴脸的人来当模特，只是一直没能找到理想的啊，如果你们硬要催着我立马作画，那我就只好借用副院长的头做犹大的模特儿了。"公爵听后哈哈大笑，理解了达·芬奇的用意，并让副院长不要去打扰达·芬奇。

达·芬奇最终在米兰一个小偷流氓聚集的地方，找到了满意的模特儿。那副猥琐、卑劣的面孔俨然就是犹大再世！这样，达·芬奇顺利完成了《最后的晚餐》的最后一笔。后来,这幅画与《蒙娜丽莎》同时成了达·芬奇千古不朽的名作。

达·芬奇创作的过程中,对极小的细节都不放过,一丝不苟直到最终完成满意的作品。这是他的作品闻名于世的重要原因。

世间万事万物,没有"小",哪有"大"呢!那些不屑于"小"的人,绝对不可能做好"大"。

【智慧点睛】

很多大事,成与败的关键,就在于某些细微的细节。因此说,天下大事都要从"小"到"大",从"易"到"难",从细小的地方入手,是成就大事的基础。

2.在商路上能攻则攻,该守则守

围棋本身就是一个很有意思的矛盾体,大家看,这个"围"字有两个含义,一个含义是围地,另一个含义是围子。前者是防守,后者是进攻,这就包括了攻守矛盾的对立统一关系。围棋十诀中讲到"攻彼顾我",进攻人家要顾到自己,必须先考虑自己。否则你盲目去进攻,自己却到处都是破绽,肯定损失惨重。逞匹夫之勇是不提倡的,所以你首先要顾到自己,自己没有破绽了,才能去攻对手。

用孙子的话说就是"不可胜者,守也;可胜者,攻也。守则有余,攻则不足。善守者,藏于九地之下;善攻者,动于九天之上,故能自保而全胜也"。意思是说若想不被敌人战胜,就要采取防御措施;要想战胜敌人,就要对敌人发起进攻。所以我方采取守势是由于力量不足,采取攻势是由于力量有余。善于防守的人,如同藏在地下极深处,使敌人难测虚实,无从进攻;善于进攻的人,展开自己的兵力如同神兵自九天而降,所以既能自保又能获得完全的胜利。

确实,两军相对时,不能只知攻而不知守,也不能只知守而不知攻。当实力不足、形势不利时就要采取守势,当实力充足且形势于己有利时就要进攻;该攻时不攻,就会贻误战机,是失策;该守时不守,只能吃败仗,同样也是失策。因此,要掌握好攻与守的规律,于实力充足时进攻,于实力薄弱时防守,这才是胜而不败的前提。

品格篇

李牧是战国时期赵国杰出的军事将领，在他驻守雁门关时，有效地防御了匈奴的侵扰，为国家立下了汗马功劳。

李牧奉命守卫雁门关时，任务是抵御北方匈奴的南侵。他上任后，严令部队：如果匈奴过来抢掠财物，只许把自己的财物保管好，不许捉拿匈奴或伤对方，抗令者斩无赦。

时间久了，匈奴都以为李牧害怕他们，守边的士兵们也觉得李将军过于软弱。赵王知道后，也责备李牧，要他好自为之。但李牧仍照旧行事，赵王大怒，下令把他召回，换了另一位将军去雁门关接替他。

新到的这位将军倒是敢打敢拼，匈奴每次来抢财物他都出战，但屡战屡败，伤亡惨重，导致边境一带没有一块完整的地，再也无法种地放牧了。这时，赵王才意识到，李牧的做法是有道理的。于是，请李牧再次出任，而李牧此时却推说有病，坚决不肯就任。

后来赵王跟他说好："是攻是守一切都由将军自行决定吧。"李牧这才重新回到边关。回来后李牧依然和从前一样，对士兵们恩威并施。一方面，他善待士兵，每天都杀牛犒赏军卒；另一方面，他要士兵每天骑马射箭坚持训练。当然还是严令他们：如果匈奴过来抢掠财物，只许把自己的财物保管好，不许捉拿匈奴或伤对方，抗令者斩无赦。一切都照从前行事，丝毫没有什么改变。

直到李牧认为自己的军队已经壮大起来，足够战胜匈奴了，才下令出战。匈奴的单于听说李牧带兵来攻，赶忙率军迎战。在与匈奴的交战中，李牧佯败，故意丢下几千人给匈奴。待单于率大军深入赵地，李牧则出奇兵，以两翼包抄战法出其不意一举歼灭匈奴骑兵十余万人。

此外，李牧的军队还乘胜灭襜褴、破东胡、降林胡，吓得单于带兵远远地逃走了。从此，赵国的北部边疆稳固，匈奴不敢再犯。

赵国大将李牧镇守边关抵御匈奴时，充分运用了攻守原理。在实力不足时该守则守，待实力充足时该攻则攻。李牧的攻守有度，求得了边疆的长治久安。

该守则守，该攻则攻，攻守有度的战略在商场上同样适用。李嘉诚正是善于"见好就收"，才使他在商战中百战百胜。

李嘉诚靠生产塑胶花掘得第一桶金，成为"塑胶花大王"，并赚了一大笔钱。不过，他同时深知物极必反的道理，早在开发塑胶花之前，他就预见到塑胶花终究会跟不上社会发展的快节奏，只能风行一段时间。人类崇尚自然，而塑胶花无论如何也不能取代有生命的植物花。

作为塑胶业的"大哥大",长江公司虽然拥有稳固的大客户,并且从业人员达到香港劳工总数的13.2%,塑胶企业达3359家,但是当时整个行业都在走下坡路,市场萎缩,已是不以人的意志为转移的大趋势。

对此,李嘉诚采取了一种无为而治的态度,让其自由发展。他将主要精力和心血投注于缔造以地产业为龙头的商业帝国。

该投入的时候就要果断投入,该撤出的时候就应义无反顾地撤出,否则就会窒息而死。敢于放弃的商人才能前进。

【智慧点睛】

做生意往往受非人力所能为的客观因素的影响,商人应该对自己所从事行业的前景有清醒的认识。能明察善断,占尽先机。像李嘉诚这样,他最早进入塑胶花领域,赚了一大笔钱后,审时度势,急流勇退,无论是进是退,是攻是守都占尽先机,所以李嘉诚才一直占据华人首富的位置。

品格篇——人棋合一，随心所欲而不逾矩

此篇言棋有九品，皆能入格，故以品格名篇。盖人之气禀不一，而趋向亦异，故于棋有自然而然者，有用智而致其然者。自然而然，今未之见也。苟有能用智而穷其妙者，亦可谓之善弈者矣。

【原文通读】

夫围棋之品[1]有九。一曰入神[2]，二曰坐照[3]，三曰具体[4]，四曰通幽[5]，五曰用智[6]，六曰小巧[7]，七曰斗力[8]，八曰若愚[9]，九曰守拙[10]。九品之外不可胜计，未能入格[11]，今不复云。《传》曰："生而知之者，上也；学而知之者，次也；困而学之又其次也。"

【注释】

[1]品：品类、品级，此处偏重于品级义。[2]入神：会神、进入神而化之的境界。[3]坐照：佛家语，意谓坐而照见一切，用于围棋对弈则可指计算精准，所有变化都在掌握之中。[4]具：具备，体：大体、体式。现代语境中的概要、大体、大局观、主要部分等，意义与之相近。[5]通：相通，幽：幽微之境。大体与幽微是两个境界，如古人讲"具体而微者"，即是说既认识了大体，又通达于幽微精细之处。[6]智：此指智术权谋。[7]小巧：小的巧计。[8]斗力：指搏杀。[9]若愚：或指固守棋形，不图进取，虽然占地不多，却难以攻破。[10]守拙：对手若有巧着，则我以拙相应对。[11]格：方格，未能入格：不能进入方格中，此是喻词，指不入流。

【古文今译】

下棋人的水平够得上品位的一共有九等：第一是入神。神游于局内，妙而不可知。第二是坐照。不费脑筋，该下哪里不该下哪里一目了然。第三是具体。能运用围棋的大体知识，知该攻该守。第四是通幽。能深知棋意并且招法奇妙。第五是用智。深知棋意，用智深算下出妙招。第六是小巧。用小计谋也能巧妙胜人。第七是斗力。与对手野战搏杀。第八是若愚。看棋局虽似愚型，但想攻破却没那么容易。第九是守拙。你有巧着，但我不和你斗巧，我下的棋虽显笨拙但尽

量不出疏漏。九品之外，数目极多，无法计算，但都够不上级别了，这里不再列举。《周易·传》说："生来就明白道理，是最上等的（如入神、坐照）；学习了然后明白道理，是次一等的（如具体、通幽、用智、小巧）；遇到困难再学习的，又是更次一等的了（如斗力、若愚、守拙）。"

【智慧解读与运用】

1. 棋有几品，人就有几品

孔夫子关于个人的修养和经历有几句名言，即"三十而立，四十而不惑，五十而知天命，六十而耳顺，七十而从心所欲，不逾矩"。人们往往喜欢把这几句话作为衡量个人修养的尺度。与孔夫子的自我修养的尺度相比，围棋也有自己的尺度，即本篇所要讲的棋手的品格问题，分别为：入神、坐照、具体、通幽、用智、小巧、斗力、若愚、守拙九个等级。其中以"入神"为最高，"守拙"为最低。

孙子说"能因敌变化而取胜者谓之神"，孔夫子说"从心所欲，不逾矩"，"入神"就是这个意思。如果一个棋手对十八般武艺样样精通，并能以不同敌手的不同战略战术为转移，不断调整自己的招法，最终将对方战而胜之，就达到了入神的境界。达到这一境界后，即可左右逢源，似乎随便怎么走都是赢棋。相反，一味用智取巧，一味斗力守成，则落入围棋的下品。

神即圣，即远，只有到达了入神的境界，才能在宁静中听到万马奔腾的声响，才会在闲敲棋子的恬淡中感到风起云涌，并在黑白韵律中聆听到高山流水的琴音，感受到有无相生的真理。这就好比一个人的武打功力，好的是武艺高强，高一等的是功力深厚，再高一等的就是出神入化了。

围棋中常有这种现象：一个心理素质不完善的棋手，尽管棋技高出对方一筹，当其一着失手而陷入不利时，会因沉不住气而越下越不成章法，或者干脆中盘认输；相反，一个真正的棋手是心棋合一的，心灵与棋道成为他刚强意志的表征，敢于破釜沉舟，背水一战，面对绝境时仍可置之死地而后生。即使不慎落入进退两难的境地，到了最后的危险时刻，他也能在激烈的搏杀中去领略生的风采和死的悲壮。围棋的胜败只是一时，但是通过这种胜败衡量出自己精神意志的升华，则可以终身受用。

棋境即人境，通过棋境的提升，我们可以感受到最自由、最活跃、最真实的超迈的意识。所以我们可以说，棋有几品，人就有几品。

费祎是三国时蜀国的大臣，诸葛亮死后，蜀国的军政大权主要由他掌握。据《三国志·蜀书·费祎传》记载，费祎做蜀国的尚书时，国家正处于战乱状态，因此公务十分繁忙、复杂，但费祎"识悟过人"，看文件时只要用眼睛快速溜一遍就可以知道文件的主要内容，速度比别人快很多，并且过目不忘。他只用早晨和傍晚的时间处理政务，其余的时间都用来接见来宾、吃饭和下围棋，由于安排妥当，办事效率也很高。费祎一直没有出过什么差错。而另一位同样受诸葛亮赏识的大臣董允，曾经代费祎做了一段时间的尚书令，他也模仿费祎轻松处理政务的方式，并拿出一部分时间休闲下棋。但不过十来天的时间，他就出了差错。于是董允感叹万分地说："人与人的才干和能力相差得这么悬殊啊，我把一整天的时间都用来处理政务，都觉得顾不过来，而费祎只需要用早上和傍晚的时间来处理就够了，他的才干不是我能赶上的啊。"

其实，董允只是学了费祎下棋的"样子"，而没有真正理解下围棋的功能。费祎下棋看似在休闲玩乐，而实际上，他在与别人对局时，考验着对方的情绪、智力和性格等方方面面。同时他也在棋盘上演练自己的雄才伟略，锻炼自己的思维能力，思考着战争中可能会用到的奇谋妙计。

布局时，费祎勾画着当时的蓝图；中盘时，费祎想着作战的准备工作和时机；官子时，他想着怎样巩固蜀国的地盘。当局势犬牙交错时，他想到了周亚夫智败吴楚；纠缠不清时，他想到了刘秀王莽的昆阳之战；相持下去不利时，他想到了曹操袁绍的官渡之战。复盘时，他在不知不觉中锻炼着自己的记忆。董允的棋看来比费祎差，就在于他仅仅局限在棋盘和棋子上，没有工夫去联想其他的方方面面，更不会去想着锻炼自己的什么能力。

后来，魏国大军直扑蜀境，形势万分危急。当时已经是大将军的费祎奉命出征，率兵前去迎击敌人。费祎调兵遣将，安排好粮草等后勤工作，正准备带兵出征与魏军交战，这时，大夫来敏前来践行，希望与费祎下一盘围棋作为告别，费祎爽快答应。一位平日里忠心耿耿的将领，急忙加以阻拦，并说："在这个十万火急的时候，还请将军先专心对付魏军，不要下棋。"费祎说："下一盘没有关系，不必担心。"

两人对坐，来敏执白先行，专捡那激烈复杂、变化莫测的下法，并且招招都是强手。再看费祎，神色镇定，防守得法，不失分寸，还暗藏杀机。来敏见对方无隙可乘，且自己的棋势已有多处破绽，于是推盘认输，恭贺费祎说：

"大战在即,我要求和你对弈,其实是要看看你的胸襟气度。现在我有理由相信,你是打败敌人的最佳人选。"果然,费祎到前线后,空室清野,凭险固守,使魏军久攻不下,疲惫不堪,不得已全线撤退。

【智慧点睛】

围棋是一种人格艺术,它代表了中国文化中一种原始的精神。它体现了人类生存所必需的一种心理要求和人格要求。而人生如棋,需要我们不停地超越,以达到更高更和谐的人生境界。

2.下棋要有棋德,做官要有仁德

在公众心目中,围棋是高雅之事。但下棋的人不同,历来也有高下雅俗之分。至于讲下棋的品德,更显然有高下之别。优者人气佳,讲礼貌,守规则,赢得起,输得起。棋友们多愿与之手谈。劣者出言不逊,举止无礼,或常"悔棋",或爱用干扰对方的"盘外招"等等。俗话说:"观棋不语真君子,落子无悔真丈夫。"这些都是棋手应有的起码道德。

陈毅元帅说:"棋虽小道,品德最尊。"棋手无论水平高低,都必须讲究棋德,这是很重要的。做人为官也是如此,要有仁德。

汉朝的开国皇帝刘邦的雄才大略众所周知,其子汉文帝刘恒在位期间创造的"文景之治"更是让人叹服。探究汉文帝刘恒把刘家的事业进一步向前发展的原因,可以发现他懂得渐进的道理,不贪功冒进,以俭养德。

汉文帝刘恒在位期间,不求建功立业,而是针对汉初民生凋敝的局面,采取休养生息的国策,天下如有旱灾或虫害,他就加倍施恩于臣民,如免去诸侯进贡、开放山木川泽、允许民众渔猎等等。这使秦末颠沛流离的百姓终于有了安居乐业的机会。在对待皇室财政开支方面,他还带头缩减自己的衣服、犬马、车驾,适当裁减官僚机构的官吏,开放粮仓赈济孤寡老弱,凡于民不利的,他就下令予以撤销。自其登基到驾崩,他未曾扩建过宫室苑囿。

有一天,宫中计划修建露台,文帝叫来工匠进行预算,文帝得知需要花费百金后说:"百金等于10户中等人家的产业,我奉守先帝的宫室,要以俭养德,不能有辱先帝的声名,何必要修这露台呢?"于是下令取消了修台的计划。

他平常穿的衣服也是质地一般的布料。为了节省衣料,他不许宫中的帷帐有花纹锦绣，就是他最宠爱的慎夫人，也不许她长裙拖地。他在修葺皇陵时，用的全是瓦器，一律禁止使用金、银、铜、锡等贵重金属作为装饰，而且不修高大的坟墓，目的是节约费用，让老百姓安居乐业。

他做的所有事都出自一个目的，就是在全国带头倡导艰苦朴素的风气。即"以示敦朴，为天下先"。

汉文帝的清心寡欲、不讲排场，简单节俭不仅表现在生前，还表现在他对自己死后的丧事处理上。他非常不放心自己的丧事，唯恐人们铺张浪费，劳民伤财，因此立下遗诏："方今之时，人们都喜欢活着，厌恶死去，人一死就要厚葬，弄得损财破产，长时间服孝，以致伤身害体，对这种做法我十分不赞成。这等于加重了我的罪孽，我如何对得起天下庶民百姓啊！你们要命令天下臣民，自出丧之日起，服孝三天皆可除孝服。不要禁止人家娶妇嫁女、祭祀、饮酒、食肉等；参加丧礼的也不要光着脚；孝服的带子不要超过三寸，不要在车驾、兵器上缠孝布；不要命令男女民众来宫中啼哭，应来宫中举哀的，早晚各举15声，礼毕即可。要布告天下，使臣民明白我的心意，我下葬的灞陵，山川要一仍其旧，不要妄加改变。我死后，把宫中夫人以下的宫女全都放归其家。"

汉文帝奉行中道，循序渐进，一点一滴，赢得了民众，赢得了历史，为西汉中期的繁荣奠定了坚实的基础，在历史上留下了"文景之治"这一繁荣盛世。汉文帝的"无意建功名，功名反在身"的结局告诉我们，为官之人越是坚守仁爱素朴的大道，越能得到人民的敬爱，越能走得长远。

当然，作为一个企业的管理者，同样需要仁德。

吉田忠雄是日本吉田工业公司的总裁，被人称为"拉链大王"。他所经营的公司，早已成为日本最大的拉链制造公司，据说他们生产出的拉链长度，足够在地球到月球之间往返两次半。

吉田忠雄有自己一套独特的经营方略，简而言之，就是遵循"善的循环，仁的往复"。他常说："如果我们散布仁慈的种子，给别人以仁慈，仁慈就会在我们和别人之间不停地循环运转。"他认为，企业赚钱多多益善，但是利润不可独吞。为此，吉田把企业所有利润所得分成三部分，实行"利润三分法"，即以质量较好的产品以低廉的价格，再让利三分之一给消费者，三分之一给产品的经销商及代理商，另外的三分之一给自己企业的员工和股东。

吉田忠雄还鼓励公司员工在本公司的储蓄账户上存款，公司则每月按高于日本银行的定期利息支付给存款员工，这项举措对公司员工产生了极大的吸引力，调动了他们参与公司投资计划的积极性。

正是吉田忠雄以仁德积极创造了"人和的环境",才博得了各方的赞誉,提高了企业的自身形象,最终赢得了长期、稳定的巨额利润。

【智慧点睛】

给别人以仁德,仁德就会循环给我们。因为我们所做的一切就像抛出去的球,最终都会反弹回来,你抛出去的是怎样的球,最后接到的就会是怎样的球。

3.学习的脚步永不能停歇

要想成为一名一流的棋手,除了要经常练习,还要注意棋外的学习。毕竟"生而知之者"少之又少,即便是生而知之的也只能得到极其有限的东西,大多还是要靠后天的学习。通过不断的学习,成为"学而知之者"。在平常拓宽自己的知识面,积累他山之石,提高思考问题的层次,融合精深性思维和发散性思维。关键时候才可以用来攻玉。同时,一个人正确做一件事情,也需要知识的牵引。对自己有一个正确的定位后,再默默努力,朝正确的方向慢慢前进,积跬步成千里,厚积而薄发。这才是一条走向成功的有效途径。

在风云变幻的职场中,思维活跃、能力超强的新人或者经验丰富的业内资深人士都在你所在的行业或公司抢你的饭碗,你每天都在与几百万人竞争。因此,你必须学习新知识,在所属的产业当中学到新的技能,不断提升自己的价值,从而扩充自己的竞争优势。美国职业专家指出,现在职业半衰期越来越短,所有高薪者若不学习,无须5年就会变成低薪者。当100个人中只有10个人拥有电脑初级证书时,他的优势是明显的,而当100个人中已有90个人拥有同样一种证书时,那么原本的优势便不复存在了。也就是说,如果你停止学习,那你将很快失去优势。

彼得·詹宁斯是美国ABC晚间新闻档的当红主播。在此之前,他曾毅然辞去人人艳羡的主播职位,到新闻的第一线去磨炼自己。他认为基层里还有很多自己没学到的东西,后来他做过普通的记者,担任过美国电视网驻中东的特派员,后来又成为欧洲地区的特派员。经过这些历练后,他重新回到ABC主播台的位置。而此时的他,已由一个初出茅庐并略带生涩的小伙子成长为一名成熟稳健又广受欢迎的主播兼记者。

彼得·詹宁斯最让人钦佩的地方在于,当他已经是同行中的优秀者时,他没有因此骄傲自满,而是选择了放弃人人羡慕的职位去继续学习,接受社会的再教育使自己的事业再攀高峰。其实,无论是在职业生涯的哪个阶段,学习的脚步都不能稍有停歇,你的知识对于所服务的机构而言是很有价值的,正因为如此,你必须好好自我监督,别让自己的技能落在时代后头。

在瞬息万变的现代社会里,"学习"是让我们能够为自己开创一片天地的利器。当你不能达到工作岗位的要求,请加倍学习;当你工作进展得不顺利时,请加倍学习,当你的工作进展顺利的时候,也请加倍地努力学习。你会发现试图通过学习超越以往的表现,生命才更有意义。

如果沉溺在对昔日以及现在表现的自满当中,你的学习能力以及适应新挑战的能力便会受到阻碍。要记住,不管你有多么成功,你都要对职业生涯的成长不断投注心力。否则,不但你工作无法有所突破,而且终将陷入停滞甚至是倒退的境地。现在的企业对于缺乏学习意愿的人是很无情的,只要没有定期充电,转眼之间就会被时代淘汰,这种事情发生的速度是很快的。员工必须自己负责增进自己的工作技能,不然就会被抛在后头吸灰尘。主管固然能够鼓励你努力成长,但是最后还是要你自己刺激学习的意愿,这样才能够把所需的专业知识全部吸收到位。你所具备的知识越是丰富,你自身的价值也就越高。

未来的职场竞争将不再是知识与专业技能的竞争,而是学习能力的竞争,一个人如果善于学习且乐于不断学习,他的前途就会是一片光明。因为随着知识、技能的折旧越来越快,公司会越来越看重学习能力强的人。而你在学习过程中所体现的积极进取和较强的接受能力是上司非常看重的。

因此,学习的脚步永不能停歇。

【智慧点睛】

如果你发现自己需要学习什么,就立即行动吧,千万别拖延,也别以没时间为借口。就像一句古谚所说:"你的船要是有了破洞,就花点时间补好它。"否则,一处缺陷抵消了许多长处,功亏一篑,会失去更多成功的机会。

杂说篇——防患未然，君子安而不忘危

前既序述多篇，其所载有未备者，于是又庶其余意，著为杂说一篇，所以备其所未足之意，而并终其论焉。

【原文通读】

夫棋边不如角，角不如腹。约轻[1]于捺，捺轻于辟。夹有虚实[2]，打有情伪[3]。逢绰多约，遇捞多粘。大眼可赢小眼[4]，斜行不如正行[5]。两关对直则先觑[6]，前途有碍则勿征。施行未成，不可先动。角盘曲四[7]，局终乃亡。直四[8]板六，皆是活棋。花聚透点，多无生路。十字不可先纽，势子在心[9]，勿打角图。弈不欲数[10]，数则怠[11]，怠则不精。弈不欲疏[12]，疏则忘，忘则多失[13]。胜不言，败不语。振廉让之风者，君子也；起忿怒之色者，小人也。高者[16]，方聚四则非[17]。胜而路多[18]，名曰赢局；败而无路，名曰输筹[19]。皆患为溢，停路为芇[20]。打筹不得过三，淘子不限其数[21]。劫有金井、轳轤，有无休之势，有交递[22]之图。弈棋者不可不知也。凡棋有敌手，有半先，有先两，有桃花五，有北斗七[23]。夫棋者有无之相生，远近之相成，强弱之相形，利害之相倾[24]，不可不察也。是以安而不泰[25]，存而不骄[26]。安而泰则危，存而骄则亡。《易》曰："君子安而不忘危，存而不忘亡。"

【注释】

[1]轻：程度轻、威力小。[2]虚实：虚实与下面的情伪一样，是指真的手段和虚晃一枪的手段（真实目的不在于夹）。[3]情：真。[4]大眼：周边棋子数多的眼。[5]斜行：在棋路的左右两侧行进。正行，在棋路的正前方行进。[6]按刘仲甫的说法，双方都有关，且正相对，那就先用一着觑。[7]角盘曲四：棋局角上第四道线的交叉，在这里角力用盘，虽可以活，但局终容易无劫可打。[8]直四：直空四路或直围四子。板六：两三相排。花聚：指花聚、聚四、聚五、聚六等。透点：如板六、直四，外粘不实，易为敌所刺，而透中点。[9]心：局的中腹部位。角图：有大角图、小角图、平角等势之分。此指当我方势子下在天元位时，就不要在角部缠战。[10]数：频繁、多次。[11]怠：懈怠、昏怠。[12]疏：少。[13]失：失着、失误。[14]亢：过度。[15]怯：胆怯、放不开。[16]直行三：刘仲甫曰："自古国手直行三子，多是斜飞、单关，少背

直行四子者。若压敌子沿边而走者,虽多亦许。[17]方聚四:刘仲甫曰:"自古国手有方聚四者。以四子围方罫,名曰方聚四"。[18]胜而多路:在交战中得胜并且棋路比对手多。[19]筹:用同数,数数。[20]溢:满而溢出。苆:音绵。《说文》"相当也",此指两家路数相同,所以停局。[21]打筹不得越三:古礼讲究三数,揖三揖,让三让,所以棋局则是三局。淘子:淘汰出,此指取出死棋。亦有说淘子是计数的意思。[22]三劫齐打叫金顶,两劫齐打叫辘轳,这里是取其棋形命名。交递:一说交递之图即辘轳劫。[23]半先:对弈时强者在三局中让弱者走两次先手。先两:两局中让对手三子。桃花五:两局中让五子。北斗七:两局中让七子。这也是以物形命名,桃花五瓣,北斗则魁四杓三。[24]有无相生:有和无互相生起。远近相成:远和近互相成就。强弱相形:强和弱互相变化。利害相倾:好处和坏处互相转化。[25]泰:过度安逸。[26]骄:骄傲。

【古文今译】

　　说到围棋,占边不如占角,挂角不如拥有腹地。遮拦不如抑制,抑制不如紧压。夹有虚实,打有真假。遇到对手侵占我方棋路则加以遮拦阻挡,遇到对手压迫我方虚眼则粘上一子。大眼可胜过小眼,斜行比不上正行。两关正对则先察看、试探情形,前面的路上有障碍就不要远征。如果还未实行,万不可先动。曲四位于角端,到棋局结束才会有结果。直四、板六,都是活棋。在花聚中透点,大多没有生路。四角的十字,不能先纽。势子位于中心,就不要在角上多打主意。下棋不应太频繁,频繁就不免倦怠,倦怠则棋艺不精;下棋也不应次数太少,太少就容易忘记,忘记则失误较多。胜了不多话,败了不唠叨,发扬清廉、礼让之风的才是君子;因输棋而怒形于色的,不过是小人。棋艺高的不要傲慢,棋艺低的不要怯懦。气韵温和而舒展,这是为即将取胜而高兴;心跳加速而脸上的表情发生变化,这是为即将失败而忧虑。最令人惭愧的事莫过于悔子,最令人耻辱的事莫过于偷子,最为美妙的棋莫过于宽纵不逼,最为糊涂的棋莫过于反复打劫。凡是下棋,直行三着就要改变,正方小块达到四子便是错误(通常都浪费两手机会)。胜而路多名为赢局,败而无路名为输筹。两家各赢一局筹码相等叫作溢,停路则属于和棋。打筹不得超过三次,淘子不应限其数目。劫的名目颇多,有所谓金井辘轳,有所谓无休之势,有所谓交递之图,下棋的人不可不知。棋的名目也很多,有所谓敌手,有所谓半先,有所谓先两,有所谓桃花五,有所谓北斗七。说到下棋,有与无相互赖以生存,远与近相互补充促进,强与弱相互映衬烘托，利与害相互倾斜移动，下棋的人不可不察。因此棋局安稳但并不大意，取得优势但并不骄傲。棋局安稳而大意就会出现危险，取得优势而骄傲就会导致输棋。《易·系辞下》说："君子在太平或安定时不忘危难，在生存时不忘灭亡的危险。"

【智慧解读与运用】
本篇是结束语。一方面，在结束语中，要对前十二篇未涉及或突出不够的部分再做强调；另一方面，要对全文做总结，所以被称作杂说。至于本篇中所讲到的知识点我们大多都在前面十二篇中做了阐述以及智慧运用，下面我们仅就没有涉及的地方做一些补充。

1. 人生要赢得起，也要输得起

胜不言败不语。胜不言指赢了对方也不要自我吹嘘。如果你赢了，是因为对手犯了最后一个错误，有什么值得骄傲的呢？你需要考虑的是，如果对手全盘应对无误，你该怎么办？这才是长棋的门径；败不语是说你输给对手了，更要听取对手的指导，避免再犯同样的错误，而不是不停地和对手争辩，把棋上输的，从嘴上捞回来，那就难以进步了。所以，要想赢得起也输得起，就要从"胜不言败不语"做起。

"振廉让之风者，君子也；起岔怒之色者，小人也。"这里的君子可以理解为下棋时赢得起也输得起的人，这里的小人则可以理解为赢得起而输不起的人。振廉让之风，不是说可以赢的棋不赢，而是说在局后研讨复盘时，如双方出现不同意见，不仅要让对方把话说完，而且还要善于从不同意见甚至是错误的意见中提取合理的部分，储存到自己脑海里，这才是谦谦君子的应有风度和修养。如果棋下不赢别人，不同意见也不愿意听，还要让人看你的脸色，那可以肯定，接下来要和你下棋的人会越来越少，而你的朋友也会越来越少。

俗话说："胜败乃兵家常事。"所以，下棋的人对胜败要有一个正确的态度。

事实上，所谓失败，只是自己的一种感觉而已，是在通往目标的过程中，自己的行动多次遇到困难后萌生的一种对自己能力或"命运"的怀疑，想要放弃努力，甚至绝望的感觉。如果我们在挫折之后就在自己的心中滋养起障碍，那么我们就已经失败了。成功的人士往往非常清楚，只要敢于和困难奋战一番，敢于面对失败，就会发现，困难不过如此！就能够从跌倒的地方顺利爬起来，从而继续向成功挺进。

在人生的道路上，有许多风险与挑战在等着我们，同时又隐藏着各种机遇。我们每个人都不可避免地在人生路上艰难地跋涉，有失败，也会有成功。人生的胜利不在于一时的得失，而在于谁是最后的赢家。所以我们在生命的任何阶段都不能泄气，都要充满希望。没有走到生命的尽头，我们谁也无法说我们到底是成功了还是失败了。用美国股票大王贺希哈的话说就是："不要问我能赢多少，而是问我能输多少。"只有输得起的人，才能赢得最后的胜利。

要想得到红利，就必须先拿到投资。同样，想要获得成功，则必须先有失利、教训、积累和总结。要随时全神贯注地做好准备，一有机会出现，就要牢牢地将它抓住。

机会抓住后，风险是时时存在的，所以我们要时刻谨慎小心，从游到河中央的那一刻开始就要做好随时应付突如其来的各种状况的心理准备，并在过程中用自己的智慧和勇气一一地将它们克服。这时，我们就能从经验中学习控制身体的技巧，帮助自己避开一些障碍。

习惯了潮流的冲击与推送之后，渐渐地，我们便能睁开眼睛注意把握自己身旁其他有利的机会，正确判断行进的方向。害怕失败或仅经历一次失败便畏缩不前的人，是看不到隐于失败背后的光明的。

由此看来，不敢置身于危险中的人是绝对无法获得成功的。既然成功与失败的概率都相等，失败以后又可以卷土重来，那么我们为何不多搏一次！要知道只有输得起的人，才会赢得起！

【智慧点睛】
在竞争中，乐观豁达的心态，远比名次和奖品更为珍贵。赢得起，也输得起的人，才能够取得大的成就。成功的人不是从未曾被击倒过的人，而是在被击倒后还能够积极地向成功之路不断迈进的人。

2.贵以贱为本,高以下为基

在《道德经》第三十九章中老子说"故贵以贱为本,高以下为基",意思是说,贵是以贱为根本的,高是以低下为基础的。世间一切"高的",都是以"低的"为根基的。因此说,没有所谓的"低",就没有所谓的"高",而"低"往往能成就"高"。

对于下棋来说,不同等级的棋手对局,是常有的事。高手和低手,对此都应有一个正确的态度。作为高手,不可骄,不可纵。作为低手,也不必胆怯,要沉着冷静,放手拼搏。高手之高是相对的,高手都是从低手成长起来的,高低之间也是可以转化的。所以,不必迷信高手,要从平常心出发,尽力下好每一着棋。做到所谓的"高者无亢,卑者无怯。"

对于为人处世来说也一样,人们都知道,再高大的事物,都需要有"基石"来做铺垫,楼要有楼基,塔要有塔基,高官权贵也需要有普通民众作为根基,否则,若失去了"基"的支撑,何来所谓的"高"与"贵"?

人做大事业要从底层开始努力,身为领导离不开下级的支撑,只有重视"低"的,才会成就"高"的。一旦脱离了"低"的,那么,"高"的就不会长久。一代名臣曾国藩就深知这一点,因此他求贤若渴,爱才如子。

曾国藩求才,可谓什么手段都用,要么结以交情,要么待之以诚,要么感动其心。他每到一处都广为问询,全方位寻找当地人才,他的幕僚王必达、程鸿诏、陈艾等人都是通过这种方法求得的。甚至在与捻军作战时,曾国藩还贴出告示表明"询访英贤",告示这样写道:"淮徐一路自古多英杰之士,山左中州亦为伟人所萃。本部堂久历行间,求贤若渴,如有救时之策,出众之技,均准来营自行呈明,察酌录用。如有荐举贤才者,除赏银外,酌予保奖。借一方之人才,平一方之寇乱,生民或有苏息之日。"薛福成看到告示后,进入幕府,成为曾国藩进行洋务运动的得力助手。

毛鸿宾当上湖南巡抚以后,曾向声望日著的曾国藩请教湘政。曾国藩在回信中说:"湖南近年兵勇散布各省,颇有人才渊薮之称。现在四方多难,纲纪紊乱,要维持成法,必须引用正人,把物色人才放在首位。兵可以磨炼而成,求将才之辈出,必须未雨绸缪。"曾国藩对人才的广泛搜罗和耐心陶铸,是他能够成功的一个重要原因。李鸿章就曾称赞他道:"持己之学,陶铸群伦。雍培浸灌,为国得人。知人之鉴,并世无伦。万众一心,贯虹食昴。终奠九土,蹈此狂丑。"

曾国藩与人谈话、通信,总是殷勤地询问其地是否有人才,一旦发现,他便会千方百计地将此人调到自己身边,他幕府中有许多人都是通过别人推荐而来的。为了增强对人才的吸引力,避免因自己的一时失言或处事不妥而失去人才,曾国藩力克用人唯亲之弊,同时他还自强自励、每日自省。

再精明能干的上级,也需要大批得力下属的协助,正所谓"众志成城"。曾国藩深知这个道理,所以懂得人才的重要,便时时注意求才、用尽各种方式求才,因而他成为一代名臣,取得了世人瞩目的成就。

【智慧点睛】

无论何时,高者都是以下者为根基的,没有得力下属的辅佐,一个光杆司令是成不了什么大事的。所以,只有懂得了贵以贱为本、高以下为基,我们才能做到高者无亢,卑者无怯。

3.心态决定成败

气和而韵舒者,喜其将胜也。心动而色变者,忧其将败也。气韵温和而舒展,这是为即将取胜而高兴;心跳加速而脸上的表情发生变化,这是为即将失败而忧虑。

围棋是竞技体育活动。但其特点主要不是体力较量,而是智力角逐。所以,心态对胜负影响是巨大的。

如同吟诗作画一样,坦坦荡荡地上阵,就可以使思维发挥最佳水平。而反之,把胜负看得太重,患得患失,不能正确认识高低之间的差距,失之放纵,或失之唯唯诺诺,那是赢不了棋的。因此《度情篇》说,态度和修养是很重要的,完全可以由此预测胜负。人们志向不同,下棋的目的、态度就不同。五代时战事频频,一些知识分子远离尘嚣,避居山野,以求与世无争。这些人爱下围棋,并以此修炼性情,甚至作为一种精神寄托。《册府元龟》上记载了隐居在华山的郑云叟的一些事情。他非常爱下棋,一旦遇到对手,常常昼夜不歇。冬天刮风下雪,手脚全冻裂了，他依然没有休局之意。

而那些昏庸无聊的官宦则把下棋当成赌博的手段。据《五代史·陈保极传》记载，后唐进士陈保极，就常以围棋赌博，此人棋品如人品都很低劣，输了棋就以手乱局，赖着不给钱。殊不知，输与赢都获得宝贵的经验，只要下棋就会有进步，所谓的"输"只是为下一局的"赢"做准备，关键就看我们以什么态度来对待。可以说，干任何事情都和下棋一样，心态是衡量一个人能否获得成功的重要标准。如果一个人连热爱本职工作、积极主动、有责任心、利落干脆的工作态度都不具备的话，那他们肯定连最基本的工作也做不好，当然也就更加不用说去取得多大的成功了。有一个成功女企业家曾这样说过："现在的员工比我们以前差多了！首先是他们的工作态度，那时我们不管做什么工作，不管是不是自己的事，都会积极主动地去做，并且乐意尽力去把它做到最好。"也许她的话说得多少有些偏激，毕竟随着时代的发展，对员工的要求可能不一样，然而这些话却在一定程度上反映了他们对工作态度的要求。说明良好的工作态度是每个行业道德的基本要求，同时也是个人取得成功的基本要求。

小吴是一所中医学院的毕业生。由于竞争激烈的缘故，刚踏出校门的他只好"屈就"到一家小医院工作。由于医院主要缺乏一线临床大夫、药剂师等人才，所以小吴被安排到门诊部实习，小吴认为医院这样做简直是浪费人才。他原以为即使自己做不了权威专家，至少还可以做个领导。当然，不服归不服，他最终还是听从于安排，极不情愿地去了门诊部。干了几天小吴就感到索然无味，那些一板一眼的老中医、难闻的中药味道、烦琐的诊断单都让他非常不舒服，他不停地怨天尤人，抱怨工作，厌烦生活。

几个月过去了，他连病人的脉搏也找不准，"望、闻、问、切"一样也不会，更别说开出一张像样的诊断单子了。他不仅不觉得惭愧，而且还常常摆出名牌学院毕业生的派头，议论领导有眼无珠，大材小用，最后，小吴终于迎来了一个公平的结果：被开除。现在有很多员工，特别是年轻的员工，他们总是抱着一种"净赚薪水"的心态去工作，他们觉得"你给几分钱，我就出几分力"这是理所当然的。产生这种心态主要是因为他们涉世未深，没能看到自己和公司的长远未来。

他们花费很多精力来逃避工作，却不愿花相同的精力来努力完成工作。以为骗过了老板就万事大吉，其实，他们愚弄的只是自己。可以肯定的是，升迁和奖励是不会落在那些心态不正、玩世不恭、不努力工作的人身上的。

小红大学毕业后，应聘到一家公司。刚开始的时候她每天的工作就是拆应聘信，翻译；翻译，拆应聘信。可以说工作量大而枯燥乏味。但是她却忙得不亦乐乎，而且不急不躁，每天都是认真仔细地工作着。一年后，小红被提升为人事部经理。领导在她的升迁理由中这样写道：作为一名名牌大学毕业的硕士生，每天不厌其烦地拆信，并在成千上万封信中，耐心地整理出有价值的信，推荐给上司，这展示了她积极的工作态度。因此她理所应当是这一批应聘者当中的第一位升迁者。一个人能够尽职尽责，干一行爱一行，并且把自己岗位上的每一件事情都办得非常出色，这样在每个地方你都是能发光的人。不同的态度，导致了不同的人生。态度对人的一生来说，具有非常宽广的意义。一个人的心态是否正确，通常决定了他能发挥出多大的专业水平、创造多大的业绩，从而最终决定了他将来是否能够获得成功。用一位哲人的话来说就是："态度决定你的成败！"

【智慧点睛】

工作中，只有态度改变了，我们才能改变事情。不同的态度，成就不同的人生。你种下什么因，收获的就是什么果。如果你永远保持努力的工作态度，你就会得到他人的称许和赞扬，就会赢得老板的器重，从而走向辉煌的人生舞台。

第二部分 局 道

游戏的本质是推演学习

中国文化无小事，无小技，关键在于你怎么看，会不会看，看不看得懂。比如对中国的围棋，如果你以游戏的思维方式来看，它就是消磨时光的工具；如果你以竞技的思维方式来看，它包括目标、规则、方法、技术，可以锻炼智力；如果你以文化的思维来看，它是"手谈""坐隐""雅戏"，是用来修身养性的；如果你以军事家的角度来看，它是一种更高形式的"棋盘推演"；如果你以哲学的角度来看，它是一门练习如何竞争和共存的哲学；如果你以喻的思维来看，它是一种局演，是演化宇宙万象、人类社会发展变化的一种思维锻炼模具。

所以，掌握一门思维工具是很重要的，哲学作为一种思维工具，是近代西方传入的，而在古代中国，还有一门比哲学更奇妙的思维工具，它令得每一件看起来似是微不足道的事物，都蕴含了丰富的文化和哲理，这就是喻和运用喻来运作的推演模型（或模具）——演。

作为一门局演，围棋最受军事家的喜爱。

显然，一个游戏，如果没有很深的文化内涵，不是独具匠心地去创造，创造后没有强大的功用，是不可能千百年一直流传下来的。

在古代，中国创造的游戏可以说是世界的巅峰，而且至今也没有新的游戏超越它们，与其说它们是游戏，倒不如说是对华夏文明的一种再创造和概括浓缩，一种华夏文明中基础原理的概念模型，一种天地运行规律、社会运动形式、人类活动形式的抽象的动态模拟和演练，这才是华夏游戏的本质，其学问之深奥、模型结构之复杂，并不亚于诸子百家中的任何一家，可以说，像围棋、麻将这样的游戏，每一种都是一门深奥的学说，只不过是被游戏所具有的轻松娱乐的形式所掩盖了，并且，后人们只重视了它们的娱乐、休闲、竞争的功能，没能足够深入地去挖掘它们的内涵。这一点，从古人对围棋的种种评价、总结中就可知道。如下两图，明朝的围棋类著作《适情录》，就很好地为我们揭示了围棋所蕴含的种种深厚内涵。

由于不能见到《适情录》全书，我只见到了部分相关内容。从这部分相关内容中可以判断，古人的围棋观，是与五行星象和日历、五音律吕、五方五位、三才三元三辰等古代中国各个方面的国学内涵相贯通（喻的概念就是由此到彼地贯通）的。除了这些特别的棋形外，还在棋局内外标注与古代律历、阴阳、五行、术数、九宫等有关的符号，将棋局按古代"四分法"（四象的数）"八分法"

（八卦的数）"十二分法"（十二月的数）区分为若干部位。围棋在事实上是超越政治外交和军事的范畴，而与古华夏的整体文明相贯通的。

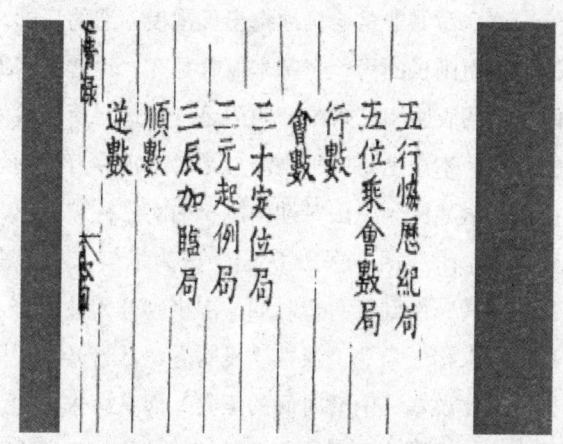

总的来说，古人懂得围棋的真义，知道围棋的主要目的是推演和演练，春秋战国之前，可能人们知道围棋的主要功能是对天道人伦的一种演绎，古人对围棋的定义有两个，一个是局，通俗地讲是指棋盘，也就是横线和纵线构成的尺度，亦即经天纬地之尺度，这个命名非常明确地指出了围棋创造的目的，那就是围棋是推演天地运行规律的，而围棋的另一个基本概念是弈，也就是两人对局，结合局的概念，弈就是两个人各表阴阳，来推演阴阳之气之运行所造成的周天变化。所以，中国人创造的游戏，本质上是一种推演，是对宇宙和万象的运行规律的一种抽象的、概括的模拟。从战国到三国时期，围棋的实用性被突出，于是其军事模拟演练和纵横家局势推演的功用被大大突出，成为纵横家和军事家的最爱，并成为一种军事教学的工具。而到了两晋时期，围棋则开始被视为一种文化、思想、情趣交流的工具，晋人称之为"手谈""坐隐"，从晋开始，围棋的本来功能逐渐失去，成为一种文化游戏、消磨时间的工具。而从唐宋开始，围棋逐渐成为竞技游戏，当围棋成为竞技游戏之后，它的推演的功能就已经丧失了，而围棋的文化底蕴也因之失去，人们已经不了解围棋了。

其实中国并没有游戏这个词，游戏这个词源于佛教典籍，唐前就有这个词汇了，是舶来词汇，中国称围棋、麻将、纸牌为竞技游戏，是近代的事情。西方对游戏的定义是19世纪的事情，英国哲学家路德维希·维特根斯坦总结出游戏的几项要素：玩耍、规格、竞争，现代则有人说游戏是具有目标、结构的一种娱乐形式。

读者结合本篇和其他各篇的讲解自然能明白，西方对游戏的定义是根本就不能解释围棋的本质的，将围棋和麻将称为游戏是完全不对的，也是根本不对的，中国的游戏本质上是一种局演，以局演之，这个之的含义就丰富了，无法用三言两语来概括，它是一个概念群、知识群，亦是一个贯通多领域的知识体系。局演是作者想到的较为贴切的词汇之一，本来是想用局衍的，考虑到演这个词汇可能更适合现代人，所以暂且以局演来称呼。

那么，我们从局演这个意义再来看古人所讲的局和弈，局是经纬结合所构成之尺度，在这个尺度内进行的活动叫作弈，那么围棋的局弈两字就是由两个人对演这个局所蕴含的种种概念（喻义）的变化和运行状态。那么局用一个更现代化的词汇来解释就类似于沙盘了，那么局其实就是一个模具，是古人用来推演天地至理的一种模具，是模拟天地万象的运行变化和规律的一种模具。

用这样的思维方式来看待围棋等中国古代游戏，才能看得到真相，也才能真正了解并认知中国古代文明和智慧。而这种思维方式就是喻。游戏之喻有二，一，本喻，即是在设定游戏时，便赋予这游戏以天地人伦的至理，由于这些天地人伦的至理是寓之于局的，所以也可以称之为局喻。二，运喻，即是游戏运动起来时，产生的种种变化，被人总结出喻义，由于这些喻是在对弈中推演出来的，所以也可称为演喻。局演，本就是物质载体——局，和运行过程——演这两部分构成的，所以喻也可分为这样两部分。

而古人创造局演这种华夏文明的概念模型，其目的是演练规则和大道，如果是知识传授的话，那只要将基础知识教授给后人就可以了，一天两天就能办到，显然这些概念模型并不仅仅是概念的载体，它还承担着更重要的任务，那就是推演和演练。

即便围棋变成一种竞技游戏，依然不妨碍有智慧的人在这种竞技中推演出更多的哲理来，围棋和麻将之喻有很多都是在进行游戏时被我们的祖先们总结出来的，这个过程就是推演的过程，如《棋经》不但是一部讲解如何对弈的著作，它更是一部典型意义的军事著作，也算得上是一部讲政治斗争的著作。我们的祖先不可能每个人都去研究天道的变化，所以华夏的圣哲们将天道变化的至理浓缩到一个模型中，在这个模型中进行另一种相似的演化，在这种演化中，后人将会悟出许多的喻义，从而经世致用。

相对于典藏来说，这种模型更广泛地推广了华夏的学问，而且能更长久的保存，不论中国历史上有多少典籍在岁月中消失，这种以游戏为面目的学问却无法消灭。藏传佛教有刻经于石，埋于地下，保存经典的方法，称为伏藏，而华夏祖先们却采用了游戏这种出人意料的不隐而隐不藏而藏的手段。

所以，我们永远都不必理会所谓的"涯山之后无中国"，中国还在，在麻将牌中，在围棋中，所以善于打麻将牌的中国人，随时都会重新崛起。这一点，从毛泽东主席所讲的"偶然和必然"的论断中，即可窥见一斑。

我们知道现代人将华夏文化分为国学和国术两种，琴棋书画和武术都被视为国术，究其原因，在于不懂得这些国术的本质，当围棋等回复本来面目，成为一种局演时，它便不再仅仅是国术，而是一种国学了。两个定义，可是有着本质的差别。

更为厉害的是，这门国学是在不断发展中的，由于局演无穷无尽，所以它的发展也是没有尽头的，这是局演这种华夏文明的精粹最为强大的地方，它不同于任何一部著作，任何一部著作都已经终结了，而它永远会重新开始。它给出的不是结论，而是领悟，每一个参与局演的人，都会不断地领悟更深刻的道理（喻义）。而不断地局演过程中得到的喻，则会不断地丰富中国思想文化的宝库。

对这一点，古人是有着模糊的认识的，如欧阳修讲道："吾集古录一千卷，藏书一万卷，有琴一张，棋一局，而尝置酒一壶。吾老于期间，是为六一，遂号六一居士。"我们看到，一张琴，一副棋，是可以与万卷书相当的，这是因为书卷是已尽的知识，而局演是永远在变化、永远在创新的知识。这是华夏文明中演学的最大的特点和优势。

另外，我们前面提到的，当中国的局演成为一种竞技游戏时，它就失去了本来意义，在游戏的博弈中，未必是赢者得到的更多，而是悟者得到的更多，大家都知道蒋介石是打麻将的高手，但他却没有从麻将中悟到"偶然和必然"的关系，而较少打麻将也没听说是麻将高手的毛泽东主席则悟到了这一道理，由此可见，毛泽东主席是懂得中国游戏本质上是一种局演这个奥秘的，所以蒋介石这个接受了西方军政理论的技术流不是毛泽东主席的对手。

古人能创造出麻将和围棋这样传承数千载的游戏，不能以偶然和巧合来简单看待，如果没有喻这一认知和创造方法的存在，这样的游戏被创造出来是很难想象的。

而喻的方法其实很简单，现代的计算机技术这么发达，如果运用喻的原理，再创造一门甚至几门像围棋和麻将这样的游戏应该是可能的。

将喻的原理运用到计算机游戏，也许会带来一场游戏的革命。

如果前人对于人类是从细胞而生，逐渐进化而成的理论是真实的，那么，说明领域是可以进化的，人类社会是进化出来的，而同样的，人类也可以创造一个领域，什么叫领域，一个独立的，按照规则运转的集合了众多变量的事物，就可以叫领域，那么，围棋就是人类创造的第一个领域，当然这是一个抽象的领域。同样，现代电脑制作的游戏也可以称之为一个领域，一个虚拟的领域。

凡是按照一定规则运转的领域，不论是抽象的还是虚拟的，都会有经验、策略产生，都会增强人的智力。

围棋的历史和变化

围棋古称为弈，围棋之法称为弈道。围棋据《路史后记》所说是尧帝发明的，起因是尧的儿子丹朱行为不够端正，智慧不通达，于是尧根据天体运行的规律，运用阴阳变化的道理，制作了围棋，好让丹朱在游戏中得到开悟和进步。《世本·作篇》亦记："尧造围棋，丹朱善之。"但据晋张华《博物志》的记载"舜以子商均愚，故作围棋以教之。"则舜是围棋的发明者，虽然说法不一，但目的都一样，就是都是为了开发智力、陶冶性情而发明的游戏。可以说，围棋是培育智商和情商的游戏。

《论语》中记载："子曰：饱食终日，无所用心，难矣哉！不有博弈者乎？为之犹贤于己。"孔子对博弈虽然没有很高评价（这可能是因为沉溺游戏的人会荒废正业的缘故），但他也认为博弈是胜过无所事事的。

《左传·襄公二十五年》记载：公元前559年，卫国的国君献公被卫国大夫宁殖等人驱逐出国。后来，宁殖的儿子又答应把献公迎回来。文子批评他道："宁氏要有灾祸了，弈者举棋不定，不胜其耦，而况置君而弗定乎？"他用"举棋不定"来比喻政治上的优柔寡断，说明在那个时代，围棋是人们常见的事物。这个记载说明，围棋的历史最少也有2600年左右。

围棋在古代人民的生活中有着重要地位，所谓的中国古代四大艺术："琴棋书画"，围棋居其二。

古人最爱下围棋，因为围棋是最益智的。《尹文子》中说："以智力求者，譬如弈棋，进退取与，功劫收放，在我者也。"

现代的围棋已经失去了古时的意义，陷入了迷途之中，并愈行愈远。因为围棋是为了益智，从中学习天地之至道的一种局演，要在感悟，而不是胜负，也不是技艺。当目的改变，不在于输赢，而是对于感悟天地之至道，那么赢棋可能还不如输棋更容易让人产生领悟。围棋的主旨是一种演算，演算到极致自然会赢，但如果是靠种种技巧来下棋，并且追求输赢，将之视为一种体育竞技，那围棋中益智的成分就失去了大半。因为围棋的益智，在于对它丰富喻义的感悟，如果将思维全部放在了围棋技巧和输赢上，那将会忘掉喻，所以说，真正智慧的人，在下围棋时，真正的收获不在棋局的输赢和彩头的多少，而在棋局之外的感悟，下围棋而有长进，不在彩头的多少和赢棋的满足感，也不在于棋艺的长进，段位的升高，而在于对喻的领悟，对围棋之道的感悟。

事实上，围棋文化的衰退有几个阶段，第一个阶段是战国时期，围棋由一门全方位的、立体的局演，演变为纵横家、兵家的局演，是第一次衰退，到三国时期成为军事教学工具，变成军事学的局演，是第二次衰退。到后来的修身养性、锻炼定力的游戏，是第三次衰退，到再后来的竞技游戏，是第四次衰退。

而同样的，堪舆学也经历着这样的衰退，最早的堪舆学，其实是兵家的天时地利说和阵势说，是排兵布阵，占据天时、地利的一门学问，但发展到当代，则纯粹地变成了风水相宅之说。其实，即便抛开堪舆学的军事意义，单以它在建筑方面的价值来说，就已经具有重大意义了，中国历代的古都，包括北京的紫禁城，有哪一座不是在堪舆学的指导下建立的呢？

如果我们零星地去看自古以来流传下来的关于围棋的种种著作，我们可能会觉得古人对围棋的种种论述都是牵强附会，是七拼八凑的唯心之作，但当我们用局演这个角度来观察围棋，当我们用喻的思维来推演围棋，我们就会发现围棋的博大精深，其实远远超出我们的意料。我们以为是牵强附会的阴阳之道等等，其实是古人殚精竭虑、反复斟酌才能确立的，对围棋如此，对麻将更是如此。

围棋看似不起眼，但却是一个完整的喻义体系，更是一个复杂认知体系的局演，这个体系只不过是没有被完全开发出来罢了，从古以来，围棋界已有的三赋五论、《棋经》等著作，虽然已经做出了相当的努力，也取得了令人钦佩的成绩，但依然差得很远，围棋这一局演，如果能从竞技游戏这种焚棋煮鹤式的文化困境中走出来，重回局演的本来道路上，它依然会焕发更强烈的光彩，将会继续丰富国学的宝库。

局喻

围棋是所有棋类游戏中规则最简单的，入手最容易的，暗合："天道至简""简易之道大矣哉"的华夏思想。而围棋在发展过程中，却又是学问最多的，最复杂最玄妙的，也是总结出的喻义最多的。作为具有一个完整喻义体系的局演，其喻义可分两部分，一部分是创造这门演学时所赋予的本体的喻义，即本喻，于围棋亦可称为局喻。另一部分则是在推演种种本喻的过程中产生的其他各种喻义，可称为演喻。

围棋也是喻学的一种发展，而且是最富喻义的。古人制棋，纵横十九道，子目为361，其中心之点号称天元，代表天地未开的初始，也就是一元复始，也有说是代表了北极星，因为在古代北极星号称不动之星，是诸星之主，天道运转的中心。360则代表一个周天的运行，一个数目为1度，共360度，走完360度，等于是天道圆满运行了一周。而一个又一个棋子落在棋盘中，黑白错列分布，就好像天上的星星一样，所以围棋是效法天象而创出的。

棋盘采用的是直线，直线相交就构成了正方形，局势方正，这是仿效大地端正平稳的法则。华夏祖先认为神明的德是正直的，所以采用直线也暗合神明之德。

而经纬线交织构成的这个正方形也一样暗合于四方、四季、四维等喻义，而四个方错落，中间空出一点，就得到了气，共五点也就是五方，也就是五行，围棋这种局演也是暗合了这一数理的。而围棋中比较稳固的一种小棋形就是三角形，无论是守住气位、开拓气位，还是从敌人那里夺取气位，三角形都是初步达成的棋形，是真正的生死战的开始。三的数字合于三才，胜负就看对方是否也同样有三才之利了。

所以，围棋是一门数、理、形三才皆备的局演，三才因喻而合一。

局是方正的，安静的，如同虚空一般，而棋子则是圆的，是运动的，如同天体星辰在虚空中运行，更是符合天象。当然也有人认为棋局方是象征大地，棋子动是象征天体在大地的上方运行。两者也都讲得通。

华夏祖先认为世界是分阴阳的，天道的运行也同样分阴阳，而阴阳二气的变化，影响着天道运行的具体内容，是天体运行的动力，于是棋子就分成了黑白两色。

由于阴阳是一个普适性的喻义，所以我们的祖先还将形势称为阴，将策略称为阳，这一点为日本的棋家所采用，他们在分析棋局时，认为"类似棋的配置、结构那样的东西可以称为'阴'，而棋形中所隐伏手段则可称为是'阳'。"

而同样的，阴阳变化的形势则产生了先手和应手的差别，也就是掌握战场主动权与被动应战的差别，是夺得先机与失去先机的差别，这也是阴阳变化中最重要的一种变化。

所谓的阴阳之变，在围棋中可不仅此一种，而是有许多种变化，这是需要下棋时用心去领会的。

我们的祖先认为天地运行的基本动力是气，人的命运也要靠气的滋养，所以围棋的核心规则就是气，有气，则棋活，失气，则棋死。而气分阴阳，所以每一组棋都要有两个气眼才能活。

围棋里面有虚实变化的道理，围住的虚地越多，胜算就越大，而同时，虚地过大时，却反而有可能被对手堵塞住气眼，从而死掉。有时候，对手吃掉了我方的棋子，我方的棋反而活了。《天龙八部》中有一个珍珑棋局，是自己杀死自己一大片，留出虚地，变实为虚，然后在这一大片虚地中重构气眼，从而得活，原理就是这个，如果一个习武之人，不懂虚实变化这最基本的招式原理，怎么可能成为盖世高手呢？金庸的小说没有将这个答案讲出来，显然是给读者留了一个哑谜，不过这个哑谜估计还没有人猜出来吧？所以说围棋是哲学的游戏，实的棋里要有虚的气眼，就好像八卦图中阴鱼的中心是阳圆，阳鱼的中心是阴圆一样，虚实结合，虚实互化，要结合得好，结合得巧妙才能算得上是真正掌握了弈道。

有了气之后，就是运了。黑白两色的棋子，一一落子占地，都在抢夺气运，拼命占到好地，就有了好气运，从而能在整盘中获得更多的星位。

运才一开始，就需要势了，古人常说，大势所趋，这个势本是决定国家民族命运的一种格局和状态，运用到围棋中，也一样很复杂，首先，占据的地方就很有学问。

棋子落在哪里，就是位的哲学了，《易经》中说："天地设位，圣人则之。"位置是非常重要的哲学概念，围棋不可能不讲究。于是除了天元外，还有四个角星位，数合于四维，四个边星位，数合于四方。围棋界有一个说法："金角银边草包肚"，说的就是位置的重要性，但所谓草包肚只是对初学者而言，围棋高手都重视天元中腹，如《棋经》所说"夫棋边不如角，角不如腹"。位直接就形成了势，由于在角上，你的围棋背靠两条边，可以毫无后顾之忧地向任何一个方向发展，这就形成了厚势，而在边时，则是三面受敌，在中央时，则是四面受敌，位置的重要性由此可见，所以位决定了势。而在军事战争中，道理与围棋的道理一样，选择战场的人，一定要占据有利的地势，因为有利的地势会加强战争中的胜势，同样，在政治中和商业中，位和势的哲学也是很重要的，占据大势，即便犯一些战术性的错误，最终也能获胜，失去大势，即便策略再高明，也会回天乏力。

围棋不只有阴阳，还有经纬，经纬确定，则局势就确定了，所以围棋蕴含着经纬之学，用经线和纬线来确定位置和优劣，占据优势的位置，就可以事半而功倍。这一点，对于围棋的胜负来说是极为重要的。经纬度确立，则围棋之局就有了纲常，有了纲常可守，棋局就会立于不败之地了。这些道理可以直接运用于政治和军事之中，是围棋益智的重要范畴。所以《棋经》说："务守纲格"，就是说在刚开始布局的时候一定要守布局得位之道。

汉李尤诗中说："局为宪矩，棋法阴阳。道为经纬，方错列张。"很明确地指出，棋局就是宪制、规矩，也就是纲常的意思，围棋是含有这些喻义的。道为经纬，则是说要以道的原则来确立经纬如何交织，经纬交织，于是就出现了棋子错列张陈的局面。

欧阳修用围棋来喻治国，他是看到了围棋的局演中位的重要性的。

在《新五代史·周臣传》中，他评论道："呜呼，作器者，无良材而有良匠；治国者，无能臣而有能君。盖材待匠而成，臣待君而用。故曰，治国譬之于弈，知其用而置得其处者胜，不知其用而置非其处者败。败者临棋注目，终日而劳心，使善弈者视焉，为之易置其处则胜矣。胜者所用，败者之棋也；兴国所用，亡国之臣也。"他认为知道人才的能力和长处，从而安排合适的职位，这样就会胜了，不能透彻了解臣子的能力和用处，把他安排在不合适的位置上，这样的君主和国家必然失败，他认为这就好像是下棋一样，一个普通的棋子，有的人终日劳心却下错了位置，结果失败，而一个聪明智慧善弈的人，用这枚棋子下在别的地方，立即就扭转战局获胜了，所以围棋的落子得位，犹如"人尽其才、物尽其用"的理想状态。

应当说，围棋在这方面的喻义还是非常深刻、非常重要的，它暗含着治国治军平天下的道理，同时也是将那些方法运用到了棋局之中。

所以，围棋中的争位置，造厚势，都是哲学的概念，在很多领域都有其实用价值。

势因形而产生，形因位而产生，这就好像水流的前进完全要取决于地形一样，在一个高落差的地方，水流就会产生瀑布，在一个平坦宽阔的地方，水流就会平缓，狭窄的地方，水流就会湍急，这是水势，棋势也是一样的，以中心腹地为重的宇宙流，和以边角四方为重的围棋流，它们占据的星位不同，自然也会造成不同的棋形，不同的棋形也会造成不同的棋势。以这一点来说，围棋中的位、形、势，和天地山川的位、形、势，是相通的，和军事战争中的地利之道也是相通的，战场选择决定了位，位造就了兵形，然后造就兵势，这一点在复杂地形中作战的情况就会更加突出，军事斗争中的守方为什么要首选雄山大河等地形，原因就在于位能决定形，形能决定势，这三者的关系，运用到政治中也是一样成立的。

落子得位，成形，造势，这一些手段被运用到政治中，称之为布局，而现代的商业运营中，尤其是商业扩张中，也已经常运用布局的概念。

以上这些战略性的概念具备了，接下来就是具体的策略和方法也就是战术性概念了。

由于围棋是喻的推演，所以，从中不只能学到整个宇宙都在运行的哲学，更可以直接学到军事的哲学。

弈道其实与兵法相通，在某种程度上，算得上是兵法的一种。而就如同兵法原则也可以广泛运用到政治、商战中一样，弈道也同样可以。而从汉朝桓谭所著的《新论》中，我们可以看到，将围棋与兵法联系，是人们普遍的认知，甚至有人将围棋直接视为兵法：

世有围棋之戏，或言是兵法之类也。

在《新论》中桓谭更是直接以围棋的境界高下对比整个国家大略方针的高下：

乃为之上者，远棋疏张，置以会围，因而成多，得道之胜。中者则务相绝遮，以争便求利。下者守边隅，趋作罫，以自生于小地。然亦必不如。察薛公之言，上计云取吴、楚，并齐、鲁，及燕、赵者，此广道地之谓。其中计云取吴、楚，并韩、魏，塞成皋，据敖仓，此趋遮要争利者也。更始帝将相，不能防卫，而令罫中死棋皆生。

而班固的《弈旨》则说："四象既陈，行之在人，盖王政也。"则认为围棋之对弈酷似王政的施展。古代围棋不只是军事家用之，政治家、纵横家也都用围棋来学习和思考。

在纵横家看来，每一颗棋子都可以代表一座城池，棋盘则代表局势，直线代表道路，围棋就是两国乃至多国的战略棋局。因此围棋是外交家的至爱，据说在战国时，围棋备受纵横家的重视，凡纵横家必善围棋，他们很重视从围棋中领略国家间的相争之道。

汉魏之时，围棋成为培养军事人才的重要方法。马融的《围棋赋》更是直接把围棋比做战场，曹操、陆逊、孙策等都喜爱围棋，并从中领悟攻城略地之道。在军事家看来，每一股互相交缠的黑白棋组，就似是交战的两军，互相影响、互相呼应，组成一个交战的大局，可见，围棋对军事家的意义，不只是单单两股军队交战的战术性局演，更是多股军队，多处战场的全局性局演，所以围棋不只培养战术大师，更能培养战略大师，增强战略意识。

在战术层面，围棋的术语也颇多，如：尖、长、立、挡、并、顶、爬、关、冲、跳、飞、镇、挂、夹、断、跨、空、虎、挤、拆、逼、封、点、腾挪等等。至于更多的专属于围棋的战术这里不作介绍了。

围棋的喻义可以用之于军事，而同样的，军事的方法也可以用之于围棋，如今人马晓春的《三十六计与围棋》，即是兵法和弈道可以互相通用的一个例证。

事实上，宋代的《棋经》就已经援引兵法之道入弈道之中了。"夫战有取舍进退之方，有先后众寡之用，有攻杀击刺之法，有虚实存亡之势，皆当谨其所始，而虑其所终。故以合战名篇。庶使战者知有其道，而不失其正也。"不止于此，《棋经》还明确地指出："棋虽小道，实与兵合。"

这就是古人将兵法运用于弈道的文字记载。

王世贞《弈旨》谓："譬之用兵，鲍如淮阴侯有抟沙之巧，李则武安君横压卵之威，颜则孙吴挟必胜之算，程则诸葛修不破之法。虽奇正时出，攻守异势，要之皆称善师者矣。"用古代良将的军事特点比喻棋手的围棋技巧，虽然他的比喻未能妥帖恰当，却说明古人有着将军事与围棋直接联系的思维习惯。

围棋的许多本喻，运喻中的例子也可以佐证，但由于我写作时是先创作了本喻，然后才写作运喻的，所以只有欧阳修的论述补充进来做例证，其他的可作例证的就不往这里面补充了，读者可以自己思考并领悟。

局·演·数·象·理·喻

美国战略家约瑟夫·奈在其著作《权力大未来》中提出，今天的世界权力分布模式就像"一场复杂的三维国际象棋比赛"。并且他认为世界的权力斗争和分配越来越接近于正和博弈，也就是以合作、妥协、交易的方式分配利益。而正和博弈恰恰是围棋的博弈观。

而围棋、六博、象棋等的博弈观，在中国至少已经有五六千年的历史了。

讲到这里要提一个新的观点，华夏文化最本质的一个特征和最重要的功用就是模型推演，祖先所记载的河图洛书，本质上就是一种图像和数的推演模型，而八卦则是更加细致的一个模型，这个模型是参考宇宙万象制作出来的，而它的目的则是研究宇宙万象、推演并预判宇宙万象的发展和变化。

同样的，围棋也是一种模型推演，不过它的模型的形式是局，这和麻将、扑克牌、象棋是一样的，而八卦推演主要是象演和数演，它的形式是卦演。但围棋也是讲究棋形的，如宇宙流、韩国流、中国流、清源流、高川流等，都是棋形，所以在本质上，它也是一种象演，而同样的，所谓的流，自然而然就带了势，这就是孙子兵法所谓的："水流之疾，可以漂石者，势也。"而水流（棋的流向）的缓疾，是因地势而生的，所以说根源在于地形，因形而得势，无论是侧重于形，还是侧重于势，都是象演。但另一方面，围棋也合于太极（天元）之一，阴阳之二，三才之三，四维之四，五行之五，所以它亦是一种数演。

同样的，古琴也是一种推演，只不过它的形式是音演。

太极等武术也是一种推演，它的形式则是动作、招式，由于它们往往符合天地万物之形，且合于太极阴阳三才八卦等之数，所以抽象一点说武学就是象演和数演。但在本书中我们赋予了它们以新的内涵，它们与中医学、养生学一样，属于体演。

堪舆学也是一种推演，它的本质是一种形演、势演、位演……（研究的不深，看到的著作不多，所以用个省略号，以待更精深的学者来补充）我们不要小看了堪舆学，它在建立模型时，对华夏文明的诸多精华都有所采用，堪舆学在古代极受重视，不是因为别的，恰是在于它融合采用了极多的喻义，涉及象、数、局、位、势、阴阳、卦理等诸多元素，是华夏文化的集大成者。我们不能因为难以理解、无法认知而轻易否定堪舆学，在古代，堪舆学可是一门显学，甚至于被权贵所垄断，并被蒙上了一层神秘色彩，而事实上，这层神秘色彩也难以去除，因为它涉及的领域太广了，运用的知识太多了，对普通人来说，不可能不神秘。

祖先们发明出这些推演的模型是用来干什么的呢？自然是用来致用的，除了堪舆学本身就是一个致用的模型之外，其他的模型都是祖先用来认识世界的。

以模型形成之时对模型功能的清晰性而言，如河图洛书、八卦、围棋、堪舆、古琴等，是有着明确的推演目的。而麻将和太极武术等，可能并没有明确的推演目的，它们的目的可能就是模型的本身，不过由于华夏文明的悠久传统就是用喻，有前面围棋、古琴的创作先例供参考，所以他们也不自觉地运用喻建立了一种崭新的模型，即便他们一开始时并没有清晰地推演思路，有的是为了技击，有的是为了游戏，但这种用喻建立的模型也一样会自然而然地产生推演，只不过，这种推演因为时间尚短，还有参与这种推演的人群存在一定程度的局限性，所以它们尚未发展到如围棋、八卦那样的程度。

模型推演的最重要意义就在于它是一种模拟，可以随时随地进行并且是数量无限的，而大规模的军事战争，大规模的军事演习，可能要很长时间才会发生一次，那么军事策略的学习和总结显然不能全凭这些，于是围棋、八卦、堪舆就产生了。同样的，政治事件也不是任何人都能参与，那么政治的后备人选就可以通过围棋等模具的推演来进行思考和学习，战国时期的纵横家之所以极其重视围棋的局演，原因就在于此。

模型推演是学习理论、检验理论（喻义）的一种方式，同时它也产生新的理论（喻义）。

我们不要小看了这个模型推演，华夏文明中几乎所有最基本、最重要的喻义，都包含在各种各样的模型中了。模型推演之所以能够做到这一点，是因为华夏文明将各种喻义与数结合在了一起。因为有了数的存在，那么无论什么样的喻义也逃脱不了这些模型的范畴，如阴阳之道，逃不掉二这个数，那么在现实中，君臣、父子、夫妻的关系，全是阴阳的辩证关系，全是对立统一的，全是矛盾调和的，全是相克相生的，全是相辅相成的，那么，在围棋中体悟黑白二道的阴阳之变，就一样可以贯通到前面那几种关系。又如围棋的天元和四星位形成的五方，对应五行，那么与此理相对应贯通的，在政治上就有了五常，军事上就有了将之五德，医学上就有了五脏，饮食上就有了五果、五谷，音乐上就有了五音，颜色上就有了五色，那么棋手在博弈时，就可以领悟五行之间的关系，从而贯通到政治、军事、医学上。麻将牌中有三个花色，对应三才，那么政治上就有了三纲，法家学术就有了法术势三学，军事上就有了天时地利人和，天象上就有了日月星，国家兴亡和朝代更替就有了气运数，这些三才之学，都可以通过麻将牌中三种花色之间的拆借组合来领悟。扑克牌中有四色，代表四方，而政治上有四维，如礼义廉耻、忠信仁义等，天象上就有了四季轮回，生物学、农学和医学上就有了生长收藏，而能在扑克牌中领悟这些道理的，也必然懂得融会贯通。

可以说，古代华夏的方方面面，从天文到地理，从政治到军事，从科技到医学，就其根本的层面来说，莫不在数的范畴中，而数与喻结合建立的种种模型，则是学习、认识这些方面的工具，也是指导、运作这些方面的工具。

局演最终成为竞技游戏，太极最终变成纯粹的武术，八卦最终变成算命先生的工具，这些都明示着喻演这一学习认知工具已经被我们渐渐遗忘。

同样，太极本是一种体演，将之视为武术，本身就是已经舍本逐末了，而现代将之与技击等同起来，又是末梢之末，歧中之歧了。

虽然华夏文明有一个两千年的渐渐衰落的过程，但并不乏具有真知灼见之士依然懂得局演的道理，以围棋为例，班固在《弈旨》中说："上有天地之象，次有帝王之治，中有五霸之权，下有战国之事，览其得失，古今略备。"已经将天文地理、国家政权的道理都包括在围棋之中了。又如马融"略观围棋兮，法于用兵，三尺之局兮，为战斗场。"以为围棋是根据兵法而制作的，显然具有文人儒生所特有的局限性。而三国曹摅《围棋赋》："拟军政以为本，引兵家以为喻。"则是继承了马融的观点。但曹摅在认知上有超过马融的地方，如他讲到："览斯戏以广思，仪群方之妙理，讶奇变之可嘉，思孙吴与白起。"他认为无论是亲自对弈还是观察围棋，都可以拓展思路，可以体会华夏种种学问方术的深妙道理，可以体会孙吴和白起用兵的玄妙。

而南朝梁萧衍在其《围棋赋》中也有这样的认知："故君子以之游神，先达以之安思。尽有戏之要道，穷情理之奥秘。"他认为围棋可以让人锻炼思维，拓展智慧，可以究尽人情物理的奥秘。这一点，萧衍显然比曹摅的眼界和思路更广阔一些。

而唐代傅梦求在其《围棋赋》中则说："享乾坤之清夷，悟盈虚之妙理，期大雅之明哲，诚国手之擅美。"他认为围棋可以让人领悟乾坤之道，并得到清净的思想状态，而且能悟出盈和虚的道理，长久地下围棋，那么大雅和明哲的古代圣人修身之境，就都可以实现了。

我们在读这些古代著作的时候，要注意区分，局演有两层含义，一层是将宇宙万相和人类社会的抽象之道凝练、浓缩到一种形式中，称之为局，比如萧衍《围棋赋》所讲："围奁象天，方局法地。"这是讲围棋的制作论的，上文中提到的如："略观围棋兮，法于用兵。""拟军政以为本，引兵家以为喻。"都是讲的创造原理，也就是局的层面。局演的第二层含义则是演，即将局中所蕴含的种种宇宙万象和人类社会的抽象之道通过棋局的运行，通过对弈领悟出来。前文中从"览斯戏以广思"开始讲到的内容都属于演的范畴，而《棋经》等著作皆属于演。像《棋经》中总结的"虚实""取舍"等演喻就是最根本法则阴阳之喻周流于其他领域的更具体更有针对性的概念。华夏先民发现并逐渐总结出最根本的喻义，制作成局，然后用这最根本的喻义推演，从而得出更多更丰富更有针对性的喻义，这是华夏文明发展进步的主要路径。

关于华夏文明的本质是一种模型推演，本应放到篇前统讲的，但放在篇前讲则没有太多的例证，所以就放在这里，更容易理解一些，不过这样对文章的总体结构还是有一定影响的,所以,这一段内容应该与篇前一起看。

作为一门局演,越是懂得它所演的那些奥义,棋技自然也会越高。如明太祖。

明太祖智勇天纵,于艺事无所不通,惟于弈棋不耐思索。相传与人对弈,无论棋品高低,必胜一子。盖每局必先着,辄先于枰之中间,孤着一子。此后,黑东南,则白西北,黑右后,则白左前,无不遥遥相对,着着不差。至局终,则辄饶一子也。帝王自在真,非凡手所能拟议矣。(清•魏瑛《耕兰杂录》)

很明显,明太祖的智慧是贯通的,不但政治、军事,就连局演也很是精通。从这一小段记载中我们就可以看出来,他很懂得布局之道,很懂得得位则成势的哲学,而且非常懂得天元这一位置的重要性。

现代所谓的宇宙流,其主要特点就是从天元这一星位,以棋局的中腹为核心攻城略地,以此看来,宇宙流并非近人的创举,洪武帝在数百年前,就已经擅长于这种下法了。显然,这种下法跟洪武帝的军事战略思维是密切相关的。而同样的,早在宋代时,《棋经》就已经指出,"边不如角,角不如腹"的战略位置观了,可以说,早在宋代,其实棋坛上就已经流行宇宙流了。而在现代的文化宣传中,却认为这种棋法是日本人所创造,显然是对不起我们的祖先的。

而在宋朝罗大经的著作《鹤林玉露》中,他记载陆象山在年少时常在临安市肆中观看下棋,棋工见他经常观棋,于是想和他对弈一局,他拒绝了,三天后,他到市肆中买了一副棋,回到家里将它悬在屋中,躺下来时就观看它,两日后,他忽然领悟到"此河图数也!"于是就前往市肆与那棋工对弈,结果棋工连输两局,于是起来对他施礼说:"我是临安围棋界的第一高手,凡是来跟我下棋的,我都让他们一手,而现在反倒是你让我一手我还输棋,你怕是天下没有敌手了。"

这是历史上最明确的关于围棋是一门局演的记载,陆象山作为易学的大家,显然少年时就具有非凡的天赋,史载他三岁就问其父"天地何所穷际",初读《论语》,即指出其中讹误之处,堪称早慧,他少年时从围棋的局(棋盘)中看到了河图洛书的喻义,而且黑白两子的布列,也是河图洛书最明显的特征,他运用河图洛书的原理来下棋,那么他的棋道是其他人所不能领悟并应对的,天下无敌也是很自然的事情了。

其实古代不只是李泌、张拟、陆象先等名士懂得围棋本质上是局演这一关键认知，后人也还有懂得这一道理的，如为《玄玄棋经》作序的邵庵老人虞集。

在序的一开始，虞集就提出了一个尖锐的问题，那就是古来传说尧舜造围棋教子，以丹朱和商均的愚蠢程度，为什么不教给他们仁义礼智信等学问，却用一种变诈之术围棋呢？

其实这种认知是儒生们的浅见鄙识所决定的，他们以为仁义礼智等是中国文化的最高端成就，殊不知，在尧舜时期，还有更高明的学问。恰恰是汉后的儒生们将儒学的几个理论推崇到无以复加的地步，对其他学说肆意压制和打击排挤，从而导致了华夏文明中其他璀璨理论的销声匿迹。

"夫棋之制也，有天地方圆之象，有阴阳动静之理，有星辰分布之序，有风雷变化之机，有春秋生杀之权，有山河表里之势。此道之升降，人事之盛衰，莫不寓是。"虞集指出：天地万相和人事盛衰的道理，围棋全部包含。如果用局演的角度来解释，则是围棋可以推演天地万相和人事盛衰的几乎全部哲理。

虞集应该是儒生，所以他说："惟达者为能，守之以仁，行之以义，秩之以礼，明之以智，夫乌可以寻常他艺忽之哉！"在这里，他是提出了一个四维说的，那就是仁义礼智，而这恰可合于围棋的四方之制。

虞集认为："自古圣人制器，精义入神，各以致用，非有无益之习也。"可见他是认识到尧舜之所以能创造围棋，是因为他们掌握了出神入化的天地之妙义，所以才能匠心独运。而围棋作为古圣所制，绝对不会仅仅是一门没有什么益处的游戏。

虞集认为现实中的一切哲学和道理，都可以在围棋中找到并演习，"且夫经营措置之方，攻守审决之道，犹国家政令，出入之机，军师行伍之法，举而习之，亦居安虑危之戒也。帝深纳其言，遂命臣集铭其弈之器。集故有周天画地，制胜保德之喻。"经营固然可以看成朝廷对国家的经营，作为商人，甚或现代的公司，经营二字也都适合，而攻击则显然是国家间的关系范畴，军师行伍则是军事层面，而虞集认为围棋的道理都可以借鉴到。虞集对于围棋的评论"周天画地"，这个评价是极高的，也符合尧舜制作围棋的本喻。而他说"所以我才有所谓的围棋能够周天画地，涵盖一切，并使得帝王能战胜敌人，保有王德的喻义。"

他对《玄玄集》之所以成书的原因也讲得非常清楚，如："对弈之暇，各出其家之所藏，举凡耳目之所注，心手之所得，新闻异见，奇谋最画，可以安危而决胜者，辄图而识之，分其局势，既纪训名目之殊，又叙之以法度之要，其为谱诀，注释且备，真棋经之大成。"他们选择的是那些"心手之所得"，即心有所悟时得到的哲学道理，"奇谋最画"指的是奇特的谋略和最高超的谋划，标准是可以决定安危和胜负，并且用社会中现存的各种法度来讲述它们。

虞集在最后评价围棋说："盖其学之通玄，可以拟诸老子众妙之门，扬雄大易之准。且其为数，出没变化，深不可测，往往皆神仙豪杰玩好巧力之所为，故其妙悟，传之者鲜。惟汉之班固、马融，善赋其事；唐之张说、李泌，善论其理，他非所可及也。"认为围棋的奥秘，可以与老子的学说、扬雄的易学相媲美，他认为围棋中所蕴含的数的学问，是变化无穷，深不可测的。

毫无疑问，古人认识到围棋是一门大学问，他们虽然没有现代人更丰富的知识，可以通过沙盘推演等现代事物作喻，从而用局演来定义围棋，但在本质的认识上，却并无差别。

历史上对围棋认识得最清楚并最敢为围棋正名的是沈约。

与梁武帝萧衍同为"竟陵八友"之一的沈约，在其《棋品序》中写道："弈之时义，大矣哉！体希微之趣，含奇正之情。静则合道，动必适变。若夫入神造极之灵，经武纬文之德，故可与和乐等妙，上艺齐工。"

值得注意的是，虽然历代的棋论家都意识到围棋局演的意义，但像沈约这样评价之高的却没有第二人。首先"大矣哉"这三个字只有在《易经》中才出现，是一种极高的评价，至于接下来的一句"体希微之趣，含奇正之情。"虽也工整，但实际上是当不得"大矣哉"这三个字的，沈约的具体论述还不如班固"上有天地之象，次有帝王之治，中有五霸之权，下有战国之事，览其得失，古今略备。"来得大气。而"静则合道，动必适变"则提升了层次，将老子的道和《易经》的变结合了起来，认为围棋蕴含着这些奥妙。沈约认为围棋中蕴含有"入神造极之灵、经武纬文之德"，所以围棋其实是和《诗》《书》《礼》《乐》价值同等的一门学问，这算是中国历史上对围棋的一个最高的评价了。

而且沈约也已经隐约地意识到了，围棋与《易经》八卦是同一类事物，所以他说："虽复理生于数，研求之所不能涉。义出乎几，爻象未之或尽。"虽然说得很委婉，但无疑认为围棋是《易经》八卦的一个有益的补充。可以说，他这个认知，在围棋的文化史上是最接近围棋的本质的，他差一点就抓住了《易经》和围棋都是演这一本质。基于对围棋的重要性的认知，沈约指出："凝神之性难限，入玄之致不穷。"认为围棋对于人的性情修养、智慧开发的功用，是无穷无尽的。

有一种很流行的说法，叫"世事一局棋""人生如棋"，算是一种更典型的喻义了，世事一局棋，是个很笼统的比喻，或是感慨世事不过如此罢了，无论谁负谁胜，都如一局终了，或是感慨世间无非是一场博弈，终归要分个胜负，或是感慨世事如同一个棋局，只有智者才能参破，不过，用棋局来喻人生，确实也是得了棋局的三昧了。

围棋作为一门局演，其超越其他游戏的地方在于，它的每一枚棋子、每一步，因为都可以与其他子其他步相互联系、相互影响、互为主辅、互为表里、相互变化，所以每一子每一步都是关系全局的，每一子都既能起到鼎定乾坤，或力挽狂澜的作用，对于一名高手来说，每一枚棋子都可能下成全局的关键一步，每一步都暗藏玄机，也可以说是步步杀机，这是围棋作为一门局演，最精彩也最玄妙的地方。

围棋是典型的整体论，每一枚棋子与全局的关系越紧密，相互间的辅助性越强，互动性越大，棋力也就越高，局演也就演得也好。

杀力强大的，可以步步紧逼，正面包围，可以横冲直撞、浴血厮杀；棋路玄妙的，可以旁敲侧击、深远布局，打头站、落伏笔；善于布局的，可以重重设障、十面埋伏；它既是温文尔雅、谋略布局，运筹于帷幄之中、决胜于千里之外的高人对决，又是铁血无情、金戈铁马、冷酷无情、生死不两立、残暴与义武之间的勇者之战。善布局的，如同布下重重战阵、如同上天布下重重山川，困锁蛟龙；善战斗的，如同率领铁血战师，纵横天下，征伐不断。强攻的，如同排山倒海，善守的，如同绵里藏针。善布局整体的，铁骑洪流，浩浩荡荡；善搏杀的，如蛟龙猛虎，矫健灵活。宏远博大、细妙精微，融于一局。

每一组棋，都是一个局，局与局互相牵连，互相演化，局连局、局变局、局局成局，局中有局。奇正相生、精巧相变，智勇为迭，审形度势、意在发先，通阴阳之大道，汇星象之高妙，合四维之正理，蕴五行之变化，行而演之，自然是奥妙无穷、钻之弥深了。

老子说过："不出户，知天下；不窥牖，见天道。其出弥远，其知弥少。是以圣人不行而知，不见而明，不为而成。"为什么能够做到这一点？老子没有给出答案，而我们的局演论，或者说是演学，则给出了这样一个可参考的答案。天道和万物之理，在局演和体演等各种喻演中，是可以学习和思考的。

在今天，重新审视、重新思考，用现代的逻辑思维和辩证思维，用现代的科学方法来再度认知华夏文明，是我们华夏文明再现辉煌所必需的，而对诸如围棋、麻将、扑克牌等游戏，更需要本着华夏文明本来的思路去认知，否则，我们永远也不可能认识到围棋其实是一门局演，演化的是整个华夏文明中最根本的东西，它们是对华夏文明的一种再创造和概括浓缩，既是华夏文明中基础原理的概念模型，也是一种天地运行规律、社会运动形式、人类活动形式的抽象的动态模拟和演练。在局演中，既有天道和天象，也有军事政治外交经济的规则，它既蕴含了这些规则的名称，也可以衍化、推演、展示，既可以从中学习，更可以从中思考、领悟、创造，局演中的喻，是一个概念群、知识群。局演不仅仅是天地奥义的推演和展现，它还可以不断创造新的概念，新的喻义，产生新的理论。

局演是适合各个知识领域的人的一种学习方法和工具，它可以令人学到各个领域的知识的一种学习方法和工具，它是一门贯通性的学习方法和工具，而不是单一性的学习方法和工具。局演既是最好的知识载体，也是最好的学习工具，也是最好的学习方法，它是一门亟待开发的知识，如果我们运用演的思维来对待围棋等局演，那么它们将会对我们的学习思考带来革命性的改变，这对于我们当代的国学教育，是有着深远的意义的。因为局演所采用的本喻都是最根本的、最普遍的，所以局演是具有领域的贯通性的，从局演中学到的知识和理论也将是最普遍的、贯通性的知识和理论。局演之喻的普遍性和根本性决定了局演中所蕴含的知识是极其丰富的、无穷无尽的。

而对于华夏文明中种种之演这一无尽的宝藏，虽然古人已挖掘了不少，但我们今人似乎是遗忘了这一宝藏，重新挖掘演的重大作用，对于我们的学习和教育，是有重大意义的。而同样的，为围棋等古老国粹正名，从所谓"戏"的泥垢中露出真容，也是中华文化推本溯源、重焕光彩所必需的一步。

数理之合

围棋在历史上，最重要的功用可能就是它被视为一种军事斗争的哲学之弈，然而实际上，围棋最主要的喻是阴阳二气的演变和转化，更是气、运、数等喻的演化，以360度数为一局，进行天道、阴阳等诸多数理的推衍，这才是它的最主要目的，史上那些用围棋而悟兵法、求战胜之道的人，虽说也都是智者，但显然，也都没有摸索到围棋最核心的东西。

如果将围棋视为气、运、数的推演，天道阴阳的推衍，那么就不会太在意胜负，也就不会以弈胜为目标，因为如果掌握了以上两种喻义，那胜负自然会了了分明地存在于胸中了。作为一门演，自然不能单单演胜，还要演败，只有在有胜有败的推演中，才能得出全体。

围棋既然是数的推演，那么它必然暗含诸数，天元为一，万物万数都从一开始，一是其他所有数产生的依托和根源，把握了这个根本才能控制四方，一产生二，于是就有了阴阳，有了阴阳，万物和万数就开始变化并运动，于是就到达了四个角星位，既是天地四方，也是开始了四季的轮回。每一方都有九十路棋，这是一季度的天数，而周围有七十二路，这是效法时令的变化。而阴阳二数一旦开始运行之后，就会充满无数的变化，数就会达到无穷无尽，所以"千古无同局"，由不同的运转形成的局面是没有穷尽的。日本的围棋著作《围棋发阳论》有一个别名叫《不断樱》，樱在日本围棋中代表着手段高超，不断樱就是妙手层出不穷之意。围棋之局无尽，妙招亦无尽。

所以，围棋是包含着有限和无穷的哲学思辨的。

华夏文化中的数，不只有计算、计数的意思，还有万物运行之定律、定规的意思，也有万物运行的趋向和趋势的意思。由于数是个哲学的词汇，后人舍难就易，就有了算这个字代替了数。不过，古人的算依然不仅仅是数字计算的意思，而是计算更多的层面，如《棋经》中的算，跟兵家的筹、计是一样的意思，既要计算目数的多少，也要计算可能性和趋势，所以《棋经》说："以正合其势"，也是运用正兵的战法来得到势，"以权制其敌"，用随机应变的权术智谋来限制对手的棋势，这是奇兵的战法。计定于内，势成于外，只有周到的谋算，才能营造出对我有利的态势。

清围棋大家施定庵在《弈理旨归·序》中指出："弈之为道，数叶天垣，理参河洛，阴阳之体用，奇正之经权，无不寓焉。是以变化无穷，古今各异，非心与天游、神与物会者，未易臻其至也。"

很明显，施定庵认为围棋富于诸多喻义，所以蕴含了种种变化，不是那种心灵与天地相通、思想与万物交会的人，是很难彻底地掌握围棋的至道的，只有通达诸喻，才可能达到弈的最高境界。而事实上，局演本就是帮助我们通达诸喻的。

数覆于理，理合于数。数无所不覆，而理合于数则妙，不合于数则不妙。

一到十的数字，天然与宇宙的运转规律相合，宇宙和万物的运转，总结概括起来，都脱离不开数的范畴。人类自远古以来的学问，都与数紧密相关，既脱离不了数，又不断运用着数。

数和理、力，都关乎宇宙的运转，也许力是关乎物理运转的，而理则是关于社会运转的，也许它们互相之间也都有重合。是否如此，还需要众多学科的天才们来共同探索才能够实现，以此而言，我们对于数和理的认识，还有很长的路要走。

中国人对数可以说是很痴迷的，即便数理之学在两千年华夷文明时代（请参看《喻与华夏文明的高度》一节）逐渐遗失，但人们会本能地将数运用到各种事物之中，比如小说里的五虎将、五福将、五子良将、十三太保、三十六天罡、七十二地煞，还有神话里的三十六天罡变、七十二地煞变，又如小说中的阵法，从一开始，有太极阵、两仪阵、三才阵、四象阵、五行阵、六合阵（六花阵）、七星阵、八卦阵、九宫连环阵、十面埋伏阵……即便是中国人民俗中流行的祝福语，也透露着中国人对数理的模糊的认知，如一元复始，二龙献宝（戏珠）、三羊开泰、四季来财、五福临门、六六大顺（六合同春）、七星高照、八方进宝、九天揽月（九九归一）、十全十美、百业兴隆、千祥云集、万福并臻，一直到万象更新，当然，以民俗来说，其数与理的搭配之逻辑性和严密性我们是不能过高要求的，关于数的吉语，也有如一家和睦、二人同心、三思无过等，九九归一也可说成九九归真等等。

数是构成物质世界的重要的因素，数似乎是完全可以与天地万物无关的，但天地万物却都无法脱离数而独立存在，都在数的笼罩之内。华夏文明建立了数，从一到五乃至八九的数，所以就概括出了宇宙运行和人类社会运转的诸多真理和规律，如无极（又如老子的道生一，则道为零）应零，太极应一，阴阳应二，三才应三，四方四季应四，五行五方应五，六合六度应六，七星应七，八卦应八，九宫应九，于是建立了一个十个数字的完美的周天循环。

就如同《易》的八卦有逆、顺两序一样，华夏文明中以零为始，如道生一，而佛学中则是以十为尊，以十为圆满，看起来，也像是一个逆顺数。华夏文明中的数，起于零，极于九，而佛学中的数，起于一，终于十。对于有志于研究数的读者来说，这一极为重要的差别不可不认真钻研领会。

凡是理，就必然要与数合，数是不需要做任何动作的，只要是理出现了，就必然会合于数，这就好像所有被抛起的苹果，最后都要落地一样。这样就会产生一个问题，那就是总有一个最合于数的理。随着人们知见领域的不同，数与理的结合也不同,而随着人们知见的差距或者侧重点不同,数与理的结合也不同。

比如说《礼记》中记载的鸡为德禽,合于五德:

《尔雅》:"头戴冠者文也,足傅距者武也,敌在前敢斗者勇也,见食相呼者仁也,守时不失者信也。"

鸡的武勇似是很著名的,据传早在夏朝已有斗鸡之戏,而在明文记载的历史中,则有《史记·鲁周公世家》所记载的因斗鸡而引起的政治纷争。

在比春秋更悠远的古代,鸡的五德,是文、武、勇、仁、信,这与后来的仁义礼智信的提法是不同的,从此也可以看出,古代的五德,是有多种说法的,这一点,从孙子所提倡的智、信、仁、勇、严也可以看出来,至少,在春秋时代,五德之说是比较灵活自由的,而不是固定不变的。

随着适用领域、目的、层次、适应对象的差别,数与理会有多种结合。而像阴阳、三才、五行这样的唯一之根本数理,则是最根本也最基础的喻。如我们以五行总括五声、五色、五味、五德、五脏、五方、五谷、五气、五养、五果、五蔬、五药等,又如我们以阴阳总括天地、男女、雌雄、昼夜等,这是在物质层面说的,我们还以阴阳总括诸如胜负、善恶、虚实、奇正、攻守、名实、厚薄等哲学层面的概念。

所以要弄通数理,首先要弄懂哪个是本喻。

以数合理,是华夏文明最重要的思维之一,也是局演这一学问得以建立的基础。早在黄帝虞舜时期,这一思维方法就被广泛运用了,如《尚书·尧典》中提到的五典(古人有认为五典即后世儒家倡导的五常:父义、母慈、兄友、弟恭、子孝)、五品(或说父母兄弟子),而在《尚书·舜典》中,更是提到了与北斗七星或者七曜相对应的七政(后世古人认为是:祭祀、班瑞、东巡、南巡、西巡、北巡、归格艺祖),在祭祀对象上,则分为六宗(一说是水火雷风山泽,一说是天地四方,一说是四时、寒暑、日月星、水旱),诸侯执为符信玉圭的则有五瑞,还记载了舜重修五礼,舜用流放代替五刑,可见在尧舜之前,五刑早就有了,在政治上,《尚书·舜典》还记载"舜格于文祖,询于四岳,辟四门,明四目,达四聪",可见华夏文明早期以四合理,也是内容丰富的。而在对五刑的改革上,则有五服三就、五流、五宅三居的政策。在礼上,在五礼之外,还有三礼之说(一说祭祀天神、地神、祖先),在考察百官政绩以升降其职方面,则有三考之制，以百为数，则有百谷、百姓、百工，以八为数，则有八音，在《尚书·禹典》中，则提到了三德、六德、九德，百僚、百官，以五为数，则提到了五辰，五典五惇、五刑五用、五服五章、五采五色、五言、五长，其他如九川四海、四邻、六律五声八音、九等、三江、三品、九江、三邦、九州、九山、九川、九泽、六府（一说为水火金木土谷）、三壤等。

而在《尚书·甘誓》中，夏启讨伐有扈氏的檄文中，则提到了五行三正（一说大国的三卿），六卿六事等数与理的结合。

在周朝，周公所著的《周礼》中，也记载了诸多数理，如：

师氏掌以媺诏王。以三德教国子：一曰至德，以为道本；二曰敏德，以为行本；三曰孝德，以知逆恶。教三行：一曰孝行，以亲父母；二曰友行，以尊贤良；三曰顺行，以事师长。""乃教之六艺，一曰五礼，二曰六乐，三曰五射，四曰五驭，五曰六书，六曰九数。乃教之六仪，一曰祭祀之容，二曰宾客之容，三曰朝廷之容，四曰丧纪之容，五曰军旅之容，六曰车马之容。

其他如六典、八法、八则、九职、九赋、九式、九贡、九两、六叙、六属、六职、六联、八成、六计、七事、八职、三公、六卿、六畜、六兽、六禽、六食、六饮、六膳、百羞、百酱、八珍、五气、五声、五味、五谷、五药、五齐、三酒、四饮、六饮、四豆、八尊……总之，以数合理、以数合政、以数合事，是华夏文明中极为悠久的历史传统。

以数合理，兵家也不例外，如《司马法》讲数，喜欢取法七星，如七政："一曰人，二曰正，三曰辞，四曰巧，五曰火，六曰水，七曰兵。"他还认为治乱之道有七："一曰仁，二曰信，三曰直，四曰一，五曰义，六曰变，七曰尊。"他同时认为立法有七："一曰受，二曰法，三曰立，四曰疾，五曰御其服，六曰等其色，七曰百官宜无淫服。"

可见不同的思想家，其总结出的理，也往往会合于不同的数，有喜欢用三的，有喜欢用四的，有喜欢用五的，有喜欢用七的。

当然，《司马法》中也提到过先王的五刑六治，如六治："顺天之道，设地之宜；官民之德，而正名治物；立国辨职，以爵分禄。"而同章中还提到对诸侯的六治："以土地形诸侯，以政令平诸侯，以礼信亲诸侯，以材力说诸侯，以谋人维诸侯，及兵革服诸侯。同患同利，以合诸侯；比小事大，以和诸侯。"还有九禁："凭弱犯寡者则眚之，贼贤害民则伐之，暴内陵外则坛之，野荒民散则削之，负固不服则侵之，贼杀其亲则正之，放弑其君则残之，犯令陵政则杜之，外内乱，禽兽行，则灭之。"

吴子对数的运用则更多，如他以为战争的起因有五："一曰争名，二曰争利，三曰积恶，四曰内乱，五曰因饥。"他认为战争的性质有五："一曰义兵，二曰强兵，三曰刚兵，四曰暴兵，五曰逆兵。"而他认为这五种兵又需配以五种道："五者之数，各有其道：义必以礼服，强必以谦服，刚必以辞服，暴必以诈服，逆必以权服。"他认为诸侯的战争，其大战的数量决定兴亡："天下战国，五胜者祸，四胜者弊，三胜者霸，二胜者王，一胜者帝。'是以数胜得天下者稀，以亡者众。"

又如如吴子认为政有四不和："不和于国，不可以出军；不和于军，不可以出阵；不和于阵，不可以进战；不和于战，不可以决胜。"他还认为"荣、利、耻、死，是谓四守。"

更多的例子在此就不再罗列了，华夏的上古文明中，以数合理，主要是用之于政治，所以称之为数政也很合适。这一传统，有史料记载的，至少是从尧帝时期就有，春秋时期依然继承。

我们由此可以看到，在华夏上古文明中，数与理的结合是多么密切，时至今日，政事也离不开数，如"一个中心，两个基本点""八荣八耻""一带一路"。教育也离不开数，如"五讲四美三热爱"。即便是在地方行政上，数也时时被运用，尤其是讲到战略格局时，都喜欢用数来概括。如北京市2017年的整体规划，便提出了一核一区、一主一副、两轴多点的格局。而以前上海市的规划则有"一个龙头，三个中心""三港两路两网""三二一产业发展方针""三个层次，三个集中"等格局。其实这种运用数字带出重点的施政方针，几乎各个市县都在采用。在数与政的结合这一层面，中国当代对历史传承继承得很好。

数可能是被我们在不自觉地运用，而运用数的人，显然在潜意识中，是认识到华夏文明中数理结合之力量的。

以三而言，华夏古文明中早就有天地人三才之说，而在道家看来，三生万物，三是一个极其重要的数，是万物资生的开始。在位置上，则有左右中的先后差别，有王和文臣武将，在等级上，则有上中下三等。而中华佛学中，则有佛法僧三宝、法报化三身、智力佛三位（以智和力为代表的两胁侍）、东西中三佛、过去现在未来三佛等数与理、数与位的哲学，而在宇宙时空的概念中，则有过去未来现在三时，而八卦的本卦，亦是由三爻构成，而现在的交通，则有海陆空，三军也有海陆空，所以三才这个数，同阴阳一样都是最基本也最重要的数。

以六为数，典型的如八卦中的三爻乘以阳阳为六爻，以此为基本形式构成六十四卦。

华夏文明中以九为极数，中华佛学中以十为极数。以九为极数，是因为至九则归一、圆满，要进入下一个进制了，以十为极数，则是以下一个层级的起始为这一个层级的圆满，也是得了圆满之真意的。

华夏以七为数，是因为日月和五星合成七星，而天上复有北斗七星，所以七也是一个特别的数，在夏商周时代，古人称之为七曜。佛教中以七为数，每七天算一个周期，无论是禅定、讲法还是做法事，都以七天为时间计量单位。

正是因为数与理的契合，局演才有了建立的更好基础。

如麻将三种主牌，以三才为喻，如果没有数的符合，这种喻就是无法建立的，同样，围棋如果不是黑白两色，也建立不起阴阳之喻。而体演中，两手两足合于二之数，所以才可以取象阴阳，以阴阳为喻，而精气神合于三之数，所以才能以三才为喻，而五指、四肢躯干合于五，也才能演五行之喻。可以说，数是演的基础，合于数然后才能演于喻。

数以二，对华夏文明的影响是极度深远的，它至少有四个方面：一是阴阳，讲的是相对性，主要是讲矛盾和变化；二是礼，讲的是人类社会相互间的关系，是讲彼此的相处之道，讲的是和谐性和共生性；三是喻，是由此及彼的认知方法；四是中，是讲两者之间的学问。这四者，都以二为数，所以可统称为彼此之道，而彼此之道，就是整个宇宙和人类社会的相互关系的最基本、最元始形态。其中，阴阳、礼道，是讲事物之间的关系的，喻道、中道，是讲规律之间的关系的，这一点，读者一定要分清，不要以为彼此之学只是事物的彼此。

对于二的相对性要继续深入理解：一对相对事物之间，其相对性也是相对的，如山与水，从物象而言，山坚为阳，水柔为阴，但从意象而言，流动的水又是阳的，静止的山则是阴的。所以，事物间的相对性也要遵循相对性这一喻义。

古人讲数以一，则有道这一说，如果道用现代的思维方式来理解的话，道就是所谓的具有最普遍性的真理。喻也是一，是贯穿各个领域，令各个领域和各个领域内事物之运转虽不以同一相，但以同一理。数也是一，虽然这个一看起来跟其他的似乎是并无联系的。现代人看华夏先民对于数的痴迷和崇敬，不免视为迷信，如二则阴阳，如三则三才，似乎仅仅是偶然相关，仅仅是巧合，但却不知，世界的一切，都将落于数，从一到十，整个世界都跑不出数的范畴，当认识到这一点后，就不会对华夏先民对于数的重视而起轻视之心了。很明显的，华夏先民对于数的认识远比我们现在深刻。

数之所以被有些人视为迷信，仅仅是因为现代数学是与科学相联系的，数难道仅仅与科学相联系吗？人的五指是人身体中最重要的部位，所以会有五行相对，也是必然的。如果我们怀疑五行学说有些牵强的时候，那么看看我们的五指就知道了，五这个数字必有其不同寻常之处。人有五指，地有五方，变化则有五行，强行将数与华夏文明中的义理剥离，显然也是不符合科学之原则的。物理等科学脱离不了数，人类的义理也一样脱离不了数，谁可以放言数只跟科学有关，却跟其他学术领域无关呢？谁能说数与其他学术领域的相关就只是偶然的巧合呢？伏羲通达诸数，创太极阴阳八卦，黄帝以二为数，创刑德、恩威之术，老子通于诸数，创道德之学，法家以三为数，创法术势。两千年华夷文明时代，以二为数，则有礼法之学，有明儒暗法之治。

精于数就是精于理，精于数就是精于道。理以数范，越接近于本喻，则理越具有普遍性和唯一性。

华夏的数理之学对西方哲学的影响也是很深的，比如黑格尔的三部分：逻辑学、自然哲学、精神哲学，以及他的：正题、反题、合题，以及肯定、否定、否定之否定。较之华夏先民的天地人三才，同样是用三，黑格尔的格局显然还差了很远。华夏先民从天地人三才中，得出的义理是很丰富的，如上中下三等，左中右三位，过、中庸、不及，敌、我、友，你、我、他，体、用、理，如是诸多哲学层面，哪一个三不比黑格尔的更犀利、更典型呢？所以说，对于数的精通也就是对于理的精通，数的认知达不到，理的认知也就达不到。

诸子百家中，老子是最懂得数的，所以他才说："一生二，二生三，三生万物"，这是其他诸子所无法企及的。正是因为老子比其他人更加精通于数，所以他才能从天地人三才逆推阴阳男女，然后从阴阳男女逆推一，再从一逆推道（零、无），所以只有他最先得出了华夏文明中的一。三既适合于方位的左右中、上中下，也适合于时间，过去、未来、现在，正是时间的体现。

天地人三才一定不要从现象上看，而要看其喻义，否则就永远看不懂天地人三才，因为天地人三才跟阴阳相对一样，是根本之喻。所谓根本之喻就是可以以喻生喻的，如在政治军事斗争中，天代表的是时运、时机，地代表的是形势，人代表的是主观能动性。而在哲学层面来讲，天地人三才中天代表的是规律法则，地代表的是物质世界，人则代表主观能动性，三者的关系是人运用规律，来适应、改变世界。

而三这个数，世界文明史上最适合作为代表的，就应属天地人了。为什么佛学中的法报化及其他的义理不行呢？这是因为天地人三个象，本身就是喻。如果说阴阳是现实存在的一种现象，那么天地人三者本身就是喻，因为天地人三者的组合并无实指，它不像阴阳一样代表着相对性。天地人三才本身是天地中最典型的三个事物，所以既可以代表本质，也可以代表位。如天代表天道，地代表地德，而人则是道与德之间的那个可学习并实行天地之德的事物。所以，天地人既可以配位左中右，也可以配位上中下，既可以代表天时、地利、人和，也可以代表法术势、体理用，这是因为天地人三者的核心概念是位，既然确立了天地人三个位，那么，任何领域的根本性的规律总结，都可以进入这三个位中。

这也是为什么华夏文明中会总结出来那么多的以二和以三为数的义理的原因。凡理，必合于数，这是古今中外相同的；而推理，则由数而行，这却是华夏文明中独有的。以数为理，本身就是喻，而以喻作为基本的数理，从而推出更多的数理，亦是喻的运用。

如果我们要选出二这个数的最佳的义理，那么恐怕并不是阴阳，而会是彼此，因为彼此一词，可概括阴阳、喻道、中道、礼道。但实际上，如果我们将阴阳的概念泛化，那么彼此也可分为阴阳。但彼此又可包括兄弟、姐妹、同事、同学，这些彼此关系则是本属同一，不应分阴阳。又如人与石，两者间的关系可以用彼此来界定，用阴阳则不善界定，所以从概念来讲，彼此包含阴阳。所以彼此之学，乃是华夏文明中较之阴阳之学可能更加博大精深的一门学问。

由于二是最接近根本的数，而世界上曾经有的文明中，只有华夏文明中的阴阳最为经典，最具普遍性，所以在人类的历史上是最适合代表二的，也是中华文明中一直用来代表二的。

但实际上，用阴阳代表二并不圆满，颇不如彼此，也不如天地和道德。华夏古文明中，道者所以行也，德者所以能行也，道者规律，德者本质，德存，道所以行。所以道德两字，乃是人类文明的根本，而天道地德，乃是道德中最大者，而天地亦有阴阳之属性，是最大的阴阳，并同时包含所有的阴阳，所以天地其实是表二之数的最佳之本喻。正如儒家提倡的仁，其根本意义即在于取法天地之道，只不过将之用一个仁字来表达了。

佛学中以二为数，是智行两者。如果将智行两者放之于华夏阴阳辩证文明中来考察，则智行与体用、知行之说殊为近似，只是二之理的一部分而已。以人类的角度和层次来看，天地道德之中，既已包含智行，如天道之中，自然有智、有行。所以综合古今内外人类文明史上的诸多义理，实以彼此、天地乃为最适合的二之本喻。

至于数一或者数零，那么道究竟是世间一切的母体，还是母体之上的规律？如果我们视世间有一母体，则道亦应孕育于母体之中，而不应另外有道。但古人的论述给我们的印象则是，道生一切，道就是一切，道无所不能，一切都由于道。

以道生一的概念来讲，道属于零，或者说属于十，而不是一。

那么我们人类文明中还有哪一个概念是属于一的呢？就我目前所能想到的，就只有喻了。

华夏文明中，阴阳之道被运用得很广，在数上，它属于二的道，那么老子所说的"一生二"的一呢？似乎在华夏文化史上是有所缺失的，除了华夏哲学中整体论、合一论之外，亦除了太极等被视为零和一的概念外。喻，乃是一的道，而且是最重要的一的道。

喻是一的学问，是最根本的，但在华夏五千年的文明中，自秦汉之后，也许是夏商周开始，主要的便是二的文明，即阴阳文明，还有五的文明，即五行文明，一的文明逐渐被忘却了，喻的再次被提倡，可以说是华夏文明的归根之举。

我们在围棋中看到了数和理的紧密结合、相互运用，而这可以紧密结合、相互运用的内在原因，则是喻。古代的西方人还没有认识到数与理的关系，所以在义理方面就基本没有什么建树，至于喻，到现在他们也仅仅偶尔能够运用。

由以上种种对比和论断，我们现在可以确信，华夏古文明中，阴阳不是最根本的学问，由阴阳乃至道德，乃至天地，都是要运用喻来思考、学习、实践，这样就创造了灿烂辉煌的华夏古文明。天地为体，道德阴阳为用，而喻则是这个用的根本原理。人类之所以能效法天地，根本原因在于喻，而数则是根本之喻的必需工具，根本之喻以数理的形式出现。

我们都知道在我们的各门学问中，我们需要不断地凝练、总结，寻出最根本的规律，而这规律所合的数越是小，说明总结得越到位，越接近实质。这是我们在研究一个领域时所循的路径。而另一条路径，当我们掌握了二这个数，我们以阴阳的相对为喻，从天象的领域进入艺术的领域时，我们就会发现虚实、对应、转承、明暗等更具体的更细致的二之义理，如果我们再进入物理的领域，我们会发现体积和面积有大小、厚薄之分，高度等则有高矮、高低、上下之分，于质量则有轻重之分，其他无论密度、负荷等，都有大小等相对之分。

这是喻的两条路径，推理出喻或延伸出喻。而这两条路径，也都离不开数。

如果说阴阳是指向一切的，而光影则仅仅指向绘画（假设如此，因为没有任何一个相对的事物是不可以用作喻的），那么光影就是最基础的喻之终（比喻）……

而一旦我们将光影视为相对事物，使这一词组具有了相对性，那么它就可以延展到更多领域，与更多的理念进行相互印证。当这种相对性的事物越来越多后，由于它们都是以二为数，所以我们就可以总结出阴阳的概念，为什么阴阳比光影、大小、虚实、敌我等相对性词汇可以更普遍运用呢？因为这个词汇脱离了实物，在它不断地包含其他相对性的过程中，它变成了一个无所不包的本喻，它的意义不同于大小是从体积层面来讲的（大小后来亦延伸到社会领域，从而有了更多的用途），它是直接代表事物的相对性。

而当我们将阴阳、礼、中庸、喻四者再进行共性的归纳时，我们就会发现彼此二字，更适合于做本喻。

天地人为什么要称为三才呢？阴阳为什么要称为两仪呢？就是要更好地用数来表达，从而使之更具本喻的意义，更具抽象性，也更具覆盖性和贯通性。如果天地人不按喻的思维来理解，那么它们就仅仅只是三种物体。而如果我们用喻的思维来考察三才，我们就会明白它们是代表了三个位，天下的任何义理都会落于数，而当华夏先民以数配位之后，那么天下诸多义理也都会落于位。

如法家的学说有法术势三个要点，那么法配天位，势配地位，术配人位，这个分配是极其完美契合的。而以纯粹的方位来说，天在上，人在中，地在下，也是非常完美地契合的。

那么我们再来考察黑格尔的三段位：逻辑学、自然哲学、精神哲学，以及他的：正题、反题、合题，以及肯定、否定、否定之否定。后面两个是细枝末节，就不说了，而他的逻辑学、自然科学、精神哲学，是不是一个完美到位的合于三的义理呢？我看不是的，他还没有找到真正能匹配三这个数字的义理。

逻辑作为思维工具的一种，显然与后面两个是不匹配的，而后面两个是否就匹配于三了呢？也不尽然。

华夏先民最高明的地方就在于，在总结出了诸多的三之义理后，他们直接以一个位的关系来确立了三的本喻义理。这个数理的结合之所颠扑不破的原因就在于，祖先们运用最元始的喻道，直接取象于天地和人这三个人类能了解的宇宙中的三个最典型事物，直接作为喻本。而谁能找出比这个喻本更好的喻本？显然是不能的。无论是天象中的日月星三象，还是人类历史发展的气运数三个基本动力，都无不包含在天地人中，因为这三象中，单一个人字，既代表了个人，也代表了整个人类社会，亦代表了整个人类社会的历史和一切。

而如果以三才来喻黑格尔的三段式，那么天地之中，自然包含所有的自然哲学，而人之中，自然包含所有的精神哲学，而天道地德，无论在广度、深度、高度等各个维度，都远远要超过黑格尔的三段说。华夏先民运用喻的方法，自然能够轻松就得到更好的更根本的义理。

三才是跨越时空的三才，而不仅仅是三个现象，更不仅仅是三个领域，这就是华夏先民能够以三才为三之义理的缘故。

所以，当西方哲人还在摸索数和理的初步关系的时候，华夏先民在几千年前，就早已经运用喻学的原理，将数和理中最重要的几个数，一一找到了完美的义理本喻。

而谁又能说，黑格尔的三段式归纳，不是受中华文化中数理结合的思想所启发呢？

从以上我们比来比去，最后得出的结论则是，数二，则天地为尊，数三，则天地人，最终的结果，对人类来说，最重大也最根本的事情原来就是天地人的关系问题。显然，华夏先民的这种认知高度，是远远高于宗教中人与神的关系之高度的。

那么数理该不该固化呢？显然是不该固化的，因为世界上有众多领域，每个领域的不同部分不同层面都会有很多义理，这些理都可以合于数。如我推断天地人为三的最佳本喻，而儒家则将三纲固化为两千余年华夷文明时代的最根本之理，对整个华夏文明的发展来说，显然是退步的，其后果亦是灾难性的。所以，即便我们寻找到了最根本的合数之理，也不能完全取代其他的数理，在这一点上，孔子之后，儒生们做得就非常坏。

应当说，后世儒家对数理的固化，尤其是在三纲五常上，是对华夏文明的一种束缚和压制，令华夏文明丢失了许多优良的传统，给华夏文明造成了极大的损失。所以我们应该牢记，在任何时候，都不能单一地强调一个数理，而应注意不同数理的不同适应性。

举个例子，孙子的智信仁勇严，就不能用仁义礼智信来代替，因为兵家不可无勇武。同样的，古华夏中的文武仁智礼，也提倡了武，儒生们妄自去掉了武和勇，等于是在阴阳之中去掉了阳，所以说，儒生们的理论，在整个华夏文明史上，是有其历史的反作用的。

而且，儒生们有一件事始终没有搞清楚，那就是何为义，在秦朝之前，义即是武的精核，而仁则是文的精核，所以本来，仁义是配文武的。秦汉之乱，华夏古道丧失，儒生们又多不学无术，于是连文武和仁义的差别都搞不清楚了。又兼私心过重，强行用仁义包打天下，所以导致华夷文明时代的近两千年华夏与外族的治乱循环。

华夏文明的脉络，最古是天地，然后有文武，然后有老子的道德，之后有孔子的仁义，董仲舒《春秋繁露》中说："春秋之所治，人与我也；所以治人与我者，仁与义也。"显然，至少在汉儒看来，仁义的概念是春秋时期才努力推行的事情。儒家经典中较早的有传为周公所著的《周礼》，其中记载："一曰六德：知、仁、圣、义、忠、和。二曰六行：教、友、睦、姻、任、恤。三曰六艺：礼、乐、射、御、书、数。"

我们从周礼的记载中可以看出，周公对于礼的分类，与仁、义是不同类的。而礼信，也是被忠、和、圣三德所代替的。亦可见在商周之际，礼主要被视为一种社会技能，而仁和义则都是六德之一。

孔子显然是想将仁义赋予更多内涵的（请参看《从仁义二字看概念赋予和喻文字的优越》），他的目标是将仁义与道德、天地这样的义理相匹配并取代之，但显然，他没有能完成这一工作，而后世的儒生提倡五常，仁义的意义就变成了仁爱、正义的较狭小含义了，所以说，孔子对仁义学说的努力，失败在后世的儒生身上了。

而数理，乃是人类社会活动和精神活动中至为重要的大事，如果不明辨于理，而妄合于数，那无疑是我们文明中的重大失误。

所以，除了阴阳之外，天地、文武、仁义、道德，究竟哪一个才是最根本的二之数理，是一件很值得推究的事情。以老子的著述来看，道生一切，天地文武阴阳，都在道的范畴内，都由道所生，都遵循道，自然是道德为尊；而阴阳家认为道德二者也有阴阳，所谓道阳德阴，似乎道德该归纳在阴阳之内；文武作为两种美德，在军事家看来，分别可配仁义，朝堂行仁，而军中行义，朝堂行文，而军中行武，朝堂不能行军队之道，而军队也不能行朝堂之道，所以文武之道才是根本之道，后世儒家则以仁义为天地间最尊崇的，但，如《尔雅》："头戴冠者文也,足傅距者武也,敌在前敢斗者勇也,见食相呼者仁也,守时不失者信也。"文武之德就排在了仁德的前面,可见,古时的儒家学者流派中,也有达者以文武之德列于仁义之先的。

为什么古人在阴阳之外,还要探讨道德仁义等理义呢?这是因为阴阳主要是哲学范畴,是唯物主义的范畴,是自然科学的范畴,而社会更需要的则是政治理念和社会伦理,从伏羲时代开始的法天则地,到黄帝时代的刑德文武,到春秋时代,老子提倡的道德,孔子提倡的仁义,都有政治理念和社会伦理的作用,但不同的是,天地伦理和道德伦理,都更加富有哲学性,天地伦理还富有自然科学性。所以,天地之喻,是既贯通于阴阳的物质哲学范畴,也贯通于道德、文武、仁义等人文哲学范畴的。

从数理中见喻

华夏文明中的数理,并不仅仅是三种名相,而是以名相代表理,更直接以数理实现三个位之间相互间的转化关系。

如自古流传的法圣治,何谓法?礼制与法制,都是法的范畴,要以法为本而行治。何谓治?即圣以法而治世及所达成的效果。黄帝的刑德学说、老子的道德学说、韩非的法术势、孔子的仁义礼智信、鬼谷子的纵横捭阖……这些都是治术,治就是以法和术行治。圣即是具备道德,能遵行法制,推行治术而治国之君,法治圣其实就是圣王以治术推行法制,实现治国的目标。无法则不成圣,无圣则不成治,能达成治,法始可称为法,圣始可称为圣。若运法而不治,其法何能称为法,其治者何能称为圣?

所以三才之喻,本质上是要形成一个互相联系、转化的循环的。

我在2003年左右开始著作,在2006年得以出版的《佛教养生十日谈》中,曾认为佛教医学中的四大论,要优胜于中医的五行论。这是因为佛学中的四大论在对物质特性的总结上,似较五行论更科学更合理。那时我对中医尚未深入了解,后来著作了一些与中医有关的书籍,才认识到中医用五行论,不仅仅是对宇宙中主要物质之总体特征的分析,还包括了个体事物之间特性的分析和总结归纳,这种既从宇宙构成这样的基础层次去总结喻义,同时亦从具体事物之细节层次去总结喻义,而相向交汇运用,结合出最基本数理的思维方法,是值得我们认真学习和总结及运用的。

我们看过五行图的人都会了解，五行是相邻的顺次相生，而隔一相克的，这样的一副关系图，是四大这样的数所无法做出的，如果是由四大组成这样一幅图，就构不成这种反映客观事物之间复杂的相互关系的数理图（四大只能构成简单的非黑即白的相对克制，而不能构成更为复杂的系统克制、轮转克制）。除了四大四方之外，以我国流行的游戏来看，剪刀、包袱、锤的游戏是以三为数的游戏，这个游戏的特点是三才互相克制但不能互相生助，任何一才对另外两才的关系都是克制和被克制，也就是说三这个数只能走一个循环——克制循环，而循环的另一条道路——生助循环，三这个数是无法完成的。

我们再来看以四为数的游戏，虫棒虎鸡，也是一个只能讲克制的单向循环，如果要让四这个数也实现生助循环，那么就需要虎虫互生、鸡棒互生，显然这是不可能的，所以三和四这两个数，是不能实现完整的天道圆行的，只能实现单向的克制循环或生助循环。所以华夏先民想要用一个数理为喻，概括总结出天地万物间的复杂的互相生克的关系，就必须要运用最少是五的数，也即是说，用五行为喻，是最小的数、最概括的数、最基本的数。那么这意味着什么呢？这意味着所谓的五行，亦可能是六行的、七行的，因为六行、七行也是可以表达五行所表达的喻义的。但读者读到此处，应该已经能够理解，数理之学中，数越小、象越凝练直接，那么其理的贯通也就越广泛，而同样的，数越小、象越凝练其直接代表性就越强，依数而建的理的基础也就越牢固。这也就是为什么阴阳之学流布最广、运用最广，而三才五行之说亦广泛运用，而越高的数，就越无法普遍贯通，像扬雄尝试用九这个数来解释世界，我们应肯定他的创新思维，但在实用上，显然扬雄的以九为数是失败的。这亦如同春夏秋冬是由两对阴阳春秋、冬夏共同构成，而阴阳之学中既有二二得四的四季轮回，也有二三得六的易学中卦的六爻，但真正运用最广泛的还是阴阳，这是数理的贯通性的本身原理所决定的。所以，太极之一，阴阳之二，三才之三，四维之四，五行之五，这五个数字乃是我们人类数理之学中最基本的数。其他的，六与一对，七与二对，八与三对，九与四对，十与五对，算是从一到五的再度循环。而换一个角度，十与一对，九与二对，八与三对，七与四对，六与五对，相加都是十一，亦可证明人类最基本的数理是从一至五。

因为只有阴阳之数二和五行之数五，圆满地实现了天道圆行，所以华夏文明中讲阴阳五行，而忽略三才四大，是有其根本性原因的，这也正是华夏文明博大精深之所在，同时亦是天道圆行乃华夏文明之基的一个佐证。

我们要知道易卦的六爻，其只是对数和象的运用，并没有产生相对应的本喻，而扬雄的用九来解释世界，却近乎被学界所遗忘。运用五以后的数字，主要的成就是《周礼》所传承的华夏文明中的治国之道，另一个就是佛学了，如六度、六根、六尘、八正道等。但我们应该看到，所有运用五以后的数字建立概念的理论，都没有形成贯通性。佛学中的六尘、六根、六识，是三个紧密联系的哲学概念，但它们并未贯通到其他的领域中去，并没有形成概念群、喻义树（参看本章的《从围棋局演看喻的概念群》一节）这样的贯通多领域的喻体系。所以从创造的角度看，华夏先民创造的五行论，是将众多概念和知识进行最大限度地压缩之后，所选择的最小数字。

所以，我们对数理的理解不能固执于它本身，而应该活学活用于它在本质上所具备的喻的贯通性，也就是活用其喻义。就如我们运用阴阳辩证的思维，绘画时却不说阴阳，而说光影、明暗一样，中医学者对五行的认知，不应该局限于金生水、水生木，而应看到更多更具细节性也更复杂的生克、平衡和循环（此一点请参看喻论中的相关内容），这也应是中医发展的方向和机会之一。所谓古人发其端，而后人应能扬其绪，我们现代科学技术发达，给了我们更便利的条件，我们理应能建立更细致、更丰富、体系更完满博大、更圆融、更实用的五行生克、平衡、循环的理论体系和实用知识体系。

当我们用喻和演的认知方法从源头上和原理上来重新认知华夏文明时，我们就会意识到数理之学最重要的不是数，也不是象，而是象和数所含的具有领域贯通性的喻，用古代的词汇来称呼则是道、机、理、义等，用现代的词汇来称呼则是原理、规律、真理、规则、定理、定律等，由于喻对于现代人来说比较难以理解，所以在种种演学中，先用数理来称呼（亦考虑现代人对象数难以理解，所以暂不用喻、象来称呼）。

修身·悟道

围棋初制的时候，本意在于局演，但也有修身静心的效能，到了晋代，文人士大夫盛行围棋，《世说新语》记载："王中郎以围棋为坐隐，支公以围棋为手谈。"何谓手谈？即是用手行棋如同用口交谈一般，其实这个比喻是非常有价值的，我们不能仅以士大夫的雅好等闲视之，因为支公不能视为文人，而应视为哲学家，这个比喻反映的是对围棋更深入的客观认识，支公显然是领悟到了，围棋对弈在本质上是一种思想的交流，每个人都有不同的围棋之道，这种道源于每个人具有不同的思想和智识，而在下围棋的时候，思维是开阔还是狭窄，是灵活还是僵化，有没有大局观，有没有辩证的哲学思维，对名实和名相有没有明晰而正确的认识，目光短浅还是长远，聪明不聪明……很多问题都可以在对弈中看出来，这要比互相交谈还更有效，所以才称为手谈。《棋经》中说："《诗》云：'他人之心，予时度之。'"恐怕不仅仅是揣测当局者的战术和心态，更广层面的思维习惯、性格弱点、人品高下等，都在这"度之"之列。而我们从《世说新语》这句话里也可以看出文人的局限性，就是太注重于感觉和表象，而无法探究到实质，所谓坐隐，较之手谈，其中认识深度的差距，实不可以道理计，而是层次上的、境界上的差距。

聂卫平在谈到围棋时说："韩国围棋富有攻击性，下得激烈，一句话说，就是战斗力很强。相反，日本围棋温和坚韧。中国下的是势力围棋，重视平衡，目光看得较远。中国认为，不战而胜，即让对方自己投降，才是上策。不就在《孙子兵法》也有这个策略吗？"

可见，从围棋中，不仅仅是能看出一个人的性格和行事风格，也能够看出一个国家的特点，所以，古人喜欢将围棋对弈视为手谈，是深有其道理的，同一个人对弈，既可以观察个人，也可以观察其国家。

所以，古代真正有智慧的人，对弈道都是很重视的，并且都有所领悟，有所评论，如：

范仲淹深入体悟过下围棋时的思虑，他说围棋的每一着都是"精思化入神"，何谓化入神？显然是影响到最深的思维模式和思维方法的才能称之为神，他还说"一子贵千金"，可见其痴迷程度，如果不是一种思维的锻炼和抽象真理的演绎而仅仅是一场游戏，怎么可能"一子贵千金"？显然，只有意识到围棋对弈对思想智慧的开发作用，才能对每一步棋都精思苦虑，不去浪费每一个执子思索的机会。相对于孔子、孟子而言，范仲淹显然更能领会围棋局演的功用，虽然他可能并未意识到围棋的本质就是一门局演，古人没有意识到围棋这一本质功能的，如孔子、孟子，都是反对将时间花在围棋对弈上的。孟子曾以围棋为喻教育学生："今夫弈之为数，小数也。不专心致志，则不得也。"孟子以为弈为小数，显然是不懂得围棋是一门局演的本质，虽然如此，他还是指出了如果不专心致志，那就下不好围棋。

后世的儒生大多无识而盲从，也继承了这一思想观念，如《颜氏家训》："围棋有手谈、坐隐之目，颇为雅戏。但令人耽愦，废丧实多，不可常也。"颜氏对围棋的理解，仅仅停留在雅戏的层次，他连支公手谈的真意都没领悟到。而范仲淹的态度则和《棋经》近似，范仲淹认为"一子贵千金"，子不可以轻落，每一次落子都要精思熟虑，要精思，而且要"化入神"，要潜移默化自己的思维、思想，这其实已经摸到围棋本身是喻的工具，是局演的门槛了。而《棋经》中谓"弈不欲数，数则怠，怠则不精。"也同样要求弈棋时不可次数过频，而是要专精，通过专精来思考棋局中所蕴含的喻义，所以在历史上，士大夫们多数是通过围棋来修身养性、锻炼思维能力的，而不是以一种竞技的心态来弈棋的。多数人的这种做法虽然还没有返本还源到局演的高度，但也是将围棋作为一门学问来看待的，而不仅仅是游戏。

儒家士大夫文人把围棋的对弈当作修身之道，产生了许多故事，比如王安石心态很好，下着下着觉得要输，还没下完就认了，觉得胜负不是什么事儿，这是因为古人们都认为下围棋可以涵养豁达的心胸。苏轼更看得开，他觉得围棋"胜固欣然，败亦可喜"，胜负并不影响本人的心情，下围棋是为了学会如何观天下大势、取天下大道、察天下永恒之事，不争胜负。围棋果真可谓是修身、求真理的贴心助手。

虽然以弈修身养性是自古以来的传统，但实际上，士大夫们的总结非常之少，最著名的还是《棋经》：

下棋不应太频繁，频繁就不免倦怠，倦怠则棋艺不精；下棋也不应次数太少，太少就容易忘记，忘记则失误较多。胜了不多话，败了不唠叨，发扬清廉、礼让之风的才是君子；因输棋而怒形于色的，不过是小人。棋艺高的不要傲慢，棋艺低的不要怯懦。气韵温和而舒展，这是为即将取胜而高兴；心跳加速而脸上的表情发生变化，这是为即将失败而忧虑。最令人惭愧的事莫过于悔子，最令人耻辱的事莫过于偷子，最为美妙的棋莫过于宽纵不逼，最为糊涂的棋莫过于反复打劫。

可见《棋经》对于弈棋时品性修养的要求还是比较细致的，古人用围棋来养性，最典型的莫过于静、定、不动心，主要是在定力的修为上。也就是苏洵所谓的："泰山崩于前而色不变，麋鹿兴于左而目不瞬，然后可以制利害，可以待敌。"古代关于定力这一点的记载有很多,最著名的是谢安。

符坚伐晋时,晋朝诸将接连战败,谢安要与敌决战于淝水,而符坚大军号称百万,主将谢玄等非常恐惧,谢玄入京向谢安问计,谢安只说:"已别有旨",具体的什么也没有说,反而要谢玄陪他下棋,平时谢玄的棋技要比谢安高很多,从来都是胜的,但那一天却心神不宁,下不过谢安。

淝水之战谢玄取得胜利后,飞报谢安,当时谢安正在与宾客下棋,看过后就放在了床上,颜色如故,一点也看不出来,宾客问他时,他才说:"小儿辈遂已破贼。"可见其定力之深,唐朝的房玄龄著《晋书·谢安传》时,还记载说,等宾客走了,谢安忍不住心中的喜悦,不觉把屐齿都给走折了,人前人后的差距如此之大,可见其定力之强,对情绪的控制之强。

古人强调定力的,还有一个曾国藩,实际上,古人强调定力并不仅是一种人前的仪态修养,更重要的是战略定力。

《棋经》中说:"语默有常,使敌难量。动静无度,招人所恶。"可见《棋经》对于静也是非常重视的,但《棋经》的辩证思维非常强,他强调的是"动静有度、语默有常。"这就比单纯强调静更具哲学的深度和高度,因为它具阴阳辩证的相对性,相交单纯的定、静两个概念,自然要强得多。

《南史·王彧传》中记载,明帝派人赐药给王彧要毒死他,当时王彧正在下棋,他看过了帝函,将它收回信封里放在局边,神色不变,继续下棋,等一局终了,收好棋子,这才对朋友说,"奉敕见赐以死","方以敕示客",拿起毒酒对客人说:"这杯酒我可不能劝你同饮了。"然后才饮酒毙命。

从这些故事中,即便是普通人,我们也应该能够感觉到围棋对于人的静力、定力之潜移默化的作用了。

《棋经》对弈道修养讲得比较多,也更具哲学性,如:"是以安而不泰,存而不骄。安而泰则危,存而骄则亡。《易》曰:'君子安而不忘危,存而不忘亡。'"安而不泰,泰而不骄,就是一种辩证的胜负观。面对好的局面,要安静、安宁,却不可以太过,棋存活下来了,也不要骄傲。

古代不只孔孟认识不到围棋局演的作用,许多儒生也据二人之论而反对围棋,并且上升到了道德的高度来进行攻击,认为这是一门"变诈为务,劫杀为名"的诡道。对此,《棋经》给出了反驳:

《易·师》说:"率先出征,必须遵循一定的客观规律。如果不按军事规律办事，虽善也无异于恶，结局都不会好。"用兵本来是不崇尚欺诈的，那些提倡诡诈之道的，是战国时代纵横家的论调。围棋虽然属于小道，但要究其实质，确与兵法相合。所以，围棋的棋品有很多，而下棋的方式也各不相同。属于下品的棋手，就完全不知道要靠周密的考虑，却动不动就玩权变欺诈，有的人用手来比划棋势，有的人用言语来泄露心机。而属于上品的棋手则完全与此不同，都是经过深思熟虑才下子，并且根据具体情况随机应变，他的精神活动在棋局之内，在投子之前已拿定主意，因此总是在没有征兆的情况下谋划取胜之道，在未成为现实的时候消除输棋的可能性。哪里用得着喋喋不休地说话和故作洒脱地打各种手势呢？《论语》记载："正派而不诡诈。"说的就是这种情况！

中国人的围棋下了几千年，自然会发生一些更有趣的故事，如王安石《荆公诗注》中记载：

太宗时，待诏贾玄负责陪太宗下围棋，太宗总要让他三个子，这种情况下，贾玄还是每每输掉一路棋，太宗知道他是有意让棋，于是逼迫他说："这一局你要是再输，我就榜（古代刑罚，杖击或鞭打）责你。"于是下到最后，结果是平局。太宗不高兴，要求再下一局，如果不胜，就将贾玄投到泥水中，如果胜了，就赐给他绯衣。结果贾玄还是跟他下了个不胜不负，太宗说，"我让了你子，却下成了平局，你没有胜。"于是要将他投到泥中，这时贾玄才大呼道："我手里还有一子。"于是太宗为他的智慧折服，高兴地大笑，赐给他绯衣。

虽然是一个笑话，但我们却可以从中看出贾玄围棋水平的高超，要胜要负其实相对很容易，而要将一盘棋控制到跟对手不胜不负，一个子也不差，这种计算能力、布局能力和对局势演变的掌控能力，就非常惊人了。

秦汉之后，科举制度和文化政策使得在文人士大夫中，"格物致知"的能力消磨殆尽，所以纵使围棋成为他们的雅戏，不可或离，但他们被限定的死死的思想，也难以有什么突破和创新。

我们现代人终于打破了华夷文明时代对文化和思想的束缚，而且在与西方现代科技文明的交汇中，我们能看到更多的围棋对弈的意义。

围棋除了智慧层面的局演外，对人的意志的强化、性格的打磨，都是颇有益处的。首先，想要下一局围棋，得安静得下来，能坐得住。这是围棋对修身养性的第一重磨炼，静得下，坐得住。

围棋局演之道非常博大精深，从一个新手开始，必要经历多次败局，才能学到围棋的真旨，这就锻炼了棋手坚忍不拔，不惧失败的意志，懂得在挫折后吸取教训，不断进步并迎难而上，从而具有百折不挠的毅力和强大的心理承受能力，这是围棋对修身养性的第二重磨炼，挺得住，败得起。

围棋历时很长，必须坚持到底，不管几个小时，都要认真对待，不可苟且，这是围棋对棋手的第三重磨炼，忍得了，耐得久，不放弃。

围棋历时久，而且要时刻思索，每一步都不容有失，这也就锻炼了棋手认真谨慎、一丝不苟的精神，同时锻炼棋手的专注力、思考力、洞察力，尤其是对于注意力不集中的少儿，下围棋颇有益处。

围棋的每一手失误都会带来重大的损失，有时会是全盘的溃败，所以经常下围棋能让我们变得更严谨，更周密，《围棋十诀》中说的慎勿轻速，则是告诫我们要慎重，围棋的规则令得我们不得不慎重地对待每一步棋，这也就是范仲淹所说的"一子贵千金"。

由于围棋之道首先不在于消灭对手，而是把握好自己，管理好自己，所以围棋帮我们强化自我管理和自我控制的能力，既控制自己的情绪，也控制自己的心理，更控制自己的弱点，它令我们冷静、沉着、自制。

与围棋高手对弈，可以体会到良好的棋风，如败不馁，胜不骄，动静有度、安而不泰、泰而不骄等大将风度，可以纠正人的心浮气躁、自卑、孤高、躁动、性格脆弱、自是自惬等性格上的毛病，令我们的心理更健康。

秦汉以降的文人士大夫（儒生）中，颇多眼高手低、虚论毁实之辈，如有人视围棋为诡诈小人之道，视《鬼谷子》"蛇鼠之智，国用之国亡，家用之家败"，他们诋毁竞争、反对竞争，安于现状，僵化腐化，不思进取，所以导致了历代华夏王朝的衰亡。

这是因为他们不懂得和谐和竞争的辩证法，比如现代中国，如果不是在世界经济浪潮和政治浪潮中勇于竞争，又哪里有我们现代的和谐社会？

围棋的本喻是阴阳共生，本质上是统一而和谐的，但这一结果却是通过阴阳互相克制、互相斗争才实现的。所以围棋的局喻是真正如实地反映了客观规律的，毛泽东主席认识到的："以斗争求团结则团结存，以退让求团结则团结亡。"这种认识跟围棋局的制定规则是一致的，都是深刻的唯物主义辩证法。

所以围棋是强化竞争意识，提升进取精神的一门学问。据西方的进化论，万物都处在物竞天择、优胜劣汰、适者生存的自然进化过程之中，既然如此，竞争就是无时不在的客观事实，而中国历朝历代之所以灭亡，不正是在竞争中输给了对手吗？《易经》说："天行健（键），君子以自强不息。"怎样自强不息？自然是在不断地竞争中才能实现自强不息。只有在竞争中，我们才能求生存，求发展，只有竞争能令自己变得更强大，所谓"下棋寻高手，参道访真人。"只有更强烈的竞争，才能令我们取得更大的进步。

从结局上来看，围棋更是具备圣人的大智慧，在众多的竞技游戏中，围棋少有的不是零和游戏，虽有胜负之分，但无生死之别。下得再差的人，也能保全一隅之地。这意味着仁德。所以围棋能教人以仁，是由它局喻中的阴阳共生之道所决定的。

围棋是非常公平的局演，黑白双方起点是一样的，都是白手起家，执黑者先行，在古人是有讲究的，那就是先行者必须占据天元位，而执黑者首占四个星位之一，也就是说，先行者虽然占得一子优势，但后行者却战得在边角缠斗时的先行优势，总体上还是均衡的。所以古人记载明太祖对弈必执黑，先行一子落于天元，可见他是真正地深通围棋之道的。

中国围棋文化五千年，自然形成了一整套的道德规范，比如公平竞争、讲究文明、有礼貌、尊重对手、互相切磋、交流思想等。它既培养智商，又培养情商，它教人谦虚谨慎、虚心学习，提高与人沟通和自我反省的能力。

围棋教我们客观认识局势，客观评价事物，客观评价自我。

下围棋时礼仪要得体，身体要正直，举止要端庄，精力要集中，语默要有常，肢体要安静，不能打扰对方思路。落子要无悔，人生的每一步走出去了就不可能改变，观棋要不语，不要轻易干涉别人的决策。

围棋是坐隐，令心宁静、超然物外，自然可以令人脱离世俗的喧嚣，体验心灵的境界。围棋又是手谈，谈的是对弈者的心态、风度、修养，谈的是智慧、思维、灵感，因此能实现人生的感悟和超越。有人说，下围棋有五得，所谓"得好友，得人和，得教训，得心悟，得长寿。"虽然没有涉及围棋局演的本质，却也算得上是局演的额外收获了。

演喻1——围棋的精髓在于其深刻的辩证法

之所以在本篇中详细讲解《棋经》的运喻,是因为《棋经》中对辩证法的运用犹胜于《孙子》,是一部不逊于《孙子》的策略典籍,在篇幅上虽然短了很多,但在辩证思维上,它有很多值得我们学习的地方,而这也恰恰是证明围棋作为一种局演的工具,确确实实有着其演化多种奥义的根本创造价值。《棋经》的道理无论用之于军事、政治、外交、人事,都是辩证的普遍的真理。如果我们把本文中所有的与围棋有关的名词换上军事和政治名词,我们将会发现,其道理更容易被我们理解,而这恰恰是喻的最根本特征。

这一点,其实《棋经》里早就指出来了:"夫棋之用心,与治事同一理。人惟不自知,能自知者,以理推之,则无所思而不至矣。"

"无所思而不至矣",是讲的用心于弈时所悟出的理,可以推广到很多方面,无不至,意思是没有不到的地方,可见古人是深知弈理之喻是可以通用到众多领域当中的。

在开篇时就说过,围棋是一门局演,而这门局演的核心之一是阴阳,也就是矛盾统一论的辩证法,可以说,《棋经》很好地佐证了这一论断。可以说,《棋经》对阴阳之喻的论述、对矛盾统一性的论述,在中国历代著作中是最多的、最显著的,它是中国古代最唯物、最辩证的著作之一。也是中国古代哲学的一门巅峰之作。我们以前之所以对它没有足够的重视,是因为我们没有运用喻的方法去推究,没有用辩证的方法去推究,没有用局演的高度去看待围棋,所以我们忽视了《棋经》这一思想的宝库。

《棋经》之喻:

权舆:权舆本身就是一个比喻词,它的本义是草木刚开始萌芽。它的喻义是事物的起始、初始之时。在棋局中,则是转喻开局、布局。

纲格:纲的本义是提网的总绳,喻义是关键部分、统领全局的部分、主体框架部分等,格是线条画出的正方行,喻义为法式、标准、规格。如:言有物而行有格也。(《礼记·缁衣》)事实上,在华夏文明史上,格字占有极为重要的地位,如《大学》中讲的格物致知,这个格字就涉及华夏文明中的方法论。

《棋经》指出:在开局之时,一定要依照最佳的法式和规格,先占据四个角星位,然后开始布局。这是最主要的环节,一定不能背离这个原则。

针对在四角着子,似乎隔的有些远的问题,《棋经》解释道:"近不必比,远不必乖。"意谓棋子靠得很近,但在博弈中不一定能连得起来,棋子隔得很远,在博弈中未必就会被阻断。这可以说是一个非常哲学的论断,讲出了距离和连接的辩证关系。这句话其实也是讲出了近期布局和长期布局的辩证关系。

古人之论,后学之规:这句话的意思是讲古人经历多年摸索出的经验,后人不能等闲视之,没有突破性和创造性的才能,就必须要遵守古人的法式。

《棋经》与《孙子兵法》等著作相比,有其最大的也是非常独到的特色,那就是它充满了阴阳辩证之喻:"夫战有取舍进退之方,有先后众寡之用,有攻杀击刺之法,有虚实存亡之势。"在这一系列的喻义中,取和舍,进和退,先和后,众和寡,虚和实,存和亡,都是阴阳辩证的关系。而这也很好地证明了围棋作为一门局演,其最根本的局喻是阴阳,正是因为围棋的制作本喻是阴阳,所以它在推演的过程中,得到的演喻也大多都是阴阳辩证之喻。可以说,《棋经》就是局演论的最佳例证。

取舍:围棋可以说是一种关于选择的局演,每一步棋,都有几百或几十个或数个(以弈者的计算能力而论)数量不等的选择,每一种选择都代表了不同的局势和未来,所以对于取和舍的筹算,是围棋中对于数之道的一种强化锻炼。

"与其恋子以求生,不若弃子而取势。"当面临势与子的选择时,《棋经》的观点非常明确,要舍子取势,也就是取得先机。

进退:进退较之取舍更为具体一些,当局势展开,两色棋子搏杀之时,是继续缠杀呢?还是果断放弃,另外开辟根据地呢?是在这一块棋局中缠杀呢?还是到另一块棋局中缠杀呢?是继续与敌争夺呢,还是退一步保全自己先做活气眼呢?一进一退,其实也是取舍的哲学。同样,这也是人生的哲学,也是政治的哲学,也是军事的哲学,只要我们面临多个选择,举棋不定的时候,我们就要深研取舍进退之道。而围棋这一古老局演,是锻炼我们勇于取舍、善于取舍的一种好方法。

取舍既然是一门深奥的哲学,那么它就包含着很多的内容,比如舍子(利)而取势,舍地(利)而争先,舍小而取大,舍险而取易,舍害而取利,舍远而取近,舍危而取安,舍把握小而取把握大等,棋局如人生,在局演中领悟得越多,用到人生现实中的也就越多。

虚实:虚实是一个抽象的哲学概念,它应该比取舍更难以领悟一些,比如形是实的,势是虚的,力是实的,策是虚的,位是实的,机是虚的,流是实的,变是虚的,这些虚实需要在博弈中慢慢地领悟出来,并且,每一个人对虚实的认知也不尽相同，在局演中，你能总结出来的虚实之道越多，说明你对喻道的掌握越好。

《棋经》指出了虚与实的变化之道，谓虚实相生，虚实怎么相生呢？实好比肉体，虚好比精神，肉体是精神产生的依托，精神是肉体更具活力和力量的保证。比如每一个星位，都对应着各种变化，也就蕴含了各种危机和机会，每一个好机会的获得，都会得到一个更好的位，而更好的位则代表你将有更好的机会，反之亦然，这就是虚实不断相生的道理。同样的，更好的策略能让力量得到更大的发挥，而更大的力量则保证策略的稳妥施行，这也是虚实的变化。

"夫弈棋，绪多则势分，势分则难救。投棋勿逼，逼则使彼实而我虚。虚则易攻，实则难破。临时变通，宜勿执一。《传》曰：'见可而进，知难而退。'"《棋经》里讲到了兵力不能分散的原理，也就是"集中优势兵力，各个歼灭敌人。"它认为，局部的纷争越多，力量就会越分散，力量分散就会失去势，势被分解了，棋就没有救了。落子的时候，不要太靠近敌人，因为这样会被敌人所乘，一旦走起来，对手会越走越厚实而我会越走越薄弱，薄弱了就会空虚，空虚就会被敌人攻破，势厚了就会厚实，厚实了就难以攻破，以我之虚攻敌之实，是一定会失败的。但虚实之道是互相转化的，所以就要讲求临机应变，而不能固执于一理。见到有机可乘，就向对手逼近，察觉困难很重，就要及时退却。

在这里，虚实与形势是紧密相联的，想要实地，就要暂时牺牲势，想要势，可能暂时就不能考虑占实地，所以实地与厚势是围棋中始终存在的一对矛盾，也是一对阴阳之喻，取舍之间，自然最见弈者把握全局的功夫。

始终：对于始终，《棋经》的总结是"皆当谨其所始，而虑其所终。"指的是开始一定要谨慎，并且在一开始就要虑其终，而不是到终盘时再虑其终。所以始终是一个玄妙的阴阳之喻，颇有以始为终、始即是终的玄义在。

奇正："庶使战者知有其道，而不失其正也。"显然，《棋经》非常重视正棋的作用，认为不可以失其正，正是立于不败之地的根本。"夫棋始以正合，终以奇胜。必也四顾其地，牢不可破，方可出人不意，掩人不备。"《棋经》对于奇正的辩证法掌握得很深刻，它认为正是奇的基础，但想要取胜还得靠奇，当自己的棋势牢不可破时，也就是正兵坚不可摧时，奇兵就可以迅速出手。

《棋经》认为行正兵则长远，行机诈则短浅："行远而正者吉，机浅而诈者凶。"它推崇遵守局演中的纲格法术，而反对行巧取诈。"棋之为艺虽小，而有正道存焉。或有以棋为务诡行者，盖不深知于棋者也。"则是直接否定了围棋局演中的诡道一说。这其实是认为，在真正的围棋高手面前，那些机诈之术是不会得逞的。

《棋经》的不足在于，它没有认识到奇正的变化和相互转化，在《唐太宗李卫公问对》中，太宗以与宋老生一战为例，当时李建成统领右军出战，结果落马，右军败退，宋老生乘胜追击，而李世民则率铁骑冲断了宋老生的后军，生擒了宋老生，按照奇正的理论，李建成的兵势属于正兵，但正兵一败，却令得宋老生的军队出现了破绽，被李世民顺势利用，则正兵就变成了奇兵。而李世民的后军本为奇兵，却前出攻击，变成了正兵，所以李靖才说正兵变为奇兵，奇兵变为正兵。

同样的战例还有李孝恭出击江南萧铣的时候。铣将文士弘率领精兵数万驻守在清江，孝恭想要攻打，李靖反对，孝恭不听，让李靖守营，自己则与文士弘会战，结果果然败了，敌军大掠物资，结果人人负重，李靖看到文士弘的军队乱了，于是纵兵出击，结果击破了敌军，获得了四百余艘战船。这种转败为胜的战法，也是正变为奇、奇变为正的战例。

先后："宁输数子，勿失一先。有先而后，有后而先。击左则视右，攻后则瞻前。"在这里，《棋经》强调了先机的重要性，宁可舍弃数个棋子，也要争得先机。并且认为，先和后是互相转化的，随着双方不断的应手，那些看似占尽先机的着子，有可能会被人夺去先机，而那些看似被动的应手，有可能反转成为先机，所以《棋经》的先后观是辩证的、发展变化的先后观，而不是简单的、僵化的先后观。这个先和后的准确度，建立在局演者对全局的种种可能变化的把握度上，把握得越准确，我方先手成为后手的可能性就越小，而让对手先手变成后手的可能性就越大。

先后的哲学理念不仅仅是先机、主动和被动的关系，先后还有攻守次序的关系，先攻敌人的哪一块棋，先堵敌人的哪一路，先开拓自己的哪一路，先固守自己的哪一路，这个次序如果出了问题，就会影响全局，所谓一着不慎，满盘皆输，围棋的精彩之处在于，你下的每一步，都将面临很多选择，都会有一个先后的问题。

整体观和局部观："击左视右，攻后瞻前"，充分反映了《棋经》对局部和全局之关系的认识，那就是任何一个局部都要受到全局的影响，攻击左方时，一定要观察右方可能带来的变化，注意这两句是互文，真实的意思是攻击左方时，要观察注意右与前后三个方向。

连断、疏密："两生勿断，皆活勿连。阔不可太疏，密不可太促。"这一句不止讲了连断的辩证关系，也讲了棋形疏密的辩证关系，如果两组棋要连在一起就可以两组都活，那就绝不能被对手把棋形给打断，如果都能活棋，那就暂时不要去连接。棋形开阔的时候，子与子之间不要隔得太远，以免被对手分割，棋形紧密交战的棋组，则不可以太过于拥挤、局促，而应追求能将局势扩展开来。当然也有一种解释是："棋势应开阔，但不能太疏离，棋路应严密，但不可太局促。"考促字的本意，促有紧挨着的意思，也有短、窄、时间和距离无法拉长的意思，那么本句的解释似以作者的解释更合理一些。

"夫弈棋布势，务相接连。自始至终，着着求先。临局离争，雌雄未决，毫厘不可以差焉。"务是务必的意思，可见《棋经》对棋势连接的重视，而对先机的重视也是时时刻刻的，每一步落子都要考虑先机，在胜负未分之时，在连接和先机这两方面都是不允许出现任何失误的。

松紧："妙莫妙于用松，昏莫昏于复劫。"松和紧这对哲学，对人生其实也很有启迪，现代人所谓的"抓得越紧，失去得越快。"与这围棋的松紧也是其理相通，善于用松，也就会节省棋子，拓宽棋路，而用紧用得不好，则会浪费棋力，从而令敌人路宽、自己路窄，所谓用紧，其实也就是画蛇添足、重复用兵、弄巧成拙的意思，而这最昏头的莫过于复劫，何谓复劫，就是自己把自己的气眼给堵上了，也就是用棋过紧，结果搬起石头砸了自己的脚。古人总结这个道理，还有勿添枝节，不要节外生枝的喻义，西方人近年来总结出的概念叫"如无必要，勿增实体。"他们不知，在华夏先民的围棋局演中，这些道理早就有了。

"皆沉思而远虑，因形而用权。神游局内，意在子先。图胜于无朕，灭行于未然。"因形用权，在兵法上叫因敌制胜，是跟随敌人的变化而变化的学问，神游局内指精神要专注，意在子先指每一步落子都要深思熟虑。图胜于无朕，指的是在看似毫无征兆的情况下，就以神妙的布局确立了胜算，灭行于未然，是相对图胜于无朕而言的，图胜于无朕是说自己的布局之妙、因形用权之妙，能使敌人无法察觉，而灭行于未然则是指对敌人布局中的种种杀着，及时化解，让它们根本就没有发作的机会。

攻守："与其无事而强行，不若因之而自补。彼众我寡，先谋其生。我众彼寡，务张其势。善胜者不争，善阵者不战。善战者不败，善败者不乱。"《棋经》对攻守之道的领悟显然是深得兵法的奥妙，它强调如果与对手缠战有些勉强时，不如自己先弥补自己的棋形漏洞，使自己的棋组得气而保证不死，棋势坚固不被敌人所破，而当棋势不如对方时，一定要先追求做气活棋，当我方的棋势胜过对方时，就一定要将这优势扩大，挤压对手的战略空间。善于取胜的人，靠得位成势的布局来取得大面积的优势，而不屑于与对手争抢，善于布阵的不必战斗，善于战斗的不会失败，失败而不乱的可以称之为善于处理败局。

同《孙子》等诸多兵家的论断一致，《棋经》也认为要先谋求自己的不败之势，然后再寻求击败敌人，但显然，《棋经》的论述更保守一些："求己弊不求人之弊者，益；攻其敌而不知敌之攻己者，损。"它认为一定要先求己弊，而不是先攻对手，要先完善自我，然后才谋求发展。

在围棋中，是攻是守很重要，而在军事中，攻守的选择可以直接决定战争的胜负。

唐太宗讨伐刘武周时，在度索原激战，刘军进逼河东。太宗登上玉壁城，问十七岁的李道宗说："贼军自认为众多，来邀我决战，你认为呢？"李道宗说："敌人刚打了胜仗，现在正是锐不可当的时候，应当用计策降伏，不能力争。可以深壁高垒，坚守不战，挫他们的锋锐之气，这样的乌合之众，打不了持久战，粮食很快就用完，然后就会溃不成军。"太宗说："汝意暗与我合。"刘军果然粮尽而逃，唐军追到介州，一战将刘军尽灭。

李道宗作为开唐的名将，在攻守之间极善于把握时机，他任灵州总管时，梁师都占据夏州，派遣弟弟洛仁带着数万突厥兵攻打，道宗闭门拒守，伺隙而战，取得了胜利。

以上是打防守反击，唐朝讨高丽的时候，李靖与李道宗为前锋，渡辽水，攻下了盖牟城，而这时高丽大军汇集，声势很大，军中诸将都主张要深沟守险，等太宗大军到了再慢慢前进，李道宗反对道："敌人从远处急忙赶来，兵马实在是很困乏，而且觉得人数远比我们多，一定会轻视我们，可以一战击溃。"李靖同意他的意见，于是给了他数十铁骑，结果他们纵横出入，敌军果然如说，李靖率军合击，大败了高丽军。

唐太宗也是很擅长打防守反击的，刘武周的悍将宋金刚攻陷了浍州，唐太宗率兵迎击，当时李孝基在夏县战败，于筠、独狐怀恩、唐俭等战将都被尉迟敬德等人俘虏，太宗遣殷开山、秦叔宝等人在美良川与尉迟敬德决战，结果大获全胜，于是众将认为可以一鼓作气击败敌人，于是纷纷请战，而太宗却坚持不战，他认为宋金刚孤军深入，精兵勇将都在这里，他的人马虽然强大，但内则空虚，不能持久，我只要坚营蓄锐，挫其锋芒，他自己粮尽计穷，就会败走。最后战事果如太宗所料，宋金刚最终败走。

唐太宗与窦建德在武牢决战时，也是采用的防守反击之策，当时间谍刺探到情报说窦建德的粮草将尽，想要在河北夺取牧马，然后进攻武牢，太宗知道了窦建德的谋划，于是派人到河北牧马，诱惑建德，到了早晨，建德果然率领全部人马来夺马，于是在氾水陈兵决战，当时王世充手下的战将郭士衡结阵在建德的南面，他们的军马绵延数里，声势强大，击鼓进军，太宗属下战将都很恐惧。太宗带领数骑到高丘上观察敌情，对众将说："贼军从山东起事，到现在都没遇见过像样的敌人，现在度过险地而叫嚣，这是没有政令军纪的表现，背靠河水，而进逼我的城池，这是有轻慢我军的心态，现在我按兵不出，他们的气势就会衰竭，列阵久了，士卒饥饿，就会退去，到时候追击他们，无往不克，我与你们打赌，过了中午一定能击破。"果然，窦建德从辰时列阵，一直到午时，兵卒都疲倦了，都坐下来争相喝水，开始无序地后退，太宗亲率轻骑假作追击，等城中诸将全部出城时，窦建德也回师准备列阵作战，但他的阵势尚未来得及布成，太宗已经杀入了他的军中，建德大败。

无论是围棋中还是军事中，攻守的抉择都是极为重要的，正确的攻守，是建立在对敌我优势劣势的准确评估之上的，如果评估错误，就会以自己的劣势对敌人的优势，这样又岂会不败？而像唐太宗对窦建德的攻守之策，则是深知敌我优劣，而且善于在战争中将敌人的优势转化为劣势，于是我方的攻守之势也随之而变。

《围棋十论》中认为"彼强自保""势孤取和"，主张在敌人强大时，要先图自保，不与敌战。

胜负：对于敌我情势的判断，是弈胜的关键，于是《棋经》进一步解释说："夫智者见于未萌，愚者暗于成事。故知己之害而图彼之利者，胜。知可以战不可以战者，胜。识众寡之用者，胜。以虞待不虞者，胜。以逸待劳者，胜。不战而屈人者，胜。《老子》曰：'自知者明。'"

这一段话很明显地将军事理论运用到了弈理中。但它有几个阴阳之喻如利害、彼此、可不可、众寡、虞不虞、逸劳，必须明察这些阴阳形势，才能更好地把握战局。

《棋经》指出导致胜负转换的一个典型原因"因败而思者，其势进；战胜而骄者，其势退。"指出胜不可骄，败不可馁的道理，并重视经验总结的重要性。而在《棋经十论》中则有"不可贪胜"的理念。贪胜，这是很多人都避免不了的，贪胜足以亡国，这个教训是极其惨痛的。以宋朝而言，北宋贪胜，联金灭辽，结果北宋灭亡；南宋贪胜，联蒙灭金，结果南宋灭亡。慈禧贪胜，妄开战端，结果被八国联军窥破虚实，京城失守。而历史上那些因贪胜而军败身死的战将，就更是多如牛毛了。所以胜负之机、胜负之数，都是不可不察的，不可胜而贪胜，像两宋是为他人做了嫁衣且毁了自己家国，像有些贪功冒进的将领，则是身死名裂，可不慎乎。

洞微：洞为深远，微为幽微。洞微也是一个辩证的关系，一个是宏观上的，一个是微观上的。既要看得深远，也要看得细微，看得深远，则在布局上不会失去先机，看得细微，则在局部的厮杀中，不会因小过而失大利。

《棋经》还从人类的动静关系中，感悟到弈棋的道理。连续讲了几个辩证关系，它认为："人生而静，其情难见；感物而动，然后可辨。推之于棋，胜败可得而先验。持重而廉者多得，轻易而贪者多丧。不争而自保者多胜，务杀而不顾者多败。"性格持重沉稳，不贪功冒进的人，反而能多得到一些，而轻视困难，贪多冒进的人，容易失败。那些在确立自保前不去争抢的人，往往取得最后的胜利，而那些纠缠于局部厮杀，不重视全局的人，容易失败。

在策略的单一性与贯通性上，《棋经》认为"意旁通者高，心执一者卑。"如果策略不能旁通互证，只是单一考虑，那么其弈道就流于下乘。

对于损益的辩证关系，《棋经》也是遵循着客观的思路："凡棋有益之而损者，有损之而益者。"这句话的案例可参看《天龙八部》中珍珑棋局的故事。

利害和损益是非常相近的阴阳之喻，"有侵而利者，有侵而害者。"《棋经》里面对这些阴阳之喻的辩证思维是一贯的，"有始近而终远者，有始少而终多者。欲强外先攻内，欲实东先击西。"在这里又讲到了远近终始多少的辩证关系。

对于阴阳之喻，《棋经》则沿袭了老子的思想，"夫棋者有无之相生，远近之相成，强弱之相形，利害之相倾，不可不察也。是以安而不泰，存而不骄。安而泰则危，存而骄则亡。《易》曰：'君子安而不忘危，存而不忘亡。'"

名实：名实是中国哲学中非常重要的一个概念，如果名实不符，则人们就会按照错误的道理和观念行事，所以古人对名实的考察一直是相当重视的。但《棋经》显然是将自己的论断建立在名实相符的基础上的，所以，它论道："名者，实之宾。有其实，则有其名。即其名而求其实，则棋之意可知矣。"循着名而求得实，这是喻的方法，《棋经》里指出围棋之名三十有二，具体如下："夫弈棋者，凡下一子，皆有定名。棋之形势、死生、存亡，因名而可见。有冲，有斡，有绰，有约，有飞，有关，有札，有粘，有顶，有尖，有觑，有门，有打，有断，有行，有捺，有立，有点，有聚，有跷，有夹，有拶，有辟，有刺，有勒，有扑，有征，有劫，有持，有杀，有松，有盘。围棋之名，三十有二，围棋之人，意在可周。临局变化，远近纵横，吾不得而知也。用倖取胜，难逃此名。《传》曰：'必也，正名乎棋！'"

《棋经》指出，形势、死生、存亡，都可以通过名称而洞察，这是因为，名实相符的情况下，每一种名称都代表了一种具体的形势，也暗示了发展变化的可能和趋势。

强弱：强弱与攻守是密不可分的，如前面提到的："彼众我寡，先谋其生。我众彼寡，务张其势。"就是针对敌我势力的强弱而进行的应对选择。"局势已赢，专精求生。局势已弱，锐意侵绰。沿边而走，虽得其生者，败。弱而不伏者，愈屈。躁而求胜者，多败。两势相违，先蹙其外。势孤援寡，则勿走。机危阵溃，则勿下。"《棋经》指出，当局势有利于我方时，要再巩固我方的优势，稳扎稳打，专心求得生存，弥补漏洞防止攻击，当局势不利于我时，就要锐意进取，争取找到对方的漏洞进行打击。靠近边角落子，虽然容易得生，但必然失败，这是位和势决定的，如果自己的棋势很弱，但偏偏不服输，不肯放弃局部的利益，而与对手陷入于我不利的缠斗之中，那必然是越战局势越不利。躁而不静，急于求胜，非常容易失败。两势相违的解释古人多有不同，两势究竟是敌我双方为两势，还是我方两块棋组为两势，值得推究，而蹙其外，也有两种解释，一是逼迫对手的外围（适合于敌我双方为两势），一是聚拢外围（适合于我方两块棋子为两势）。总体地看来，两势相违更合理的解释应该是指我方两块棋组互相乖违，不能相连的意思。因为它和下面两句是层层递进的，比我方两块棋组不能相连更坏的局面是"势孤援寡"，两势相违虽然不能连接，但可以保证存活，势孤则是很难存活的一种形势，势孤再寡援，就必死无疑了，所以这时候只能放弃这个孤子或这片孤棋，绝不要再下子让对方走得更实。当一片棋组呈现出"机危阵溃"的情况时，也即是根本不能救时，就更不要下子了。

"是故棋有不走之走，不下之下。误人者多方，成功者一路而已。能审局者多胜。《易》曰：'穷则变，变则通，通则久。'"这一段话里，《棋经》指出了有限和无限的关系，也就是说让我们判断错误的情况和方法是非常多的，是无穷的，而那让我们成功的，则只有一条道路。也就是能审局者多胜。"不走之走，不下之下"颇有些玄学和禅机的意味，但它也揭示了一种表面和实际的辩证关系，表面上你没有下，实际上你下了，表面上你没有救，实际上你救了，这可能有点围魏救赵的意思了。因为围棋的这种不直接去救孤子，而是通过四周棋局的变化演进，自然而然地将孤子和孤组救援出来，孙膑的围魏救赵，未始不是得益于围棋的启发。我国初解放时，暂时放弃对香港的收复，就是出于这个道理，收复了，只是死棋一枚，不收复，则是活棋，留下了更多机会，当我国经济在香港的周边纷纷发展起来时，香港就适时收复了，这和围棋不救孤子，而弈其四周、静待局变的弈理也是相通的。

"能畏敌者强，谓人莫己若者亡。"则是指出，对敌我力量强弱的判断要客观，不能盲目自信，更不能自大，而应多看自己的短处，多看对手的长处。

频疏：《棋经》指出："弈不欲数，数则怠，怠则不精。弈不欲疏，疏则忘，忘则多失。"既不要太过频繁的下棋导致不能精思入神，也不要很长时间不下导致忘记行棋之法。

语默动静：《棋经》强调下棋时的修养："语默有常，使敌难量。动静无度，招人所恶。"

胜负观：《围棋》的胜负观是辩证哲学的："是以安而不泰，存而不骄。安而泰则危，存而骄则亡。《易》曰：'君子安而不忘危，存而不忘亡。'"

《棋经》对阴阳辩证的掌握和运用，都达到了古代的一个巅峰，可以说是一部非常杰出的哲学著作。

日本的棋手也运用阴阳学说来指导下棋，如《围棋发阳论》，他们将特定的棋形视之为阴，而将其中蕴含的变化和手段视之为阳，实际上，这和古中国中形为阴、势为阳的观点是一样的，可能在细节上更丰富，但基础理论却并未超越。

流：流这个概念一直被忽视，随着人类对事物之理解的逐渐加深，流渐渐的具有了流派的意思，如三教九流，而艺术中则有流派的说法，近代则有了潮流的说法，到此时，流有了一种与过去的时势相近似的意思。流又有演变、变化的意思，围棋中的宇宙流、清源流、中国流等，其本意应该是一种特殊的带自己鲜明特色的棋形和棋势的变化规律和特点。

而现代的所谓技术流、数据流则也是由势的感觉演化而成喻，而流量一词则是科学的喻义。

围棋还讲究余味，用战略的词语来讲解可能就是"宜徐图之"，也有势不可用尽，招不可用老的哲学意味在其中。

《棋经》认为像围棋这样复杂的局演，一定要讲求周密严谨，"博弈之道，贵乎谨严。高者在腹，下者在边，中者占角，此棋家之常然。"并且前面提到的断连、阔密、攻守等，皆是做到周密严谨需要考虑到的。

像《孙子》等兵书一样，《棋经》也有关于判断对手虚实的哲学，如"凡敌无事而自补者，有侵袭之意也。弃小而不就者，有图大之心也。随手而下者，无谋之人也。不思而应者，取败之道也。诗云：'惴惴小心，如临于谷。'""目凝一局者，其思周；心役他事者，其虑散。"则是强调围棋之道贵在专心，专心致志则思虑周密，就做到了"博弈之道，贵乎谨严。"

其实前面很多处都讲到了因地制宜、因时制宜、因机制宜的道理，而《棋经》中集中讲这个道理的是以下论断："路虚而无眼，则先觑。无害于他棋，则做劫。饶路则宜疏，受路则勿战。择地而侵，无碍而进。此皆棋家之幽微也，不可不知也。《易》曰：'非天下之至精，其孰能与于此。'"如果我方的棋路比较虚，而且棋组还没气眼，那就要先认真考察；如果下这一步棋不会妨碍其他的棋，那么就要做劫去围杀对手，将棋眼抢到自己的手中，从而让敌人失去；棋路非常多，那么就要用松不用紧，落子要讲究疏阔；如果棋路在前方会受阻，那么这样的棋就不能下，因为下的越多，失去的就越多；侵犯攻击对手的棋组，要选择好最佳的战场，没有阻碍就要大步迈进。这些都是因敌而动的策略原则。

《棋经》是非常重视棋路的，因为棋路的多少决定棋手的选择。如："胜而路多，名曰赢局；败而无路，名曰输筹。"路是出路的意思，一组棋出路越多，可能性就越大，活棋和得位的可能性就越高，棋路越窄，失败的可能性就越大。用现代的语境来说，就是战略空间大，战略选择多，战略资源多，突破方向多，于是主动性就更强，就更容易得势。

以上是对《棋经》之演喻的讲解。

《棋经》的整体观和局部观也可以视为联系论，既一局棋的前后左右是相互联系的，但《棋经》亦有其局限性，它没有讲到各种喻义相互之间的联系性和互动性，也没有讲到哲学概念的互置性。

明太祖善下围棋，几乎常胜，他很显然能够娴熟地运用各种哲学的辩证关系。如他在平张士诚时，徐达和常遇春都希望直捣士诚的国都平江，但明太祖却认为，湖州的张天骐、杭州的潘原明都是张士诚的良将，如果攻平江，他们一定会全力救援，而如果先攻湖州，士诚则不会全力援救。于是攻打平江，士诚率兵来援，结果在阜林被击败。这一场战役里具有选择性的学问，那就是先攻中央大龙还是先占边角的问题，显然，明太祖的选择是先攻边角，然后进军中央。

很多喜欢用围棋论兵法的人，其实没有能够深刻地了解围棋的奥妙，如很多人都持金角银边草包肚的论点，并时常举毛泽东主席农村包围城市的战略来相互印证。事实上，围棋这门局演，是辩证的，而不会是单一的，比如明太祖下围棋就先占天元位，而他在兴起时，占领南京，北有刘福通和大元，西有陈友谅，南有张士诚，他恰恰是在中央发展，除了东面是大海外，其他三面都是强者，没有他扩张的空间，但明太祖一样是赢了。

而在明太祖攻击张士诚的时候，他则另起一棋局，先边角而后中央，可见真正的围棋高手，是要因时因势而决定自己的策略的。就算是以毛泽东主席的策略而论，最初也不是走农村包围城市的道路的，而是抢占城市不成功，在中央腹地没有任何优势的情况下，才舍弃天元位而占边角的。所以很多用围棋中金角银边的论点来论证毛泽东主席农村包围城市为英明的文章，是出于对围棋局演之道的认知不全面才有的，是不正确的论点。

还以上面明太祖征张士诚的例子，除了中央和边角的辩证思维外，这个战例也体现了战略次序，也就是先后的差别。在这例子中，形势是随着先后中边的选择而变化的。

明太祖在回忆自己战胜陈友谅与张士诚时说，陈友谅军事强大，而张士诚物资丰富。当时陈友谅和张士诚都攻打明军，明太祖面临的一个问题就是先攻击谁，众将领都认为应先击弱者，但明太祖独持异议，他认为陈友谅志骄，而张士诚器小，志骄则喜欢多事，器小则没有远虑，如果先攻张士诚，陈友谅就会乘机进攻，那自己就会腹背受敌，所以他选择先攻陈友谅，结果顺利地除掉了这两个强敌。而在北取中原时，明太祖选择先攻山东，再攻河洛，兵马止于潼关而不进，因为那时候的扩廓帖木儿、李思齐、张思道都在那儿，他们是百战之将，如果逼急了就会联合作战，很不容易平定。所以明太祖选择先攻元大都，然后再西征。用明太祖的说法是："吾欲先取山东，撤彼屏蔽；移兵两河，破其藩篱；拔潼关之守，扼其门户。天下形胜入我掌握，然后进兵，元都势孤援绝，不战自克。鼓行而西，云中、九原、关陇可席卷也。"

在这个战略中，也是多种哲学的共同运用，比如张士诚和陈友谅的动向，这是形势，而攻击谁则有先后，先后次序又决定了敌人势的分合（先攻张则敌人势合，先攻陈则敌人势分），这其中还有强弱，虽然陈友谅看起来更强大，但如果从全局考量，先攻强的反而是弱的，因为先攻弱的会令两敌势合，势合则更强。所以，在这一个战略中，是有多种博弈哲学在相互变化和影响的。

又如与元军中丞蛮子海牙在采石决战时，明太祖命令常遇春多张疑兵以分敌势，这又可联系到围棋中的位形势，多张疑兵，自然是多占位，多占位的目的是让敌人相应占位，于是就分了敌人的兵，这就造成了敌人兵形的疏散，敌人兵形的疏散就令敌人的兵势变弱，所以围棋和军事中的位形势与分合、连断疏密是密切相关的，是相互转化的。

演喻2——五赋三论之喻

喻有一个显著的特点，就是其指向性可以有很多，如天地四维，毛泽东主席指向礼义廉耻，儒家则指向仁义礼智，而往另一个领域指向说，比如往抽象的哲学方面说，又有方圆动静的说法，方圆动静，是中国古代哲学中非常重要的两对命题。

比如唐代神童李泌的故事，唐玄宗与张说观弈，这时候七岁的李泌到了，唐玄宗想要试试这个传说中的神童究竟如何，于是张说便请李泌赋"方圆动静"四个字，李泌请他先解说，张说于是道："方若棋局，圆若棋子。动若棋生，静若棋死。"李泌马上就回答他："方若行义，圆若用智。动若聘才，静若得意。"张说大为惊奇，当场祝贺玄宗得到了奇童。

我们在此可以看到，方圆动静是围棋的四种表象，却可以同时指向多个领域用喻，张说的用喻是局限在棋局本身上的，而李泌的用喻则引申到了才智和治事，七岁的李泌在这一次的比试中，对喻义的掌控能力要超过张说。不过要提醒读者的是，李泌的行义用智是很完美的喻，而动若聘才，静若得意，就算不得完美契合了。

然而古人用喻，也有颇多不严谨不正确的附会之说，尤以儒家、艺家（包括文学家）为最，如《宋史·潘慎修传》记载，潘慎修善弈，太宗屡次召他对弈，他便做《棋说》献上，大抵是说："棋之道在乎恬默，而取舍为急。仁则能全，义则能守，礼则能变，智则能兼，信则能克。君子知斯五者，庶几可以言棋矣。"这种说法不见根据，属于不切不契之喻，互相黏合有点勉强，颇有讨好宋太宗的意思。至于所谓的十要，我没有见到，尚不知它是否严谨。

班固的《弈旨》几乎是全部用喻，但因较少哲学上的思辨意义，所以这里就不再一一举例解说了。

东汉黄宪的《机论》中认为弈道的精要和核心是虚实，虚实的利用决定形和势，"实而张之以虚，故能完其势；虚则击之以实，故能制其形，是机也。圆而神，诡而变，故善弈者能出其机而不散，能藏其机而不贪，先机而后战，是以势完而难制。"

首先要理解黄宪所讲的这个机，机在华夏文化中也是一个大概念，有时机、机会、的意思，但在这里则有点近似于老子所说的道，有一种玄机、关键、精要、普遍规律的意思，这一点要从《机论》的全文来领会。读者可以参看本书喻论中的《不断地探索》以印证。

曹摅的《围棋赋》也是运用了很多比喻，如将黑白棋子的棋组比喻成二敌交行，将整盘棋比喻成"星罗宿列，云会中区，网布四裔"，这是用天象来喻围棋，而"夫保角依边，处山营也，隔道相望，夹水兵也"将不同形势的围棋阵势比喻成依山结阵和隔水列阵。

蔡洪的《围棋赋》，承古人种种见解，也有喻义，但文学的比喻较多，殊少可取之处，当文学来读便可。如他所说的"曲直有正，方而不圆"，过于强调了方，这是儒家文化的弊病，围棋之方圆在于局方而棋圆，并非无圆，圆动而方静，这一点蔡洪显然是理解错误的，至于他比喻围棋战局时所用的种种比喻，究竟妥帖不妥帖，有兴趣的读者可以细究。

马融的《围棋赋》主要也是其文学价值，但也有一些可借鉴的地方，如"当食不食兮，反受其殃。"则有当机立断的喻义在。"踔度间置兮，徘徊中央，违阁奋翼兮，左右翱翔。"则有以中央为重心，左右包抄进行攻略的战略见解。"攻宽击虚兮，跄绎内房。"则是讲如何避实击虚，根据敌人的棋形进行攻击。"深入贪地兮，杀亡士卒，狂攘相救兮，先后并没。"则是讲弈者因为贪心而深入敌人腹地，于是损兵折将，不能果断捐舍，却反而妄图救活，于是先机尽失，早先失陷进去的和后来进行增援的，全都覆没了。"上下离遮兮，四面隔闭，围合罕散兮，所对哽咽。"这种局部性的救活行动导致全局性的被动，上下被隔断，四面不连接，敌方将我方分割包围，令我方各组棋全部处于孤军奋战的态势。

南朝梁萧衍的《围棋赋》篇幅也不长，但其哲学的味道更强一些，如他讲"方目无斜，直道不曲。"隐含做人之道和治国之道。"尔乃建将军，布将士，列两阵,驱双轨。徘徊鹤翔,差池燕起。"则是直接用军事形象比喻围棋,鹤燕之比喻,马融赋中也有,属于文学的修饰。作为一个卓有成就的皇帝而言,萧衍的赋更偏向于军政,如他所讲的"用忿兵而不顾,亦凭河而必危。"指出弈棋跟用兵一样,绝不可以凭一时愤怒而轻易落子(决策)。萧衍的赋里也有阴阳之喻,但不多,如他所谓"失不为悴,得不为荣。若其苦战,未必能平。用折雄威,致损令名。故城有所不攻,地有所不争。"指出对于局部的得失要看得轻些,如果不能正视全局与局部的关系,苦战于局部,未必能平,所以城有所不攻,地有所不争,不能一味蛮干,而要讲究策略。在进退之间,他主张"虽畜锐以将取,必居谦以自牧。"即便是蓄势已久,可以围攻敌人了,也要审视自己,谦虚地收束自己,控制好自己的形势。一样遵守了自古以来兵家都极其重视的"先求己之不败,而后求敌之败。"的军事辩证思想。

萧衍的《围棋赋》讲到了很多治国的道理,如:"运疑心而犹豫,志无成而必亏。"讲的是治国理政需要敢下决断,而不能犹豫不决。他讲究下围棋和处理国事都需要深思熟虑,"今一棋之出手,思九事而为防。敌谋断而计屈,欲侵地而无方。"一步棋走出,不仅仅是看三步的问题,而是要思九事,思九事显然是政治语境了,意谓方方面面可能引起的变化和利害都要考虑到,这样就会断掉敌人的谋略施展空间,令得敌人无从下手。"不失行而致寇,不助彼而为强。不让他以增地,不失子而云亡。"这是告诫弈者,不要因为计算粗疏而将自己的好棋下坏了,不但自己不得利,反而让对手得利。这与前面的"必居谦以自牧"是同一种思路。同《棋经》"务守纲格"的思想一样,萧衍主张"痴无戒术而好斗,非智者之所为。"想要下好围棋,就一定要掌握戒和术,萧衍崇信佛教,所以他讲究戒,以戒来比喻治理的话,其喻义就是"不可犯的错误所集合而成的规则",相应的,术就是"取得胜利所用的规则和手段。"和《棋经》所说的纲格是一样的意思,只不过各有侧重。《围棋赋》中,萧衍也讲到了战略定力,"落重围而计穷,欲佻巧而行促。"有的人落入困境中就没有好办法了,不知何处落子,有的人想要投机取巧,所以不经深思,就仓促落子,这两种情况都要避免。

总的来看,虽然萧衍颇具文学天赋(他是竟陵八友之一,与谢朓齐名),但他的《围棋赋》里面并没有张扬文采,而是逻辑严密地用喻,将治国之道和弈道统一了起来,在围棋局演的历史中写下了颇有价值的一笔。

唐代傅梦求的《围棋赋》,也是文学意义上的作品,但他传承历代《围棋赋》的特点,也一样提及了局和演。如他说:"夫其取法,象于天地,分刚柔于阴阳，参骈罗于列宿，措经营于四方，衍图书之定位，非巧历之能详。"认为围棋取法于天地万象（此为局），而以刚柔阴阳为基础进行推演（此为演），棋子布置取法星象（此为局），而行棋之法类比经营（古人称政治、治理等事为经营），此为演，它衍（演化、推演）河图洛书（局）的定位之道（演）。我们可以看到，古人对位的重要性还是有着充分认知的，不止一人提到位的决定性作用（前面有欧阳修的评论）。"颇、牧生乎尊俎，良、平坐乎帷幄，"像廉颇、李牧、张良、陈平那样的兵法和战略，都可以在棋局中进行推演。

梁宣帝的《围棋赋》，据网上资料只能看到四十四字，但已足够让人觉得惊艳了。"蜂起百涂，从横万制，"涂应该是途的借写，百途形容路径之多，万制则形容章法之盛，其意思大致如此，不得全文，亦难百分百地确立，而"或无厌而反失，或先赢而后济。"则是非常具有阴阳辩证的意味的，讲了求与失的辩证关系，弱与胜的辩证关系，并且讲出了变化。

三国时期建安七子之一应场创作了《弈势》，我们从中可以观见三国时将领弈棋之盛，应场的《弈势》，与其说是讲弈道，不如说通篇都是在讲军事，"盖棋弈之制，所由来尚矣。有像军戎战阵之纪，旌旗既列，权虑蜂起，"他认为围棋的制作，不是根据小事而来的，而是根据军阵之事创制的，至于具体的论述，《弈势》有其特点，就是将围棋中出现的形势与古代著名战例的形势相比为喻，如他说持棋相守，各自营卫而不敢先行攻击，类似于楚汉相争时在索、巩两地相拒的形势，又如他总结围棋中因犹豫而败的情形，与项羽、吴王结合了起来，"长驱驰逐，见利忘害，轻敌寡备，所丧弥大，临疑犹豫，算虑不详，苟贪少获，不知所亡，当断不断，还为所谋，项羽之失，吴王之尤也。"吴王夫差好战，导致国力空虚，举全国之力参加黄池之会，败晋国，夺得盟主地位，结果被越国乘虚而入，最终灭了吴国。所以说他是："长驱驰逐，见利忘害，轻敌寡备，所丧弥大。"而"临疑犹豫，算虑不详……当断不断，还为所谋"，则是指吴王夫差放走勾践，结果被勾践所灭，而项羽在鸿门宴上放走刘邦，结果被刘邦所灭。夫差之所以放走勾践，主要是勾践的重金收买起到了作用，所以说是"苟贪少获，不知所亡，"围棋和政治军事的道理是完全相通的，而对于那种一时失利，却能收缩战线，小心经营，弥补好自己的漏洞，然后见可而进，终于反败为胜，扭亏为赢的，这种情形则跟燕昭王重振燕国的情形相一致。《弈势》里面也有阴阳辩证法，甚得形势之论的精髓，如"寇动北垒，备在南麾，中棋既捷，四表自亏，"敌人妄图侵犯北边，我不一定要在北边应敌，我可以从南面寻找突破口,这也就是避开敌方的主动,施展我方的主动的战略思想,而中盘克胜了,那么四面的边角之局,也自然可以乘势而下,这里面既有位的思想,也有抓住战场关键的战略思想。而"匿设无常,寻变应危",则指出了战场形势千变万化,要随机应变,主动寻求战机,针对实际情况制定不同策略。

古人谨慎应战的思想,所在多有,如有僧可隆,著观棋之诗云:"万般思后行,一失废前功。"

宋代国手刘仲甫,号称二十年无敌于天下,曾著有《棋诀》,但仅余四篇。而仅观此四篇,就已足见他的弈道与兵法完全相合。

如他重视布局,认为布局犹如兵法中的结阵,结好阵势,以逸待劳,而布置要:"意在疏密得中,形式不屈,远近足以相援,先后可以相符。"对于疏密,他重视的是度,既要得中,棋形上不能被对手压制,远棋和近棋能够互相为援,互为支撑,先着子的和后着子的能够不脱节,这样先着的子就不会失去。大概是因为他特别重视先后手段的呼应,所以《棋诀》中再次强调:"远不可太疏,疏则易断,近不可太促,促则势赢。"他认为当不同局部相距较远时,布局就不能太疏,太疏了就容易被敌人隔断。相距较近的局部之间,则不应布局太密太仓促,那样就会得到安全的局部却失去了全局的势。

在布置一篇中,刘仲甫认为"善棋者不困在此,使困在彼;壮在己势,赢在人势。此乃为格。"这一思想是与孙子的思想相一致的,就是"先为己之不可胜,而求敌之可胜。"我方之所以不被敌人所困,不是敌人不善于进攻,而是我方善于防守,我方能困住敌方,不完全依靠我方善攻,而是因为对方的防守出现了漏洞,我方的形势强壮,是因为自己营造形势得力,能赢得对方,是因为对方对形势的营造不够得力。我们可以看到,弈理和兵法是完全相通的,所以古人以围棋作为军事教学手段,是非常客观,非常科学的。

对于布局,刘仲甫认为要"思不执一,进退合宜。"也就是说不能按一种固定的思路来行棋(办事),也不能按完全相同的战术来行棋,也不能按完全不变动的一个局部目标而行棋,而是要根据实际情况,做到进退合宜。

布局完成之后就要与对手短兵相接了,这时候战术就显得非常重要了。"夫棋路无必成,子无必杀,乘机智变,不可预图。"刘仲甫认为棋组的每一条出路,都不见得是必然能成功的,也不见得是一定要在这条棋路上取得成功,而对于每一枚棋子,也不是一定要吃掉,乘着棋局运行所造成的机会,运用智慧改变形势,不要妄图设定一个理想化的形势。以此理论而言,真正的棋手对形势的营造，是随着棋局的变化而变化的。

当布局已定时，这时就要靠两军交战来威逼对方了，自己要做的是各组棋之间互相应援，互相呼应，从多个方向，以多种战法，从而造成一齐威逼对方的势，而不是将眼光放在一组棋上去与对方战斗，"迤逦而侵袭。"表示阵势较广，战位较长（此围棋中的战线与军事政治中的战线，不可以同一概念而理解之）从而棋路更广更多，战略和战术空间都比较大。只要我方的侵袭得手，对手的棋路（战略空间和战略选择）就会被压缩，变得局促，施展不开，只要我方多方位的逼迫变得更急切，那对方的势就会被我方削弱。

善于应对敌方的变化，不只在棋局上，还在于对敌人的情绪认真观察，如果对方因忿怒而发动进攻，那就要仔细观察他，洞悉他真正的情绪和目的，观察棋局的变动而下出应手。

兵法里讲究"不战而屈人之兵""全国为上，破国次之，全军为上，破军次之"，而《棋诀》里也讲，"用战之法，非棋要道也。"讲的是布局为先，以布局的精妙，达到不战而屈人之兵的目的。而一旦两军交战，则"务在廉慎以守封疆，端重而全形势。"一定要谨慎，不能贪吃，守好自己的地盘，令我方的防守更厚重，从而让形势得以保全。我方善守，能够令敌方无隙可乘，这是因为我们的形做得扎实、坚实，形势保全了，那么我方就没有后顾之忧，敌人来攻我，我就能以逸待劳攻破敌人。在这里，《棋诀》强调了以实击虚和以逸待劳。

所谓的"一失废前功"，很鲜明地指出了取舍的重要性。《棋诀》对取舍之道是非常看重的："取舍者，棋之大计。"刘仲甫认为，当布局完毕，转入争战之后，如果有孤棋被对手所隔绝，而自己难以决断是保是舍，这个时候危机便要临近了。在这里，刘仲甫对取舍做了一个非常明确也非常正确的定义："盖施行决胜谓之取，弃子取势谓之舍。"如果仅仅是舍弃了子，但却不能取势，那连舍都称不上，只能称为失，而取不是吃掉对方的子，而是施行了一步能决胜的好棋，这样才称得上是取。一个孤子，如果满足以下条件，那么即便所得很少也可以保："若内足以预奇谋，外足以隆形势，纵之则莫御，守之则莫攻"。如果保下这个棋子，可以策应自己的其他棋组形成奇谋，对周边的形势产生影响能壮大我方，以它来防守，敌人无隙可乘，以它来进攻，敌人很难防守，那这样的孤棋即便占地很少也要保。至于必须要舍的棋，"若内无所图，外无所援，出之则愈穷，而徒益彼之势；守之则愈困，而徒壮彼之威，"如果保下这枚棋子或这组棋子，也难以对我方策略形成策应，它存活后也无法与其他棋组相互支撑，用它来进攻,也无法拓展我方的棋路(战略空间和选择空间),反而令得对方的棋路因为对我方的围攻而得以拓展,如果用它来守一隅之地,则令对方的威势得以壮大,这样的棋,即便是能占有较多的地,也应该暂时舍弃,不去经营。

"棋者意同于用兵,故叙此四篇,粗合孙吴之法。"这一句是对《棋诀》的评价,"动静迭居,莫测奇正。不以犹豫而害成功,不以小利而妨远略。"这是说围棋变化多端,深具动静奇正的用兵之道,讲求多谋善断,宏图远略。

虽然《棋诀》只残留了短短的四篇,但其中所具有的阴阳辩证思想,还是很丰富的,如远近、先后、疏密、布局与攻伐,进退、攻守、我人、取舍、虚实、劳逸、内外等,与《棋经》中极多的阴阳之喻互为辉映,共同构成了一门中国文化史上的具鲜明阴阳辩证特色的哲学。这也证明了一点,围棋在制局时,所内嵌的黑白二子阴阳之喻,确实在后人无数年的推演中,得以发扬光大,不断有新的阴阳之喻出现,丰富着中国的哲学宝库。

演喻3:局演胜于《孙子》之处

分合:分合在围棋中随处可见,对于我方来说,每一路棋子,每一个棋子都是要争取合的,而对敌方来说,我方要争取将敌人所有的棋子都分开来,然后一一吃掉。在军事上,毛泽东主席深通分合之道,他的"集中优势兵力,各个歼灭敌人。"充分显示了他对分合的认识,集中优势兵力,是指我军的合,各个歼灭敌人,自然是将敌人分开来才能各个歼灭。元中丞蛮子海牙在彩石与明军决战,明太祖遣常遇春多张疑兵以分敌势,采用的就是集中我方优势兵力,分散敌人兵力,各个歼灭敌人的策略。

安史之乱时,史思明在汴取得了大胜,李光弼到了洛阳,问留守韦陟:"敌人乘胜而来,我们应当按兵不战,以挫敌人锋锐,而洛城不是打防御战的好地方,你有什么好计策吗?"韦陟说:"加兵陕州,退守潼关,据险以守,足以挫敌人锐气了。"光弼说:"这是兵家常势,不是用奇之策,两军相战,贵在尺寸之地的争夺。现在放弃五百里的土地退守到潼关,这是增加敌人的势,如果我们移军河阳,向北可以阻击泽潞、三城,胜了,就擒获思明,败了也可以自守,表里相应,这是猿臂之势。"判官韦损质问说:"东京乃是帝宅,侍中为什么不守?"李光弼说:"如果要守洛城,那么汜水、崿岭就都要守才能守得住,你是兵马判官,你能守得住吗?"

显然,李光弼既要守卫五百里的土地,又要集中自己的兵力,所以他选择河阳。

缓急:围棋中有那么多路,有那么多目,一枚棋子下在哪一路,哪一角,都是要审慎考察的,选择哪一目落子,显然要考虑轻重缓急,大多数时候,棋手都要选择对大局有利的,而这时候轻重缓急也很重要,如果下了不急的缓手,而被对方抢先下了急重的一目,那么先机就会被对手夺去。《围棋十诀》中的"入界宜缓""慎勿轻速",就是深通缓急哲学的。

而在高手的对战中,有时候下急了反会出现破绽,被对手所乘,反而会自乱阵脚。安史之乱时,仆固怀恩勾结了吐蕃、回纥、党项的军马数十万南下,京师震恐,郭子仪奉命镇奉天,皇帝召郭子仪问计,郭子仪说:"仆固怀恩成不了事。"皇帝问原因,郭子仪说:"怀恩虽然很骁勇,但一向得不到军心,他的部下都曾经是我的部下,现在我做了大将去镇守,他们肯定不忍拔刀相向,所以我认为他成不了事。"

仆固怀恩攻到了奉天,近城挑战,诸将都想迎敌,郭子仪制止了他们,说:"凡是客兵深入,都利在速决,这样的军队不能与之争锋,他们都是我的部下,时间长了就会生出退心,而一旦与他们开战,那就不可收拾了,再敢言战的斩。"郭子仪坚壁不出,仆固怀恩的联军果然很快就退散了。

擒纵:缓急之间,还有个擒纵的问题,尤其是在布局阶段,敌人出现了破绽,可以被我吃掉一块,这时吃不吃呢?是吃掉得实地呢还是弃子争先,在布局上得大势呢?想必这是每个围棋爱好者都会碰到的问题。军事上的围点打援就是擒纵哲学的运用,而除了围点打援之外,也还有从全局多个战场来考虑的,如毛泽东主席在《关于平津战役的方针》一文中写道:"八、为着不使蒋介石迅速决策海运平津诸敌南下,我们准备令刘伯承、邓小平、陈毅、粟裕于歼灭黄维兵团之后,留下杜聿明指挥之邱清泉、李弥、孙元良诸兵团(已歼灭一半左右)之余部,两星期内不作最后歼灭之部署。"这就是对擒纵灵活运用的一个典型案例。

位形势·远近:围棋非常重视位的作用,无论天元、星位、边角,都有其重要意义,这是因为,位决定了形,形决定了势,势决定了成败。

李孝恭和李靖讨伐辅公祏时,孝恭召集诸将议事,都认为公祏手下的惠亮、正通都掌握强兵,并且做好了坚守的打算,城栅坚固,不可攻破,所以应该直指公祏镇守的丹阳,李靖反对,他认为公祏的精锐部队虽然都在水陆二军中,但他自己统率的兵马也很强悍，惠亮的城栅都难攻，公祐的丹阳又岂易攻取，如果唐军到了丹阳，花费旬月时间攻不下，就会陷入进退两难之地，而且退的时候很容易腹背受敌，被三敌围攻。于是唐军听李靖意见攻取惠亮，结果大胜，平定了江南。

  围棋中的位，其实就是军事中战场的选择，这是起决定性作用的。在上例中，唐军进攻三敌中的哪一处是选位，选了位之后就成形了，形一旦成了，随着战事的变化，兵势就会变化，如果唐军久攻丹阳不下，退军时受到三面夹击，那就是处于最劣的兵势了。

  所以，围棋中的位形势对于军事的启发也是极大的。

  明末时，满清为大患，对于战位的选择，是明朝廷极为重要的一件事情。比如明朝重臣孙承宗，就曾多次就战场设位进行争论。当时兵部尚书王在晋与总督王象乾认为广宁得下来也守不住，于是想在八里铺筑重关，用兵四万人，以守卫山海关。朝廷一时不敢臆断，于是派孙承宗去实地考察，孙承宗问王大晋："新城建成了，是把旧城的四万人挪过去守卫吗？"王在晋否认，孙承宗说："这样，八里铺就有八万守军了。新城建成后，一片石的西北不设兵守备吗？而且筑关在八里铺内，新城后面就是旧城，而旧城前面设置了地雷和品坑，是为敌人设置还是为新兵设置呢？如果新城能守得住，那要旧城的兵干什么？如果新城守不住，四万兵败退到旧城下，是开关放进来呢还是闭关让他们投降敌人呢？"王在晋说："关外有三道关口可以进入。"孙承宗反驳道："如果这样，那么敌人来了，士兵就会溃逃如故，还用再设一重关干什么？"王在晋说："可以在山上建立三座山寨，接纳溃卒。"孙承宗说："兵还没有溃败，就先建立接纳溃兵的寨子，这不是教他们溃败吗？而且溃兵能进入，敌人难道不能尾随而入吗？"

  孙承宗还朝，认为与其再筑一城，不如前出筑宁远要害，以守八里铺的四万人前守宁远冲，与觉华互为犄角，如果敌人窥城，就令岛上的兵马旁出三分岔，断了浮桥，绕到敌人后面出击。即便没有战事发生，前出宁远也可以收复两百里的疆土。

  他认为拒敌于门庭之内，不如拒敌于门庭之外。我将敌人御于两百里外，和敌人逼迫我于两百里内，形势的差别是巨大的。如果我方不去进逼敌人，敌人就会进逼我方。

  孙承宗还对三河的战略地位做了阐述，他认为"守三河可以沮西奔，遏南下。"

孙承宗的见解，无疑是中国古代史中极有价值的，因为孙承宗为我们揭示了战位与形势的辩证关系。而在二十四史中，诸帝与大将的传记中能记载有战略决策的实在是太少了，我们很难读到古人的那些真知灼见。

位形势的重要性，自古及今皆然，如战国时秦据崤山，则可攻击六国，而六国不能攻秦本土。又如得蜀则可制江南，魏数与吴战不克，而从蜀治水军，顺流而克，北方政权无法攻下江南政权，大多都是因为没有得蜀的缘故，此一旧例，足证得位则得形势的至理。至明中叶，王守仁提出"大明虽大，最为紧要之地四处而已，若此四地失守，大明必亡。"这四处分别是宣府、大同、蓟州、辽东（后在军事上合并为宣大、蓟辽）。在解放战争中，东北战役时，最明显的位则是锦州，至今论军事时政，还讲究一个锦州效应。位的重要性，在今天依然被重视，而半岛、台海、南海，就是我们今天的崤山、锦州、蓟辽、宣大。

而围棋中远近的哲学也是很重要的，孙承宗认为前出两百里与后退两百里差距巨大，这是因为军事斗争中，战略缓冲越远越好。在朝鲜战争发生时，我国之所以出兵，一个很重要的原因就是我们必须要有一个隔开美军的战略缓冲区。所以不论是围棋中还是军事中，将敌人拒止得越远就越有利。

因势制敌：因势利导是我们耳熟能详的一个词，因敌制胜我们也听得很多，围棋中根据不同形势、不同棋形和位置而采取不同策略，军事中也是同此理，岳飞在襄江与李成决战，李成刚排开阵势，岳飞就笑了，他说"步兵利于有险可恃的地形，骑兵利于平坦空旷的地形，现在李成在左方将骑兵列在江岸边，在右边平地上列步兵，虽有十万人，又能成什么事。"他举鞭对王贵道："你以长枪步兵攻击他的骑兵。"对牛皋道："你以骑兵攻击他的步兵。"结果王贵的步兵将李成的骑兵给赶进了长江中，而牛皋的骑兵也将李成的步兵杀死无数，李成大败。

围棋中的喻还有很多，每一个喻也都可以展开论述，但古代中国历史上，二十四史所记载的名将传记多无军事价值，所以也就难以将局演与军事的奥妙结合起来更深入更广泛地论述了。

除了中国这样在很久前就掌握了喻这一认知工具的国度，哪一个国家还能孕育出局演这样的一门大学问呢？尧舜制围棋，几乎把华夏文明中所有最精粹的部分都融入了这一个局中，它涵括天象、地理、文化、哲学、艺术、自然万象、科学技术、军事、数（包括但不局限于数学）、政治、经济、逻辑、修身养性、伦理道德等各个领域和层面，它整体相通于人类文明的各个角落，不断演化一种综合诸多领域才能领会的智慧和规则，人类所有认知领域中的诸多抽象之理，都蕴含在围棋这一局演之中。就如同喻贯穿人类认知的各个领域，阴阳贯穿人类认知的各个领域一样，局演也贯穿了人类认知的诸多领域，它是一个认知的整体而不仅仅是局部的知识。所以，它对于拓宽我们的知识领域，学会更多思维方式，是有着难以替代的作用的。当然，我们从围棋局演中学到的知识，除了围棋本身的技巧外，都是适应于各知识领域的喻义，而不是具体的技术性的知识或常识。

就如同喻作为一个整体的存在，需要无数领域的无数细节来推究一样，就如同阴阳作为一个抽象的存在，需要无数领域来验证一样，就如同古人著论，一句话有很多指向一样，围棋也是作为一个整体，一个体系而存在的，我们看到，在每行一步棋时，我们究竟会有多少考虑？单只前面的演喻两章中，那些阴阳对立的矛盾，究竟有多少？这对弈者的思维能力的锻炼，无疑是其他各种教学方法所难以达到的。

因为围棋是一种蕴含众多宇宙基本原理的局演，所以它的辩证法也不是单一的辩证法，而是矛盾对立的，是依因不同条件而有不同变化的辩证法，它是活的辩证法，比如围棋讲究势，一般情况下，较为疏松的布局产生势，但当遇到一个强大的搏杀型棋手时，搏杀也可以取得势，比如清代的棋圣王龙士，他被认为是能达到十三段棋力的高手，如果一个高手在搏杀中能够消灭对手棋路，并能拓展自己的棋路，那他的棋势自然能在主动搏杀中得到增强。所以围棋局演中的任何一个规律，都会随着对手的变化和棋局本身的变化，而产生变化。

古人制局，对于通行于各个领域的抽象真理，唯恐其少，不嫌其多，所以折子戏（扑克牌的前身）在经过长时间的发展之后，终于出现了麻将。或许我可以对局喻（本喻）进行一种近似穷尽的概括分类，但对于运喻（演喻）则难以穷尽，对于无数局演中展现的无穷变化，更是无法描述。

一局好的围棋，是充满了行云流水般的美感的，无论是宇宙流还是韩国流、中国流，都带着哲学的美感。

对普通人来说，只有在围棋中，才能体会那种深谋远略、算无遗策的境界，才能体会那种精确的计算和复杂的形势，才能体会统观全局，以局部影响全局的奇谋妙略。

围棋是充满变化的局演，每一步都会带来无穷变数，需要我们本着如临深渊的谨慎态度，深思熟虑来决定每一步的落子，而这每一步都蕴藏着危机也蕴藏着机会，每一步都不能出错，必须认真思考，勇于拼搏和奋斗，对于一个普通人来说，弈道是锻炼一丝不苟、慎始慎终的人生态度的一门优越的局演。

世界上的很多人都在向外求，而围棋则是一门向内求的局演，只有先做好自己，才能战胜对手，围棋一百多步，无数路，无数选择，一招棋错，满盘皆输。它需要的是寸土必争，需要毫不松懈，需要严密周全，需要运思入神。

围棋告诉我们，世界很广阔，不利的时候不要苦苦纠缠，棋盘那么大，可以到更广阔的空间去着子，去谋求发展。而世人有很多往往是纠缠于当下的得失，结果失去了更广阔的天地。

围棋也告诉我们，解决问题有多重境界，境界越高，解决起问题来就越看似漫不经心，就越随意，但随意落子之间，却充满了智慧，充满了辩证的哲学。

围棋用它无穷的变化告诉我们，世界是多重的，或者说是多维的，永远不要用单一的思维去看待世界和人生，只有多思考，多学习，广闻博见，才能立体的、全面的、透彻的认知一个事物，也才能真正地认识一个事物。

围棋告诉我们，世界的得失相依，祸福相随，有时得到一片地，吃掉对手一片棋，结果却输了势，输了未来，有时候放弃一片地，却得到了更广阔的发展，有时候吃亏就是福。围棋告诉我们，世间万物都存在黑白两色，都有阴阳对立统一，都是发展变化的，不要把便宜赚尽，把人得罪尽。

围棋令我们领悟直接和间接的关系，有的情况下，太直接了往往立即失去机会，而间接行事则给自己争取到机会，可以在未来再度争取。而有的时候，机不可失，则要开门见山，直接落子，不能犹豫。

围棋讲究余味，事不能做绝，利不能太贪，凡事都要留一点变化的余地，这余地既是为自己而留，也是为他人而留。

围棋告诫我们，做人不能太自我，因为无论你走到那里，都会有另一色跟随于你，甩不开，推不走，无论你喜欢黑还是白，总有你不喜欢的那一个紧紧相随。在你的命运中，你的对手永远和你在一起，你和对手以及所有你不喜欢的，都是共生共存的关系，就如同阴和阳变化相生一样。所以，围棋令我们领悟一种态度，让我们能耐心地与各种人在一起既博弈又合作，让我们坦然而又技巧地处理各种关系，应对各种挑战。

围棋令你深邃，因为围棋的局蕴含着无尽的华夏智慧；围棋令你沧桑，因为它无穷的变化，无穷的运势，令你深刻感受到宇宙的无穷和世事的无常；围棋令你明智，因为局中所蕴藏的无穷的喻义会不断加强你的思维；围棋令你高远，因为在谋划全局的过程中你会不断地提高自己的境界；围棋令你宁静，因为在无穷的搏杀中你深知小技小巧、浮躁虚华者必然失败；围棋令你神秘，因为每一步棋都可能蕴含深意，随着你领悟的越多，你的战略和战术就越难以被对手参破；围棋令你变得更果决，每一次果断舍弃局部的利益或摆脱眼前的困局，都会让你见到更广阔的天地。

如果说扑克牌更能锻炼人的战术技巧的话，围棋则是战略战术并重的局演，它更容易树立一个人的整体观和全局观，它有助于提高我们的决策能力和运筹能力，一个有整体思想和全局观的人，能够把繁杂的事情安排妥当，井井有条，能最大限度发挥人、财、物的综合效能，能最大程度调动各种资源为己所用，能够克服全局中种种限制，做到人尽其才，物尽其用。

其实古人在进行围棋的局演时，注意力多集中在取胜之道，并没有意识到围棋的另一个重要的基本之喻，那就是平衡。其实，平衡无处不在，阴阳之所以互相克制、互相转化，其本质就是为了达到平衡。相同棋力的对手，一盘棋的胜负基本上相差不会多，少则一目，多则数目，这是因为围棋是追求平衡的局演，阴阳两者并非完全的敌对，而是共生。即便是再强大的棋手，也不可能将再弱的棋手的棋全部吃掉，这也符合天地阴阳之道，无论阴阳哪一面被大大削弱，它都不会消失，依然紧紧伴随着另一面，并随时会卷土重来，总体上，阴阳是平衡的。华夏文明中所谓的"孤阴不长，孤阳不生"，就是这个道理，阴和阳是一体的两面，谁也离不开谁。以这一点而论，围棋最初创制的本意，恐怕不是分胜负的，而是在互相争斗中演化阴阳之变的。

同大多数局演一样，围棋亦必蕴含德性之喻，比如它的共存共生，便是华夏文明中强调的一种和谐的德性，"天地有好生之德"，所以围棋中无论白棋还是黑棋，都不会死去，围棋进行的不是生死之争，而是智慧和谋略的较量。黑白两色共生于棋局中，这与华夏文明中厚德、开放、包容的德性观也暗合相通，围棋重视布局，"不战而屈人之兵"，合乎华夏文明所倡导的王道，同样，围棋靠智谋布局，靠形势取胜，真正的短兵交接很少，颇有"先以道胜，次以德胜，后以力胜"的道德观。

下围棋的时候，需要我们独立思考，独立决策，独自对结果负责，所以对于任何一个人来说，围棋都会锻炼自己独立自主的能力。

围棋是具有美学因素的，首先太极图本身就具有神秘的美，而围棋中的黑白两色，是天地中的基本色，它们在棋局中互相追逐，构成无数幅美丽的画面，这些画面都是太极图的变体。而方圆两种基本图形，也是形象中的最基本因素，它们和变化的棋阵共同演绎了围棋之美。

围棋可以帮我们拓展思维广度、增加思维深度、强化思维的敏捷度和灵活度、强化思维的逻辑严密程度、开发思维的批判性和创造性，增强思维的爆发力和灵感的诱发力。

围棋锻炼我们的很多能力，如观察力、洞察力、计算力、记忆力、记忆储存能力、应变能力、统筹能力、判断能力、运筹能力、逻辑和推理能力、分析能力、总结能力、技巧掌控能力、直观形象思维能力、发散思维能力、比较能力、抽象能力、具体化能力、运用实践能力、理解能力、想象能力、概括能力（概念能力）、归纳系统化能力、发明创造能力（经历过分析、整理、鉴别、消化、综合等能力阶段）、抽象感知能力、思维控制调节能力、情绪控制能力、直觉思维能力、创造性思维能力、决策能力、战略思维能力、战术思维能力、哲学能力、解构能力和构建能力、快速处理信息能力、高效高质处理信息能力、辩证思维能力、喻的能力、思维层次递进（进化）能力、推演能力……

对于一个懂得局演之道的棋手来说，他的每一次落子，这些能力都将被他调动。需要注意的是，高段棋手不一定懂得局演，这是因为围棋在其发展过程中，形成了一些定式、基本下法，基本技巧，而且下得时间很长而更趋熟练的人，可能比一个不经常下但懂得局演之道的人棋艺会更高明，这是因为棋艺的高低是围棋一个领域的事，而局演是贯通多个领域的学问。

举出这些能力，看似好像太多，太不可能，但实际上，我们在前面的局喻和演喻的讲述中，这些能力都涉及了。

比如说观察力，它有一部分是观察对手，这在《演喻1》中已经提到过，如："随手而下者，无谋之人也。不思而应者，取败之道也。"观察棋局的形势变化，观察双方棋局的整体布置，这是锻炼观察力，同时，观察棋形在几处重要区域的分布，从而判断出自己的优势是在哪几个区域，这时候从观察力就转换到了判断力，而洞察力则是观察力的升级，称观察力也不是不可以，比如洞察对手的图谋和打算，从而判断出他将在哪一块区域加大经营力度，它将会对我方哪一组棋进行攻击等，这都是从观察力到判断力的转换，而要观察敌人整体的和局部的虚实，则需要用到计算力，计算敌人各组棋之间的呼应能力、我对敌人不同棋组的隔断能力，一块区域中敌我双方的棋路的多少，这个时候观察力就要和计算力相结合，当我们观察整体的虚实，并运用计算能力做出基本的判断后，我们同敌人在局部展开搏杀，这时候我们的记忆力就很重要，因为如果以前的计算随着棋局的演化而变化，前面的计算记不准确，就会给对手以可乘之机，如果没有强大的记忆储存能力，就只能不断地重复计算，所以记忆力是贯穿棋局的始终的。

　　围棋的计算是很复杂的，上面说过的王龙士能够计算二十多步棋，而这二十多步棋又包含了多少种变化？除了对几枚棋子或一组棋子的搏杀外，还要计算因此而变化出的更多的路，每一路都可能造成不同的势，每一种势都会影响到全局，改变原来布局中已经初步成型的棋与棋之间的呼应、可能的连接手段和状况，也就是说，每一步棋都会产生无数新的变化，这就不仅仅是计算的能力了，而又如何应对这无穷的变化？算是肯定算不准的，这就需要推理能力、直观形象思维能力、抽象感知能力等的参与了，推理的定义很简单："由一个或几个已知的判断（前提），推导出一个未知的结论的思维过程。"当我们前面对全局做了判断之后，我们落子在一个局部，我们计算二十步棋，每一步棋都有敌我双方不同的应对，针对我方的每一步可能的落子，敌方的可能的应对都是一次推理。而一子一子的推理显然是低效的而且是费心力的，那么此时就要有直观形象思维的参与，围棋的一大特点是棋形，每几个棋子的搏杀都会组成最简单的棋形，运用棋形来计算变化而不是运用单枚的棋子来计算，自然效率就提高了几倍，而记住棋形，既需要记忆力，也需要直观形象思维能力，而从最简单的几枚缠杀棋子构成的图形开始，需要的是我们的逻辑推理能力和分析能力、总结能力，首先我们要对几枚棋子搏杀时必死之形做一个总结，比如在角上，两枚棋子可以杀死一枚棋子，在边上，三枚棋子可以杀死一枚棋子，在中腹，四枚棋子才能杀死一枚棋子，而这基本之形一旦遇上前面棋路上有我方棋子或对方棋子呼应，那必死之形就又有了变化，如果不是一开始就接受棋艺训练懂得这些，那么这些对于棋形的直观形象思维就都需要推理分析和慢慢总结出来。而将各种各样的棋形记下来，以备对弈时应用，则可以强化我们的记忆储存能力。

　　单以一个计算能力而言，围棋局演的计算是非常立体，非常复杂的，比如刚开始要计算气，计算目，然后要计算死活、杀气、棋路，还有官子的计算、胜负的计算，还有利弊得失、势的增减、棋路的增减、变化可能性……在这些计算中，既有微观的应对局部的计算，也有宏观的掌握全局的计算，既有具体的计算，也有抽象的计算，而这就是军事中所说的筹算，也就是运筹的能力，所以说，围棋对我们计算能力的锻炼可不是一道数学题所能够相比的。

　　而就在上面所提到的对棋路和变化的计算过程中，必然会锻炼我们的比较能力，对每一步棋可能出现的可能，不同选择下出现的种种可能进行比较，我们才会选出最优的落子方案。

其他像应变能力，对于一个棋艺还不是很高的棋手来说，自己算不到对方的地方可能很多，而对方基本能算到自己，这种情况下，这位新手就会不停地面对意外情况，不停面对对方出其不意的杀招，应变能力怎会不被加强锻炼呢？

以上所说的种种能力，是人的基本思维能力，也是弈棋过程中就能得到的锻炼。但我们不能忘了，围棋毕竟是一门局演，是一门喻的学问，所以它还能开发我们其他的更多的更强大的能力。

如果我们事先就学到了非常多的阴阳辩证法，那么我们在对弈时，就需要不断地在棋局中理解、领会这些方法，这就要锻炼我们的理解能力、运用和实践的能力，同样的，如果我们不懂阴阳辩证法，却学到了很多围棋特有的技巧，那我们也会锻炼理解能力、运用和实践的能力，如果我们没有去学围棋的技巧，而是在不断下棋中自己分析、概括、总结、归纳，从而自己得出下围棋的技巧，那我们就在这个过程中锻炼了这四种能力。将这种技巧抽象化，我们就得到了概念能力、抽象概括能力，我们就做到了演喻，因为抽象化的认知甚至概念，是可以通用到其他领域的，比如我们在对弈中总结出布局比缠斗更容易得势的结论，我们就会在商业、军事、政治领域中更清楚布局的重要性，而这就是喻，这就是围棋的意义，也是创造围棋的目的，这种局演同时也锻炼我们的推演能力。

当我们从吃掉敌人一颗棋子就是得的认知中再进一步，发现有时候放弃一组棋，有时候一枚棋或一组棋或一个区域让敌人得去，我们反而获得更多时，我们对于得失、取舍有了全新的认知，这就是辩证思维的能力，不论我们是学习到本篇所讲的种种阴阳之喻还是在对弈中学到种种阴阳之喻，一旦我们将这些喻广泛运用到我们能接触到的各个领域，那就是具备了举一反三、触类旁通的能力，甚至具备了一法通则万法通的能力。

当我们在对弈中，深刻理解了围棋的局喻和演喻，那我们就收获了一个哲学的认知的系统，我们就具备了系统化能力，要知道，围棋的局喻和演喻，可算是一门体系极其强大的学问。当我们将围棋的整体之喻一一分解并运用到对弈之中去体验，我们就具备了解构能力，如果我们将每一喻都运用到娴熟，并且在一步之中就能运转许多喻义来思维，那我们就具备了体系的构建能力。

当我们从观察力上升到洞察力，当我们从战术思维升华到战略思维，当我们从分析判断上升到抽象概念，当我们从形见到势，当我们从势见到运，当我们从运见到数，我们的思维层次就产生了递进和升华。当我们从名见到实，从实见到名，从虚见到实，从实见到虚，当我们意识到虚实可以互相转化，我们的思维层次就更进了一级。

当我们从黑白搏杀见到了互存互动，我们的思维层次就实现了进化。

围棋中有舍与得的道理，《围棋十诀》中的"舍小就大""逢危须弃"就讲得很深刻，井冈山根据地时期，李德和博古指挥的反围剿，固守阵地，逢危不弃，结果遭遇了失败，而在长征中，队伍臃肿不堪，连咸菜坛子都舍不得，毫无机动力可言，结果造成了不断地重大损失。而毛泽东主席指挥后，则轻装简从，发挥了机动力，四渡赤水，摆脱了困境，将一盘死棋走活了。

从围棋看喻的概念群、哲学对（喻义对）及其相互关系

我们讲世上万物都存在着彼此联系，哲学要解决的一个最主要问题就是认清事物之间的内在联系。但哲学并没有告诉我们，世界上最重要的联系，不是事物与事物、现象与现象之间的联系，而是对事物和现象的联系总结出来的概念与概念之间的联系、规律与规律之间的联系，是知识体系与知识体系之间的联系，这是哲学不能告诉我们而喻学能够告诉我们的。我们不妨暂将这一现象称之为概念和规律间的内在联系规律。

这一点，读者想必从前面的演喻中可以明确地体会到了，因为局演中出现的演喻，大部分都与军事、政治等领域相通，所以不同的知识体系其实在整体上都与其他的领域存在着贯通性的内在联系。

同时，读者还应能够理解到，如阴阳之本喻，不但在局演领域中派生出更多演喻，在军事、政治等领域，也一样是派生出众多演喻的，读者想必已经领会到，阴阳之喻不仅仅是一个喻义，不仅仅是一个哲学对，更是一个概念的集合体，是一个完整而博大精深的知识体系。

从以上三节的演喻中，读者应该会体会到一个原理，如果一个喻义具备广泛的贯通性，则当本喻不断拓展后，它会形成一个概念群，一个由多领域不同概念共同构成的概念群。当然，像阴阳这样的本喻，也非常可能是从众多的概念中总结出来的，也即当不同的概念群越来越抽象时，就会形成一个总领概念群的总喻。这是两条路径，但殊途同归。唯一不同的是，先有本喻然后不断拓展，对人类的认知更有利，人类据此方法认知世界改造世界将更准确也更快速。

如阴阳在诸领域中有不同的概念组，如在绘画领域中，光影、明暗、虚实、留白、浓淡、金碧和水墨等概念，甚至包括用笔的轻重、笔意的坚柔等，都是阴阳之喻的拓展，是阴阳之喻更适合本领域特点的一种运用。

而在五行中，生克、相向循环、平衡等概念，亦是阴阳之喻的喻义之拓展。

如果说阴阳之喻在不同领域的不同变身（不同的更适合本领域的概念）可以称为阴阳哲学对（或阴阳喻义对），那么众多的哲学对便可以组成喻义群（概念群），而不同领域内的喻义群就会形成一个喻的喻义体系，我们可以用比喻的修辞方法来称之为喻义树。如阴阳、三才这样的本喻就是根本，而如军事、绘画这样的领域就是枝条，而每个领域内的具体喻义就是树叶。

而事实上，如果我们深入地认知喻义树，我们将会发现，哪怕是在一个领域之内，本喻和演喻之间，也一样可以构成相互关系极其复杂而精妙的喻义树，这一点，围棋的演喻给了我们很好的例证。

首先我们总结一下我们写到的喻义群：

左右（包括前后左右东西等方位之相对）、取舍、进退、先后、众寡、存亡、死生、我人（包括敌我、彼此）、洞微、劳逸、内外、缓急、险易、利害、远近、危安、小大、多少、损益、增减、主客、主动被动、明暗、始终、孤众、厚薄、强弱、连断、疏密、松紧、疏促、语默、动静、静躁、频疏、得失、轻重、廉贪、有无、奇正、胜败、攻守（侵守）、名实、名相、阔狭、擒纵、方圆、诡变、分合、张收、隐显、形势、位势、位形、流变、力策、位机、势机、势子、势地（位）、势力、势绪、危机、胜利（指胜与利的辩证，不是现代词汇的胜利）、可不可、投逼、投应、整体局部。

我们来看它们之间的复杂的交互关系：

第一种关系（其他喻义对为某喻义对的运用方向同时是参考要素）：取舍既然是一门深奥的哲学，那么它就包含着很多的内容，比如舍子（利）而取势，舍地（利）而争先，舍小而取大，舍险而取易，舍害而取利，舍远而取近，舍危而取安，舍把握小而取把握大等，棋局如人生，在局演中领悟得越多，用到人生现实中的也就越多。以此而言，诸如势利、地先、小大、利害、险易、远近、安危等阴阳喻义对，就都是取舍这一阴阳喻义对的运用方向和参考要素。诸如进退亦如取舍。

第二种关系（因果关系）：得失则是取舍的直接后果，比如舍子而取势，即是失子而得利。取舍是原因，得失是结果。

第三种关系（其他喻义对共同交织而决定并造成此一喻义对的具体内部构成）：又比如厚薄和强弱，是由许多因素造成的，诸如先后、众寡、劳逸、险易、远近、多少、主动被动、连断、疏密、松紧、阔狭、形势等诸多因素所共同交织而决定并造成的。

第四种关系（此喻义对与彼喻义对互为构成要素）：紧接第三种关系，形势亦由这些交织成强弱的喻义对所共同造成，同时，形势亦由厚薄和强弱而造成，而形势亦直接决定强弱和厚薄。在这里，形势和厚薄、强弱等是互为构成因素的。

第五种关系（某一个喻义对贯通其他诸多喻义对，是其他喻义对所具有性质的一部分）：虚实是一个抽象的哲学概念，它应该比取舍更难以领悟一些，比如形是实的，势是虚的，形是实的，势是虚的，力是实的，策是虚的，位是实的，机是虚的，流是实的，变是虚的，这些虚实需要在博弈中慢慢地领悟出来，并且，每一个人对虚实的认知也不尽相同，在局演中，你能总结出来的虚实之道越多，说明你对喻道的掌握越好。所以诸如形势、力策、位机、流变等阴阳喻义对，都是虚实这一阴阳喻义对所贯通的，虚实这一喻义对是其他喻义对所具有的性质的一部分。亦即是说，虚实在局演这个领域，有跟阴阳一样的贯通的性质。又如方圆，其能派生出动静、变正等哲学对，亦如虚实。

第六种关系：诸如频疏、轻重、贪廉，则是讲的弈者，是操局的人。

第七种关系（更广泛的如本喻一样，但不是本喻，只是需作用所有喻义对的喻义对）：又如名实、名相，是可以考察任何一个喻义对的喻义对，是在探究概念与规律等之间的相互关系时，能应用于一切概念和规律的喻义对。

据以上初步得出的关系，现在，我们将这些喻义对做一个相对的分类：

1. 名实、名相。

2. 我人（包括敌我、彼此）、语默、动静、静躁、频疏、轻重、廉贪。

3. 整体局部。

4. 左右（包括前后左右东西等方位之相对）。

5. 先后、内外、主客、主动被动、始终。

6. 有无、隐显、洞微、明暗。

7. 取舍、进退、可不可、力策。

8. 方圆、奇正、呼应、分合、张收、攻守（侵守）、投逼、投应、损益、增减、诡变、擒纵。

9. 形势、位势、位形、流变、位机、势机、势子、势地（位）、势力、势绪。

10. 厚薄、虚实、强弱、小大、众寡、劳逸、缓急、险易、远近、多少、连断、疏密、松紧、疏促、阔狭，方圆、奇正、呼应、分合。

11. 利害、危安、损益、增减。

12. 危机、胜利（指胜与利的辩证，不是现代词汇的胜利）。

13. 得失、存亡、死生、胜败。

以上诸分类中，1类是第七种关系，2类是第六种关系，3、4是一类，是讲整个棋局之组成划分的。5、6近似，是一类，这一类的哲学更强，贯通性也更强，如先后在其他领域可能就会是一个位的关系、一个顺序的关系，而且先后讲本是时间关系（此处亦与先机、失机有关），而内外讲的则是空间关系，主客讲的是我人的相对关系。时间、空间、我人，这三个关系不但在局演中是根本性的，在其他的演中也是根本性的。所以5的喻义对是统领后面的7-13的所有喻义对的，起着决定或影响的作用。6与9-12具有1的第七种关系。7对8是决定性的关系，有的7的确立，则有了8的选择，而7的决定则是由9-12为主要参考要素和运用方向的，7的决定亦由1-6为决定因素。8的选择运用决定了9-12的发展变化，并决定了最终结局——13。9和10的关系是互为影响和决定因素的，属于上面讲的第四种关系。11是9和10的综合显示，是由8具体决定的，是由7所确定的，是由1-6间接决定的。12与1和6的关系最密切，危中有机，与洞微、观见隐显关系密切，只有洞察局势中的深微、隐秘之处，才能看到危中之机，而胜而不利的情况，也是如此，只有事先洞察，才能让自己不去投入一场看似胜利，实则大损的战斗。13是以上种种喻义对所决定的结果。

还有一种关系是喻义对自身的互置，如进退，有以进为退，有以退为进，是喻义对自身的两个要素发生了置换，又如以正为奇、以奇为正，变虚为实、变实为虚等。

喻义对间的多重互为支撑：围棋充分地为我们显示了各种喻义的相互作用，既有相辅相成，也有相互制约。如厚势过度，则会失去先机，一味求厚，则在战略上会失分，反过来，一味求进取，不造厚势，那么进取之机就会失去根基，很容易被敌人打断。厚薄直接决定虚实，而呼应则间接决定虚实的变化，而在行棋过程中攻守的异位和变化都会直接决定虚实的改变，我方实的可随时放弃而为虚，我方虚的可随时经营而为实，敌方实的随时可因我方的攻守、呼应、厚薄等而变为虚，同理，敌方虚的也随实可能因敌我双方攻守、呼应、厚薄等的变化而变为实。

喻义对间的互为组成部分：以棋形而言，除了几个基本的简单棋形（成几何图形）外，棋形还具有棋路的变化，我们知道，每一颗下在空白地带的棋子，都有四条路可行，八个方位可占，而一块棋中，每一个有路的棋子都需要计算，而除了棋路之外，路是否在远处被封死，也是棋形的一部分，所以，棋形并不仅仅意味着是我方的棋形，只有与对方的棋形联合在一起考虑、观察、计算，才算是真正地看棋形，对方的棋形是我方棋形的一部分，而我方的棋形也是对方的一部分，敌中有我，我中有敌，而棋形就是棋势，所以我方的势是对方势的一部分，而对方的势也是我方的势的一部分。另外，厚薄也是棋形的一个重要因素，如果棋形中本就具有两个气门，那棋形就已经活了，如果棋形中不具气门，虽有路，但在前方已被封堵，那这块棋的棋形也就是死形。而棋形决定了棋势，所以越是早期营造好的棋形，棋局就会越有利。所以说围棋中的各种喻义是互相影响互相变化的，也是互为组成部分的，如相关联部分的厚薄决定了棋形的生死，而棋形的好坏又决定了整个局势我方棋势的厚薄，又如在没有气门的时候棋形的厚薄决定了气门的营造成功与否，而在有了结实的气门或足够营造气门的空间之后，这块棋就一定会变成相对的厚势。

喻义对之间的置换关系：喻理之间的贯通性有着复杂的形式和不同领域的特点，如在围棋的阴阳中，亦有着转化、制约等相随的特性，如虚实的转化与厚薄的变化有关，加一子则厚，厚一分则实一分，而厚薄的变化则又与布局之远近密切相关，在某一地加厚一个子，则失去一个远期布局的机会，而若在某地进行远期布局，则可能在另一地棋势变薄，从而被对手占据更多的棋位。而远近的布局又与呼应密切相关，放弃远期布局而厚其一地，可以厚实此地与某地的呼应，而放弃此地的加厚而在别地远期布局，则可以加强更大局面的呼应，增强更大的势，而这种厚薄与远近的取舍，不但与呼应密切相关，也与安危密切相关。

喻义对间的整体生克交互贯通循环关系：所以这些喻义在事实上也形成了类似五行一般的相生相克和互相循环（可参考印证喻演论中《同一事物构成原理的多重性》），所以局演中的各种喻义，也是贯通着三才、五行等的喻义的，也是贯通着平衡、循环等宇宙基础原理的。所以宇宙之众多基础原理，本身亦贯通着喻，亦符合于喻的原理，喻作用于领域及事物，不是单一贯通的，而是共同贯通的；是交互式、制约式、循环式、平衡式、增减互换式的共同贯通。而基础原理之间的贯通，也是交互式、制约式、循环式、平衡式、增减互换式的共同贯通。所以围棋局演中的本喻之天圆，即天道圆行论，是统率着以上种种复杂关系的。

当一个本喻在某一个领域的喻义群具有以上种种复杂的关系（有的会有比以上所列更多的关系，有的可能少些），就可以构成一个知识体系，建立一个喻义树。

在这里，我们仅仅是建立了一个阴阳之喻的喻义树，而如果我们要建一个局演的喻义树，那么连同本喻在内的诸多喻义，其不同喻义对之间的关系就会变得更加复杂了。

而同样的，我们建立一个包含其他演、其他领域之喻义体系的阴阳喻义树，又会是一个何其博大而复杂的喻义体系呢？

由于学者们还没有人去发现、研究概念与概念之间的联系、哲学与哲学之间的联系，所以我也只能以自己的经历为案例来讲：

如果不是偶然对平衡医学感兴趣，我就不能有更深刻地对于平衡的认知，也就无法在阴阳之喻中用平衡去考虑，如果不是喻的贯通性，我就很难忽然想到去用平衡的概念去理解五行，也就难以得出五行的平衡和循环论，而得不出阴阳、五行等都是平衡和循环的，就不会发现天道圆行论，而没有天道圆行论，阴阳、三才、四象、五行，这些华夏文明中的根本之喻，就找不到一个统一的内在根本之所依循之规则。而天道圆行论，则是完美地将阴阳、三才、四象、五行给统一了起来，使得它们的无穷无尽的喻义运转都能归纳到天道圆行的本喻之中。（可参考印证喻演论中《同一事物构成原理的多重性》）而天道圆行、阴阳、三才、四象、五行，都具有喻的贯通性，喻是它们共有的根本规律也是它们共同的运转方法。

所以，发现喻义（概念、规律、规则）与喻义之间的相互联系和内在关系，发现喻义群与喻义群之间的相互联系和内在关系，发现喻义树与喻义树之间的相互联系和内在关系（发现知识体系与知识体系之间的相互联系和内在关系），才是认知客观世界最重要的，是可以指导生活实践中对于事物间普遍联系的观察和运用的。

此前从来没有人从这种角度去研究局演，而我也是在写出中医中的五行平衡循环与其他喻义之贯通后，按喻的方法直接将这一思路运用到局演领域，所以直接就得出了这一结论，从而指出了局演中一直存在的喻义对之间存在种种深刻关系的现象，而这是几千年局演中，未曾有人指出过的，即便是《棋经》，也未能明确指出其演喻中存在的这一内在根本规律。这再一次说明，喻这一认知方法是正确的、高效的。

内涵丰富无比的麻将

麻将不知是何时发明的，有说是郑和的创造，想必也唯有这等的杰出人物，才能创造出麻将这种文化底蕴深厚，暗合华夏伟大文明的游戏来。

同围棋一样，麻将富含华夏文明之喻，亦因此而风靡世界。无论是麻将，还是围棋、扑克牌、象棋，这四种起源于华夏的游戏之所以能成为全世界最知名游戏，都是因为它们具有丰富的文化内涵和文明底蕴。

我原先仔细思考，没有在麻将中找到阴阳，但后来终于领悟到，麻将的阴阳不在局中，而在运行的规则中，麻将的运行规则就是一出一入，手里总共十三张牌，抓一张就要打出一张，很像呼吸，一呼一吸，吐故纳新，取有用的留下，将没用的舍弃，恰恰是对阴阳的精妙的运用。

麻将牌含四方之喻，如东西南北；麻将牌也含五方五行之喻，如东西南北中。而麻将牌每种牌都是四张，也暗含四方的喻义。

麻将牌也含四季之喻，如春夏秋冬四张花牌，是谓四时牌，而每张花色的每张牌都会有四张，也暗合时令的春夏秋冬、宇宙的成住坏空、万象的生长收藏、国家的兴盛衰亡、万物的生老病死的普遍哲理。春夏秋冬暗喻天象轮回，世事更替的意思，如民俗谓："三十年河东，三十年河西"，"不是东风压倒西风，就是西风压倒东风。"都是说气运是运动的，变化的，上天不会永远眷顾一人，所以麻将就出现了轮庄，四季从春开始，春属东方，所以牌局也从东方开始，如果得上天眷顾而得到庄家之便利的人，能够把牌打好，那么就可以将好运继续下去，而如果打得不好，机会就失去，庄家就轮到别人做了。这个好气运表现在麻将上，就是庄家和牌后得利可以翻番，当然，为了均衡起见，输了之后失利也是翻番的。天象有四季轮回，麻将有轮流坐庄，轮回了便运转起来了，气和运都在其中了。

麻将牌也喻君子之节、君子之风、君子之德，如梅兰竹菊，是为花中四君子，它们各为一季之英，是谓四英牌，它告诫游戏者，要如君子那样游戏，不要如小人那样游戏，即便麻将是竞技游戏，也是君子间的竞技。同时，梅兰竹菊含四种君子之德，是君子操守的表现，它亦含四种审美观和性格特色，梅之高洁清傲，兰之幽雅空灵，竹之虚心直节，菊之冷艳坚贞，代表了中国文人的审美观和性格特色以及人格境界。

麻将牌的基础花色有三种，万、索、筒，暗喻天地人三才，三才相济，人做事才能一帆风顺，才能谋事在人，而成事在天，于是和牌。三种花色又暗喻左中右三位，左右两者，一文一武，中间者为主，在正常和牌中就是做将的那一种花色，三位确立，是办事的前提条件，此喻告诉我们，领导者唯有协同文武二众，才能把事办成，于是和牌。三种花色，也暗喻天时地利人和，三者搭配成功，则无事不成，于是和牌。如果说麻将洗牌、发牌后，自己得到了一副什么牌，四个人的牌构成了一个什么样的局，这是天时的话，那么自己的上下家将会打什么牌，就是地利了，而自己对牌的组合、拆解，能不能适应牌局的变化，能不能让其他三家喂自己，那就是人和了。

和，是麻将牌的最高境界，也是最高的喻义，于天地万象中，两气相交谓为和，两人同心、同气、同欲，谓为和，相互之间，放弃争斗，不相争执，谓为和，相互协作、相互支持谓为和。和，是华夏祖先提倡的最高人际交往和国家交往的理想状态，麻将牌的和，充分体现了这一点，别人出牌，我来吃掉而和了，此即是相互依存之意，此即是和牌。为什么自摸被单独称呼呢？因为没有相互关系的发生，其实算不得和牌，就只能叫自摸了。和牌充分体现了华夏文明，那就是互相成就，互相支持。我想，麻将牌最初的玩法，可能并不是我们现在这样的玩法，因为现在我们的玩法大多都是有彩头的，所以只顾自己和，不愿他人和，这是与麻将牌的最高目的——和牌背道而驰的。四个人，通力合作，争取有一个人最快和牌，应当是麻将的初衷，而分成两方对打，两人配合，也较现在流行的赌博更符合麻将的本意。

麻将牌的和牌规则，体现的是条件满足论，即一件事情的成功，需要满足诸多条件，为了满足这些条件，就要不断地努力去创造机会，不论是吃、摸、碰，都是在创造这些条件。

而麻将牌更哲学的是，这些条件是变化的，不是唯一的，比如我们用2作将，可发现2都被打出来了，那我们就可以换成5和8作将，可以用5万作将，也可以用五索作将。在麻将里，很可能你最初抓到的一副牌，最后全部换了个遍。所以麻将牌的运充分体现了变化的道理，只有适时变化，及时变化，不错过时机，将自己的牌保持在一个最好的状态，才可能和牌。

麻将充分体现了《易经》中变化的道理，从麻将牌的构成上，除了基本牌之外，还加入了东西南北中发白、四季牌、四英牌，甚至还有百搭牌，其中四季牌、四英牌、百搭牌这些牌，有的玩家是不用的，用与不用，随意选择，可以任意变化，这是在本喻上的自由变化。而在牌局进行的过程中，基础三才牌的无穷无尽的组合变化，更是体现了变化的道理。

麻将牌的变化无穷，也暗示了人生的变化无穷、世事的变化无穷，所以它是最符合《易经》变化之道的一门游戏。

华夏之学特别讲究数，数是一个很高深的哲学范畴，宇宙万物的运转都是按数来进行的，华夏之学的数包含了数学，但又不仅仅是数学。比如我们知道的第一宇宙速度，达到这个速度可以摆脱地球引力，这是数的一部分内容。更多的数则包含了宇宙更多的内容，包括宇宙的成住坏空都由数来决定，这就好比太阳因其喷发的速度和量等数，而产生寿命一样，数是华夏之学中很深奥很实用但却几近失传的一门学问。华夏祖先掌握了数的学问，通过数的筹算来预测一个事物的发展终结，也是建立在科学预测基础上的，并不是传说中的唯心主义、封建迷信。就好像物理学中用速度和重量来建立数一样，在人类的社会中也可以运用各种要素来建立数，准确的建立数，就可以准确地进行社会预测，不过在今天看来，华夏文明中数的这门学问，可能失传了，不过我们经过学习，通过对喻的不断摸索，通过当代数学的发展，还是能够重新找回这门学问，并发扬光大的。

数的学问既然那么高深，平常人似乎根本不可能接触，但其实不是这样的，我们每时每刻都在接触数。比如古人讲的周天，就是360度的圆形运动，上面提到的四季三才，都是数的运行。华夏文化里面比较重视三，因为三是宇宙万物和人类社会共同的基数，老子说："道生一，一生二，二生三，三生万物"，世间万事万物的变化，是从三开始的。所以麻将里面选择三色。不但选择三色，麻将牌的玩法中还选择三张连续的数字为一组成为一列牌，只有四个这样的系列牌抓齐，才可以和牌。所以说麻将是三的游戏，围棋是二的游戏，扑克牌是四的游戏，放牛棋是五的游戏，它们都与数密切相关，我们不应当等闲视之。

麻将牌中还有另一个极为重要的三，那就是它的牌分数牌、字牌、花牌，不要轻视这三种牌的意义，它已经包含了当时能有的所有文字符号的主要形式了。既有数字，也有文字，还有图像，这是对文化高度浓缩概括和总结的结果，是非常具有匠心的，三位一体，共同形成了华夏文明的文字符号体系，也是一个极为重要的喻义，不容我们忽视。即便在麻将的基础三色牌里面，虽然三色牌都是数牌，但依然非常有讲究，万是字牌，索是数牌，筒是图像牌（花牌）。为什么说索是数牌呢，因为古人最初就是用细绳来计数的，有的是悬挂几根绳子，也有的是在绳子上打结，两者还可以结合，所以说索是数牌。

三是基数，那么与三对应的数字就是九了，在华夏文化中，九是阳数的极数，也是所有数的极数，因为过了九之后，就是另一个序列了，所以麻将中的三才牌各有九张。

华夏先民认为世界中最活跃的五种元素是金木水火土，它们分别配属五方：东方甲乙木、西方庚辛金、南方丙丁火、北方壬癸水、中方戊己土。而五方之上，天道以圆的形式在生生不息地运转着，麻将的创造，自然也不离这些深厚的哲学根基，于是东西南北中代表地的中央和四方，而白皮代表方形的大地，发是人的头发，处于人的最顶部，以万象为喻则是天，中则代表中国和中国人，于是天地人三才和宇宙四方，共成七数，形成了一个完整的宇宙，一个以中为圆心的真正的周天之圆，至此，天文、地理、人类就都全了。

而同样的，东西南北中发白还被视为天上七星，北斗七星是最著名的星象，它们围绕着北极星转动，最明确地给人类展现天体运行的规律，古人以七星齐七政，七星和七政的说法都不是单一的，也有以日月和金木水火土五星为七星的，这个常称为七曜，而七曜本身就是七政，这是指当这七颗星的天象出现异常时，政治上需要做出相应的改变，故称七政，而反过来，当政治措施不当时，七曜也会出现异常以为提示，这也是称为七政的原因。而七政亦指春夏秋冬天文地理人道，还有一种七政是指北斗七星的七颗星是主掌七曜的，这种天道论，就将北斗七星的地位提得更高了。而在兵法中，七政则是指人、正、辞、巧、火、水、兵这七件事务。所以麻将牌中的这七张字牌，其实不是随意摆设的，而是深有讲究的，是以天道运行的规律为喻，运用到了麻将中。另外，北斗七星又名键星，它为我们指出了北极星是天象的轴心，天象是周流不息的，而北极星则是不动的。我们大家都知道的那句名言："天行，键（健），君子以自强不息。"那个键字，就是北斗七星（亦有说极斗合体），意谓我们要效法天的精神，天象围绕着北极星为轴（关键），周行不息，而我们则要每天发奋图强，不可暂止。

中国人比较重视三十六和七十二、八十一这几个数字，有着三十六般变化，七十二般神通，九九八十一变，九九归一等讲究，又有三十六天罡、七十二地煞的说法。所以麻将中的三才牌每一才牌数是三十六，三才合起来就是一百零八。而加上四季牌等其他牌，又有一四四的数，一四四是十二的平方，而在数牌中，无论哪个数字，比如一，有一筒四张，一条四张，一万四张，合起来也是十二。而在中国十二也是一个特别的数，如十二地支，十二生肖，十二时辰，十二个月等。而三才牌的一百零八张，也是十二的倍数，另外，在牌的玩法中，也需要有四组牌抓齐，每组牌都是三个连续的数字才行，三四十二，天地人三才乘以四方，赋予了十二这个数的神奇。另外，古代中国虽然没有星期的概念，但佛教传入后，一七日、三七日、七七日的概念也已深入人心，麻将牌中每人抓牌十三张，十三乘以四等于五十二，却也暗合了一年有五十二个星期的时令之学。东西方文化甚至整个世界文化，出于不同的文明，不同的基因，但却常常有暗合的地方，这也证明了宇宙的真理是共同的，无论在哪里，数的运用都将会是一致的，这也证明了喻学建立的基础是正确的。

无论是哪种游戏，都会锻炼数的能力，扑克牌要计算对方手里有什么牌，出过一些牌后手中还有什么牌，麻将当然也不会例外，但麻将要计算得更多，不但要算自己需要的牌已经出了几张，还要预测它有没有可能不出来了，如果自己要的那张牌被其他人掐住，不会打出来了，那么自己这一局就不会和了。

更多的计算在于，自己手里是需要有四个顺序数字的组合牌的，这就平添了更多的计算在牌局里面。如何更顺畅地组合出四个数字组，显然是一门数的学问，不但要会计算，还要会预测，更要善于变化。

我们再来看一下麻将牌的花色：

索者，线也。天之经，地之纬，世之经，国之纬，都是以线的形式表达的。此暗含经天纬地，经世济国的喻义。

筒者，圆也。天象运行，周天度数，星移斗转，四季轮回，阴阳太极，皆以圆为体。人知圆道，则人生圆满，功业圆满，人不知圆道，则总多亏缺。古人谓"思圆行方"，可见圆是圆通、圆满、圆润之理想状态。

万者，数也。古人以万为极数，此盖言变化之多，无穷无尽。又古人认为，万物皆有定数，天以数而运，国以数而兴，人以数而行，业以数而成，万般事物，皆有其数，数与气合，便称气数。

当然也有老百姓对麻将牌有自己的见解，比如他们说筒是铜钱，索是串钱的绳子，万是铜钱的数量，老百姓希望钱越多越好，于是用万来表达。而红中则是中举的寓意，发就是发财。不过在解释白的时候，将白解释为清白，似乎与前面几种解释不太搭配了。

麻将之做将,就好比围棋之做气,天不得气则不运,人不得气则不活,国不得气则不昌,比如唐朝诗人写不出汉朝诗人的风骨,宋朝诗人写不出唐朝诗人的气象。所以,麻将也需要两个棋子来做气。之所以要两个子来做气,是因为气有阴阳,只有阴阳二气相协调,这个气才能做得好。

麻将之做将,又好比军队要有统领,没有统领,军队便没有主心骨,所以要正副两个统领。

但麻将的哲学更进一步,那就是天下毕竟也有没有统领却依然能办得成事的时候,那就是一群人都很贤良,都有较高素质,皆为君子的时候。所以麻将里面有君子和,或者说协同和,比如清一色。清一色的自家人,或者清一色的志同道合之辈,质纯无杂,所以不需要将来统领,一样能够成大事,而且是非常珍贵的和牌,用《易经》的说法就是"见群龙无首,吉。"是富含哲理的大吉大利之牌。

如果说扑克牌是两军交战,只有大压小,大灭小,那么麻将牌就好比是政治,是你中有我,我中有你,互相依存,互相算计的一个游戏。

麻将显然考虑到了很多喻义才形成它的繁妙打法,比如在气和运的调和上,庄家占有最大的气运,但这气运是两面的,最大程度的利和最大程度的害同时存在。所以麻将是讲究平衡的。在麻将牌中,任何一个元素都不是独大的,而是用各种元素、各种条件来决定能否和牌。所以庄家并不能决定抓牌,而是要掷骰子来决定,而开始抓到的牌也不是起决定作用的,根据牌局的发展,起一手好牌不一定赢,超一手坏牌不一定输,充分展现了变化和不确定性。

另外,麻将的截和也很有意思,每一个人都会被上家截和两个人次,而被上上家截和一个人次,而自己又可以截和自己下家的两个人,这种截和也都是平等的,机会均等,看谁把握得更好,所以截和也体现了麻将互相制约、互相牵制、机会均衡的人生哲理。

麻将很适合做一个比较复杂环境中比较复杂事件的喻义。牌本身存在各种各样的组合,抓得一手牌上来,可以打常规的碰碰和,也可以打十三不靠、清一色、一条龙,选择项有很多,即便是碰碰和,也有很多次选择,会有很多牌被抛弃出去,会根据对手出牌的情况,自己吃牌碰牌摸牌的情况而改变。

麻将牌充分强调了各种随机性事件,并且非常强调自己与其他参局者之间的交换,这也就是毛主席说的偶然性,因为偶然性的存在,只要你做好准备,坏牌也可以打好。甚至，当牌局中有两个人都听一张牌时，甚至有三个人都在听一张牌时，如果有牌那家忍耐不住，想要换牌，那就会点出一个双响炮，如此局面，人们可能会想到意外后果定律。不错，麻将牌就是充满了各种意外的。

麻将牌也强调了同局者之间的联系性和依存性，对方需要我喂牌，我也需要对方喂牌，虽然也可以自力更生，不吃不碰，但那是少数情况，大多数情况下，还是要靠牌局的流动中由其他参局者打出来的牌来改善自己牌的形势。这很像是现在的国际贸易、全球化，中国人能在全球化中如鱼得水地发展起来，想必跟善打麻将有一定的关系。

因为麻将中的许多不确定性，所以打牌过程就是一个不断根据情况变化进行取舍，不断调整自己的牌的结构——组合的过程，不断权衡得失，计算可能性，这是一个较为复杂的思维过程。

考虑的因素越多，思维就越具有整体性，所以，善下围棋和善打麻将的中国人，在外国人看来，每个人都是一条龙。

虽然对于打麻将，没有什么硬性的规定，但正好在随意，它依然是智者的博弈，不像象棋那样生死搏杀，不像扑克那样以大压小，它更加浑厚博大，机巧多变，其所蕴含的文化底蕴，其益智的程度，不亚于围棋。

麻将的哲学是几个人在一起，风云际会，互相成就，看谁对棋局的把握更精准，看谁对自己牌的组合更巧妙，看谁的牌运最好，那么谁最终就是成就最大者，就会和牌。依我看，古人的和牌与其说是一种竞争，独我胜出，倒不如说是一种复杂的选举，大家互相喂牌也互相争牌，看最后谁胜出谁就证明自己最强大，谁就是领袖。说不定，我这个猜想就是郑和大将最初创作这个游戏的本意。

麻将牌强调的是团体力量，强调合作，而不强调大小，九万和一万是一样大的，但当一万和二三万组合时，一万就组成了牌势，而九万如果遇不上八万，那就是一张废牌，所以麻将的主要喻义是合作，是组合。所以麻将是主张集体主义的，是反对个人英雄主义的。

麻将还强调万物皆有其意义，在麻将里没有一张牌是小的，没有一张牌是没用的，对别人毫无用处的一张牌，可能就是你急缺的，对你毫无用处的一张牌，可能就是别人急缺的，所以麻将牌符合老子"圣人常善救人，故无弃人；常善救物，故无弃物"的思想，同时，这也符合"互通有无，互补长短，各取所需"的华夏古老的贸易哲学思想，这也跟郑和航海贸易有相通之处。

所以，麻将的本质不是竞的，而是和的，其目的是取人之长，补我之短，争取和牌完局。

麻将的众多玩法也许不是在初创麻将时就全部确定了的，或许是在群众不断的游戏过程中，又增加了一些新的玩法，但这些玩法也不可能是凭空想象的，而是人们自身经验的显现，是对社会、生活体验后形成的一些喻义，不知不觉间运用到了麻将上。

从联系论的观点来看，万事万物是相互联系的，那么麻将的新玩法也同人的社会实践紧密结合，于是人们运用喻的手段，潜意识里就创造出了种种新玩法。

写完麻将，我可以做一个结论，华夏文明有一个非常高深的地方就在于，数理的结合，说起数理，人们首先想到《易经》，数是一门极神秘而高深的学问，甚至能预测未来，令人望而却步。我做一个猜测，读者看完《游戏中来》，利智的，也许会隐约领悟一个道理，华夏文明强大的地方就在于，无论你再创造什么四大游戏这一级别的实体游戏，你依然逃脱不了华夏文明的范围，因为太极阴阳三才四象五行，从一到五，华夏文明所创造出来的数，已经包含了所有可能。如果你看到这儿才恍然大悟，而之前连朦胧的感觉也没有，那你就称不上是利智。以此，为广大读者设计一道智力数值的自测题。

为什么世界上还有其他无数种类的游戏，可论影响深远、受众巨多，只有这四大游戏才成为第一序列？自然是因为华夏文明中数的玄妙和喻的神奇，当喻学被巧妙运用时，即便是游戏，也会影响整个人类的文明进程。

喻的种种运用，初看时，似都是牵强附会，无论《易经》还是中医，包括四大游戏，但按喻的理论一推究，则又全部都一一合理，而且，若无喻的运用，又如何解释四大游戏何以历千年而不衰，成为国人益智修身的首选之游戏，在几千年的大浪淘沙中，始终屹立，始终是人类社会最典型最具代表性的游戏呢？

毫无疑问，四大游戏是凭借着华夏数千年经验智慧的结晶，运用喻学这一认知工具和创造手段，不断创新并发展起来的，撒除喻义，四大游戏就仅仅是消磨时光的游戏了，而认识喻义，四大游戏就是建立在宇宙、世界、人类社会的基本原理之上的益智游戏。它们每一种都是创造者殚精竭虑、独具匠心、反复推演的结果，作为深受其利的后人，我们自不可等闲视之。

这些游戏最重要的作用就是开民智，先民们大多数务农，根本没有机会接触更多事务，学习更多知识，见不了更大的天地，而这些游戏则是将天地间最重要、最根本的喻义数理给浓缩起来了，等于是一个宇宙万物、人类社会之运行体系的浓缩模型，给更多的人提供了运用喻的方法去学习思考的机会，令得华夏的文明，即便遭遇浩劫，也能保留精髓，有悟性的人终有一天能从这些简单的游戏中悟得天地的至理，华夏之学又怎么会亡呢？那种说"崖山之后无中国"的人，根本就不知华夏辉煌文化的深妙之处，无中国，只是大国礼仪不在了，而华夏的文明之根还在，只要根本还在，终有一天会再现辉煌的。

古人是懂得这个道理的，如《庄子·知北游》：

东郭子问于庄子曰："所谓道，恶乎在？"庄子曰："无所不在。"东郭子曰："期而后可。"庄子曰："在蝼蚁。"曰："何其下邪？"曰："在稊稗。"曰："何其愈下邪？"曰："在瓦甓。"曰："何其愈甚邪？"曰："在屎溺。"东郭子不应。

我们或许明白庄子的意思，但却未必真的能以自己的智慧验证这个道理，大多数人是似懂非懂的，如有人注解这句话的时候臆测为："大小便中，也能解释道，孝道中讲述：孝子通过尝便知道父亲的身体健康状况。"显然，做出这种注解的注者，完全不懂得什么是道，他将孝道这种行为规范与抽象的宇宙规律弄混了，也就是说，他连道的字意都未弄通。

对于读者而言，如果能从四大游戏中领悟喻的道理，那就稍微可以验证并领会到庄子所说的道无所不在的意思了。

遗失的六博之道

六博我不熟悉，也不想花更多时间去研究，只是大体为大家介绍一下。

所谓六博，顾名思义，是以六为数，棋分黑白，各执六子。六博还有一说，是因为它包含六个方面的内容，一，棋盘的设计是以隐形的太极八卦图为基的，太极生两仪，所以会有两条隐形的黑白鱼；两仪生四象，所以有四个圆点；四象生八卦，所以有周边八方，其中四个角为阴，四个角为阳，中心则是太极。就像有博筹一样，随棋具会在棋盘中心摆放黑白两条阴阳鱼。二，棋盘中四角喻东南西北，由此起步，最后归于中，这个喻义四维和五行都具备了。三，棋盘中设有三十二个行棋点（还可以将周边十六个点参与行棋，则棋局会进入另一复杂变化的局面）。四，棋盘中的四个圆点代表四门，双方对局时，如果一方将对方的棋子俘虏，会将这枚棋子打入己方的圆点内关押。五，棋盘中还藏有内八卦，这八个点上的棋子，猜拳逢一时，可以直接进入到太极中心内。六，棋盘的行棋点线，从角上以逆时针方向运行，虽由邻近的点上可进可退，但除了中间四角的点以外，棋子就只能由角跳到角，由角滑到点，而不能从角直接跳到点。所谓六博，也许是指六种博弈之道或六种博弈之理，总之，这门失传的古代局演现代人是很难还原的了。

如果说围棋的计数是在暗中进行，并非围棋之道的主体的话，那么六博就是以数为进行依据的游戏，数字决定了游戏的进行。

六博是古代盛行的游戏，我们从以上简短的内容便可以知道，它同围棋一样，是一种局演，它的基本构成思路，就是喻的思路，它同围棋一样，是以数和理为基础的一种在游戏玩耍中进行推演学习的工具。

作为一门古老的局演，六博的失传无疑是中国文化的一大损失，如何弄清六博，重新提倡这门局演，是我们当代热爱国学、推广国学的工作者所应努力去做的一件事情，它对国民的国学素养、智力培养都是有着重要意义的。

数形理独到的放牛棋

放牛棋可能是最被低估的一种局演了，确定不了它的具体历史，原以为这种棋应该是通行全国的，有的贴子说它是山东日照和潍坊市的民间游戏，也有帖子说六洲棋通行于多省，但六洲棋与五洲棋还是不同的。这种棋也许历史很悠久，地域很广泛，只不过没有人做专门的研究罢了。

放牛棋以大地为棋盘，用树枝石子在地上划四道、五道或六道的正方形棋盘，用石子、树枝树叶、瓦片砖块泥块等就可以行棋了，可谓是天地为棋局，万物为棋子，透着民间的质朴和大气。

放牛棋虽然是放牛时所下之棋，但却绝不简单，从名字上来看，它又叫五龙棋、五虎棋、五福棋、五花棋、五周棋或六周棋。我记事时起就下，它又叫下五福，名字真是吉利得很。当然也有俗一点的，叫五大棍，显得霸气一些。不过从文化上来讲，叫它五福棋或五行棋似更好些，而五通棋也还不错，一个民间闾里的消闲之棋，能有这么多美妙的称呼，也算是文化史上一桩奇事了。

同所有的棋局一样，放牛棋也要以数合理，而且它较其他棋局更加重视数的运用。以二为数，棋分两种，暗合阴阳之变。以三为数，称三通（三星、三才），为日月星三星、天地人三才、左右中与上中下三位（民间有称斜三的，也有称三斜的），各有四；以四为数，则四个点相连为一个小方形，称为成方或小方，合四方之数；四个斜点相连，称为四周、四通（民间有称斜四、四斜的），亦即通达四维之意；五个直点连成一线，则可称归一、凝一、合一（民间有称大棍的，有称五虎的，有的地方会有中心棍和边棍的差别）；五个斜点连成一线，则可称为通天（贯通天道、圆满、周极）、五周、五通，实际上大棍占着中央两道的，与通天的地位也差不多。

放牛棋是各种局演中对形的讲究最到家的，围棋虽然讲究形，但那是自然流动的形，而放牛棋的棋形则是数学的，是几何的，如小方是四方形，四个三才则再度构成一个四方形，四周合起来则是一个井字，而三星则是中央点向外放射的一条线，四通五通也如此。五通则是正方形的对角线，大棍里的中心棍则是正方形的中间线，毫无疑问，放牛棋最大的两个特点就是由数和形组成局喻，数学和几何是这门局演的基础。这有别于围棋、麻将、扑克牌等，以此而论，放牛棋算得上是中华文明中具有单独特色的一种局演。

虽然放牛棋又称五福棋、五周棋等，但和五子棋是不可同日而语的，放牛棋蕴含着更丰富更深刻的喻义。

放牛棋虽小，但独到的地方却很多，形是它独特之一处，而它在博弈上，与围棋、扑克牌相似，在组合上，则与麻将相通。棋目二十五，可以组合出两条五通、四条四通、三条三通、十条大棍、十六个小方，每一个棋位，至少可以组成一方、一通、一棍，最好的则可以组成四方两通两棍，所以放牛棋是一门更讲究排列组合的局演，如果说麻将的组合是数的组合，那么放牛棋的组合是数与形的组合，就喻义上来讲，在这一点上它较之麻将更为有内涵。

放牛棋有阴阳开合，更有排列组合，下得好的，一枚棋子转动一圈，可以组成四维之方、三通或四通五通，以及凝一之棍，只要上（俗语，棋子动时组合成固定的图形就称为上）了，就可以掐去敌人一个子或几个子，而敌人想要破我的组合，就要先上了之后再掐掉我重要的一子。

放牛棋同围棋一样，是非常讲究棋位的，在开局时，能迅速组合图形成功，取得先机，是胜负的关键，所以在数上，以三四为重，在形上，以小形为先，这都是取得先机的根本，而数和形决定了棋手选取的位子，都是能组合成最多棋形的棋目，接下来，就看双方如何争夺到更好的棋位了。

放牛棋只有二十五个棋位，而且要下满了之后才动，所以争夺起来较象棋和围棋要激烈得多，这就好像排兵布阵之后紧接着就是生死决战，根本就没有象棋和围棋那样的辗转腾挪，二十五步棋，可以说是步步杀机，招招见血。这种抢夺是寸步不让、寸土必争的，它属于决死战。

由于战局开始，敌方已组合成的棋形（或称棋组）是不能动的，所以己方掐子时，只能掐对方的闲子，这时候就要看自己对棋局变化的计算能力了，要将对手可能组合成棋形的关键棋子掐掉，也就是掐掉对手的未来，掐掉他的势。这与围棋中的"图胜于无朕，灭行于未然"是一样的道理。

放牛棋讲究组合，那么棋形互相粘连，成为棋形链或棋形块就坚不可摧了。我们的棋形越紧密，优势就越大，敌人就无法掐断，那么就能不断地磨灭敌人的有生力量，谁的棋形率先被掐断，往往谁就会输。

所以，放牛棋是讲究力量的统合的，局部棋形结合得越紧密，组合成的棋形（俗称为上）就越多，除了不易被掐断和掐尽之外，就会拥有更多的掐断或掐尽敌人的机会，这样胜算就会变得更大。

则于放牛棋具有二的阴阳本喻，所以讲究一开一合，于是容易形成拉锯战，一方的形拉开了，而对方的形如果恰好是合，那么对方可以掐掉我一子，就可以破我一个棋形，而反之亦然。所以开合之间，机会均等，全看棋形的厚薄和棋形组合的巧妙与否。

放牛棋的战斗节奏短促，所以必须迅速地组成自己的棋形，同时还要阻断对手的棋形，并且运用自己上（合）的机会掐断敌人的棋形，而敌我双方的棋形往往是交织在一起的，总共二十五个棋位，三十五个可能组成的棋形，我方的任何一个棋形都可能被对方破坏掉，高手下棋，在布局阶段下满二十五个子时，有可能双方间谁也组不出任何棋形，这时候就要靠行棋来进行新的策略，既要在行棋中阻断对手的棋形，又要在行棋中争取组成自己的棋形，所以在布局时，除了阻断对手，连续自己外，还要考虑到布局完成后行棋时可能产生的变化，这是需要深谋远虑、认真筹算的。而其实，高手在布局阶段中，就不但占位谋形，而且已经吃掉对手的棋子了，谋局阶段，其实就是制胜的最重要阶段。

放牛棋这种布局时不行棋，布局完成后才行棋的规则，颇似古人讲究的"谋定而后动"，更似兵法中的："是故始如处女，敌人开户；后如脱兔，敌不及拒。""善守者，藏于九地之下；善攻者，动于九天之上。"（《孙子兵法》）是有着深刻喻义的。

放牛棋的布局观也是宁可失子，不可失势，宁可失子，不可失先，如果能让棋形结合得更紧密，那就可以失子或弃地。同样的思维，放牛棋具有开阖的喻义，当棋形组成之后，就可以先拉开，然后再组成，称之为上（合），上后就可以掐掉敌人的子。所以放牛棋一开一阖，谓之为道，这合乎《鬼谷子》中的天地开阖的哲学。而且放牛棋的开阖极具特色，棋形的连接可以形成互为开阖形，也就是这一组棋形的开，就是另一组棋形的阖，而另一组棋形的开，就是这一组棋形的阖，从而形成阖有开之功，开有阖之能的作用，达到了开阖哲学的极高境界。

上面讲的，乃是放牛棋与其他局演相比的独到之处，至于其他方面，放牛棋与围棋等局演都是一样的，如在断与连的哲学中，必要连我而断敌，连我和断敌结合起来，才是真正的好棋，单只断敌和单只连我，都算不上妙棋。

由于放牛棋也是黑白二子的运用，所以我在围棋中讲的局喻和演喻，对于放牛棋都是适应的，同时，由于放牛棋也包含三才之喻，所以位形势的哲学也是适应于它的。

当然，放牛棋最独到的喻是以数为形，数形结合，然后再结合理，可谓是数形理三才并臻，这是它作为一门民间游戏，最值得骄傲的地方。